中日研究生国际论坛
汉语汉文化论丛
2007

中日研究生国际论坛
汉语汉文化论丛编辑委员会 编辑

北京外国语大学 [日]关西大学

白帝社

装画
アラード：アジア図（部分）
Allard,C.:Exactissima Asiae delineatio. 1700. 50.0×59.0cm.
アジア文化交流研究センター所蔵

全体合影

论坛海报

开幕式

论坛会场

前言

内田庆市（关西大学文学部）

　　本书是 2007 年 3 月 22、23 日在北京外国语大学召开的"第一届中日研究生汉语汉文化国际论坛"的论文集。

　　本届国际论坛共分 4 个小组，北京外国语大学和日本关西大学两校的中文专业研究生共聚一堂展示自己的研究成果，讨论相关问题。中国、日本各有 10 人宣读了自己的论文，内容涉及汉语本题研究、汉外教育、中国思想史、中国文学及日本文学。围绕发言者的论文，参会同学进行了热烈的讨论。

　　本届国际论坛以北京外大为主会场，同时利用远程教学装置与日本关西大学的分会场连接，分会场有 4 名同学发言，并通过网络与主会场进行了讨论。人们常说中日两国一衣带水、一苇可航；而现代的科学技术又使中日俊杰能讨论于一堂，亲逢盛事，诚快哉、幸哉。远程教学经两校摸索实验 3 年，作为一种教学手段已日臻成熟，本届国际论坛的使用更为今后的进一步科研交流开辟了新的途径。

本届国际论坛由两校研究生独自策划并付诸实施，前期准备、会场主持均细致周密、有条不紊。这种策划力的培养，人际网络的构筑在全球化进程下的今天尤显重要。本届国际论坛更得到了北京外国语大学暨中文学院各位领导、老师的大力支持。在此谨向为本届国际论坛成功召开付出了心血的各位老师、同学表示由衷的感谢。

　　欣悉，拟议中的第二届国际论坛（2008 年 3 月）还将有意大利罗马大学东方学院、韩国首尔外国语大学的研究生参加。希望条件成熟后，本论坛能轮流在各国大学召开。

　　　最后祝愿这本小书的出版能为研究生国际论坛的发展增加积极的因素。希望她一届比一届好。

目　　录

格赖斯会话含意理论在对外汉语中的体现与启示 　　——浅析《汉语初级听力教程》(下册)	黄　　烨…………	1
基本动词"打"的搭配与"打"的教学法	宝玉芳惠…………	19
试论对外汉语文化教学中现代化教育手段的应用 　　——兼论对外汉语教师的信息素养的培养	李　晓鹏…………	31
关于"汉语语料库"	冰野善宽…………	39
关于"反拨"	陈　　赟…………	51
表示要求对象的介词 　　——谈"向、问、和、跟"	干野真一…………	67
道教斋仪文书之地方性差异 　　——以现代台湾南部地区为主的探讨	山田明广…………	83
袁无涯本《水浒传》与冯梦龙	林　雅清…………	103
探讨趋向补语"过来"/"过去"的引申用法	岩田弥生…………	115
留学生对商务语域中偏正式双音节名词的 　　词义认知研究	高　　莹…………	129
现代汉语比较句"X不比YW"句式的 　　语义、语用分析	刘　　畅…………	143
寓言与芥川龙之介 　　——从话语态度看芥川龙之介作品的寓言性	崔　焕伟…………	155
从妙峰山碧霞元君祠内部建置流变 　　看北京民间信仰的特点	李　　英…………	165
浅论诗词在《红楼梦》前八十回中的 　　叙事作用	张　晓青…………	185

中日研究生汉语汉文化国际论坛 2007

"加以"的表达功能　　　　　　　　　　　　宅間徹志............　197

对外汉语教学中的惯用语问题　　　　　　　马　艳霞............　209

日语「复合动词」小论　　　　　　　　　　张　睿............　221
　　——以「つける」、「つけ～」和「～つける」为对象

汉语粘宾动词及其教学　　　　　　　　　　刘　倩............　233

听说课教材与传统听力、口语课教材的比较分析　王　丹............　241

日中非同形语的习得研究　　　　　　　　　阿部慎太郎........　249
　　——以语素的意义分析和词汇推测为中心

格赖斯会话含意理论在对外汉语中的体现与启示
——浅析《汉语初级听力教程》(下册)

黄烨

【内容提要】

格赖斯的会话含意理论对于对外汉语教学有着重要的指导意义。会话含意现象最典型的存在领域是口头交际。听力是实现口头交际的主要语言技能之一,因此听力教学及其教材必然要涉及格赖斯的会话含意理论。本文以听力教材《汉语初级听力教程》(下册)的一种特殊题型为切入点,分析该教材对会话含意理论的体现和处理,总结其分析结果对于对外汉语听力教学的部分启示。

【关键词】 会话含意 合作原则 对外汉语

1. 关于格赖斯的会话含意理论

格赖斯认为,在日常生活中,进行正常言语交际的会话双方总是相互合作的,他们都怀着一个共同的愿望,就是会话双方都能相互理解对方的话语,共同配合。为了实现这种愿望,会话双方都会遵守着某些合作原则,从而使谈话得以顺利进行,最终实现言语交际的目的。从这种观点出发,格赖斯进一步总结并提出了会话双方在言语交际过程中所共同遵守的一些基本原则,即"合作原则",包括量、质、关系、方式四个范畴。同时他又指出,在实际交际中人们并不总是严格遵守这些原则。而当说话人明示地或故意地违反了合作原则的一条或多条准则时,他的话语就可能产生会含意。由此，格赖斯提出了"会话含意"理论。

会话含意理论认为，语言单位的词义、指称意义和结构意义等属于话语的字面意义，它独立于语境之外，具有很强的稳定性；而表达说话人的真正意思、体现说话人的交际意图的会话含意则隐藏在话语的字面意义之下，它依赖于语境而存在，具有可取消性、不可分离性、可推导性、非规约性以及不确定性。在日常生活中，言语交际双方所使用的话语的字面意义与其会话含意往往并不完全等同，有时甚至是相互背离的。这时，交际双方就必须在理解了对方话语的字面意义的基础上、结合具体语境去努力推导其话语中隐藏的会话含意，从而使交际顺利进行下去，最终实现交际目的。

2. 会话含意理论的指导意义

格赖斯的这种会话含意理论对于我们所进行的对外汉语教学有着重要的指导意义。

2-1. 交际的得体性与会话含意理论

"第二语言教学的根本目的是培养学习者的言语能力和运用目的语进行交际的能力。"[2—166]这说明，在对外汉语教学过程中，我们不仅要重视对学习者的汉语听说读写四项语言基本技能的培养，更要重视对学习者在日常生活的各种具体语境中得体地运用汉语进行交际的能力的培养。这种得体地运用汉语进行交际的能力，既包括口头交际能力，也包括书面交际能力，前者体现的是语言的听说技能，后者体现的是语言的读写技能。而交际的得体性则直观地表现为交际主体的输出的得体性，即学习者"说"和"写"的得体性，既包括言语形式的得体，也包括言语意义的得体。

2-2. 听力理解能力与会话含意理论

值得一提的是，与书面交际相比，口头交际有一定的特殊之处，就是口头交际主体往往同时具有说话人和听话人双重身份，因此，我们所说的这种输出的得体性常常要以输入的准确性为前提，即交际主体完全听懂对方话语意义是实现交际得体性的基础。它要求交际主体既要听清其字面意义，还要听出其会话含意。因为，如前所述，话语的会话含意才是说话人所要表达的真正意思，才能体现说话人的交际意图。而交际主体只有准确地了解了对方的意图，才有可能达到语言输出的意义得体性，进而全面运用自己的语言技能和语言知识来实现语言输出的形式得体性。

由此可见，"听力"是最重要最基础的语言技能，它决定着输入的准确性，是对口头交际的上下文语境的恰当把握和对对方的话语意义的正确理解的基础。"听力是语言交际的前提，听得懂才能进行有效的语言交流。听力训练是语言习得训练的基础部分，它是提高其他语言技能水平的保证。"（刘平《〈新闻听力课〉教学实践的反思》）因此，对于对外汉语教学中以听力训练为主要内容的听力课程来说，其教学目标就应该定位于，通过听力教学使学习者获得听力理解的能力并逐渐加强这种能力。"听力是个人的听话理解能力，听力训练就是对这样一种能力的专门性训练。……听力训练的任务主要就是培养听力理解能力。"[3—133]需要强调的是，如前所述，根据格赖斯的会话含意理论，这种听力理解能力不仅包括交际主体对对方话语的字面意义的掌握，更包括对其会话含意的准确理解。

3.《汉语初级听力教程》（下册）中的会话含意听力训练题型

教材是为教学服务的。作为第二语言教材，它本质上是一种语言知识传授和语言技能训练的教学工具。"教材的工具性就是教材的教学工具性，即教材的编写和设计要服务于教学，要适合于教学，要有利于学习者对教材以外的语言事实的掌握，这便是教材的本质属性。"[3—157]作为听力课的教学工具之一，听力教材首先应该集中体现听力教学目标——培养并加强学习者的听力理解能力，重点服务于这一教学目标的实现。由林欢、陈莉编著、由北京大学出版社出版的《汉语初级听力教程》（下册）（下文简称"《教程》"）就是一本比较全面地体现了上述听力教学目标的对外汉语听力教材。

3-1.《教程》含意听力训练题型

《教程》的教学对象是具有一定基础的汉语初学者。全书共二十四课，每一课均由五部分组成，即：听单句，听简短对话，听对话，听短文，跟读句子。其中"听单句"部分的练习题型是"完成对话"，具体要求如下：下面你将听到 X 个句子，每个句子都是一个简短对话中第 X 个人（1～8课中是第二个人，9～24 课中是第二个人）说的话。请仔细听录音，然后从 A 和 B 中选择合适的一个完成对话。在这种练习中，学习者与听力录音构成了双边口头交际的交际主体，其中，听力录音及客观选项限定了具体的交际上下文语境，使学习者这一交际主体能够在准确理解对方话语意义的基础上通过选择做出得体的反应，从而顺利完成交际。这种练习实现了学习者作为交际主体（而非旁听者）来参与日常生活的各种口头交际，直接训练了学习者在口头交际中的听力理解能力，并且，用客观选择的形式来实现学习者在输入之后的输出，保证了听力练习的有效性。

值得一提的是，在该题型练习题录音所给出的语句与选项所提供的语句里，有的语句只有字面意义，有的语句却同时包含了字面意义和会话含意。当录音中的语句属于后者时，学习者对会话含意的听力理解能力就得到了明确而有效的训练。因为这种练习题比较集中地体现了格赖斯的会话含意理论，所以我们暂且把这种练习题称作"含意听力练习题"，把通过该练习而得到训练的这种听力理解能力称作"含意听力理解能力"。

在日常生活中的各种口头交际中，含意听力理解能力是至关重要的。因为，"在具体的交际语境中，句子本身的字面意义与说话人使用这个句子（即话语）表达的实际意义有时是不同的。"[1—77]，"著名心理学家米勒（Miller,1974）就曾分析过它（说话人话语意义的第二层面）的重要性并指出，在很多情况下，误解的产生并非听话人不了解单词词义或语法结构，而是由于没能了解说话人的语用含意。"[1—78—79]也就是说，听话人只有同时理解了说话人话语的字面意义和会话含意，才能避免误解的产生，交际才有可能顺利地进行下去，并最终实现交际目的。由此可见，在日常生活的各种口头交际中，作为交际主体的学习者只有具备了对另一交际主体的话语的含意听力理解能力，才有可能运用汉语有效而得体地进行交际。

3-2. 对《教程》中"含意练习题"题量的统计与分析

为了凸现《教程》对格赖斯的会话含意理论的体现，确定其对"含意听力理解能力"的培养与加强的定位,这里,我们就以《教程》中的"含意听力练习题"为分析对象,分析其对会话含意理论的体现及其在书中的地位,并总结该分析结果对对外汉语听力教学的一些启示。

3-2-1. 对"含意听力练习题"的确定

含意听力练习题的一个显著特点就是,练习题中所出现的各语句里,无论是录音中的,还是选项里的,至少有一个句子是存在会话含意的。也就是说题中的语句是否存在会话含意是确定"含意听力练习题"的关键。

3-2-1-1. 语句是否存在会话含意的判断标准

根据格赖斯的会话含意理论,并不是交际中的所有语句都存在会话含意,相反,交际中大量语句只具有字面意义而没有会话含意,那么如何判断具体语境下的某一语句是否存在会话含意呢?这就需要在进行统计之前先确定一个判断语句是否存在会话含意的标准。

格赖斯认为,会话含意的产生与对合作原则的各准则的违反有关。"当说话人明示地或故意地违反合作原则的某一准则时,就可能产生会话含意。"[1—89]因此,我们可以把合作原则的各项准则作为会话含意存在与否的判断标准:某一具体语句,如果它对合作原则的各项准则有所违反,那么就可以判断该语句除了具有字面意义以外,还存在会话含意;反之,该语句就只有字面意义。

合作原则各项准则的具体内容如下:

A 量准则
- 所说的话应包含交谈目的所需要的信息;
- 所说的话不应超出所需要的信息。

B 质准则:努力使说的话是真实的
- 不要说自知是虚假的话;
- 不要说缺乏足够证据的话。

C 关系准则:要有关联

D 方式准则:要清楚明白
- 避免晦涩;

- 避免歧义；
- 要简洁（避免啰嗦）；
- 要井井有条。[1—82～83]

3-2-1-2. 对关系准则的定向补充

我们不难发现，在上述合作原则的各准则中，关系准则的内容过于简单、概括，作为判断标准的操作性差，需要我们根据判断的需要对其内容进行补充，从而加强这一标准的针对性和可操作性。

根据含意听力练习题的具体特征，在对所有"听单句"的练习题中所出现的语句进行集中整理、分析的基础上，我们对关系准则的内容补充如下：

关系准则：同一话轮中的上下语句要彼此有所关联。

- 同一话轮中的上下语句之间存在可直接呼应的语词。例如：

录音：**因为**我喜欢中国武术。

A 你会中国的武术吗？

B 你**为什么**要来中国？

答案：B　　（第二课，〖一〗——6）

- 同一话轮中的上下语句的内容处于同一话题范围之内。例如：

录音：上个月**老李**去了八个**欧洲**国家。

A 我觉得那个国家很冷。

B 这是**他**第一次去**欧洲**吧？

答案：B　　（第十四课，〖一〗——8）

这样，我们就有了比较明确的标准来判断练习题中的某一具体语句是否违反关系准则而产生会话含意。

3-2-2. 对"含意听力练习题"的题量及其比例的统计

《教程》全书共有二十四课，每课的"听单句"部分都属于"含意听力练习题"所出现的范围，每课的这个部分共有10～15个小题不等，判断与统计的结果如下：

题目类别	全部题目	普通练习题	含意听力练习题			
			违反量准则	违反质准则	违反关系准则	违反方式准则
数量（道）	290	252	11	0	26	0
			37			
所占比例	100%	87%	4%	0	9%	0
			13%			

3-2-3. 对含意听力练习题所占比例13%的分析

从上述表格可以看出，在我们所考察的这部分练习题中，含意听力练习题仅占13%，而另外87%的练习题中所出现的语句在题目所提供的语境中全部只具有字面意义而不存在会话含意。这种比较悬殊的比例差距说明，《教程》虽然在题型设计方面有所突破，出现了这样一种能够明确而有效地训练学习者对言语的会话含意的听力理解能力的练习类型，但是对这种含意听力理解能力的训练却仍然没有得到重视，仍然不是听力训练中的重要内容。而对那种只关注语句字面意义的传统听力理解能力的培养与训练仍然是该教材的着力之处。究其原因有三：

（一）从话语意义理解的一般过程来看。在具体的口头交际中，听话者对说话者某一语句会话含意的发现与理解往往是以其对该语句字面意义的准确理解为基础的。"一方面，听话者感到说话者没有遵守某一准则，另一方面，听话者没有理由认为说话者故意违反该准则，最起码听话者认为说话者是在遵守合作准则，与自己尽力合作的。为了解决这一对矛盾，听话者就只好（也必须）根据各项条件去揣摩（分析、推测，最后得出）说话者的会话含意。"（陈融《格赖斯的会话含义学说》）可见，要培养学习者的含意听力理解能力，必须先培养学习者对话语字面意义的听力理解能力。只有听懂了话语的字面意义，学习者才会在潜意识里发现对方对合作原则的违反，才有可能进一步推断并理解其隐藏在字面以下的会话含意。因此，作为初级阶段听力教材的《教程》，其首要教学目标确定为培养、提高学习者对话语字面意义的听力理解能力，其大部分练习题也都是针对于学习者的这种听力理解能力来设计编写的。

（二）从教学的客观情况来看。该教材是为具有一定基础的汉语初学者编写的。"汉语初级听力教程分上、下册。是为零起点的学生编写的通用听力教材。不论在什么地方学习汉语，拼音阶段结束后即可使用本书。"(林欢 陈莉 编著《汉语初级听力教程》(下册))对处于该阶段的学习者来说，语音、词汇和语法结构的学习和训练才是重点所在，旨在培养学习者听力技能的听力课就要与之配合，以培养和训练学生对由词义和语法意义组成的话语字面意义的听力理解能力为主要教学目标，并根据这一目标来设计编写各种练习题目，练习的目的都在于有效地提高学习者的这种能力。"教学初级阶段后期可设立听力课，但需要围绕配合着主干课确定内容。"(刘平《〈新闻听力课〉教学实践的反思》)并且，这样的安排也符合人的心理认知能力的特点。"从人的心理认知能力角度来看，'微技能'是正常人与生俱来的，并非后天训练出来的，只不过一种不熟悉的语言会暂时妨碍这些能力发挥罢了。因此，影响语言理解（包括听力理解）的因素最终还是语音、词汇、语法等语言因素（当然还有文化因素）。"(李红印《汉语听力教学再认识》)

（三）从学习者的实际需要来看。作为初级阶段的汉语学习者，他们在学习过程中所接触的各类汉语课文几乎都是用形式明晰而准确、意义明白而直接的语句缀连而成的，在日常生活中所进行的各种言语交际也都是用形式简单、意义直接的话语进行的。对他们来说，最重要的还不是如何得体地运用汉语进行交际，而是在其所参与的简单言语交际之中如何准确无误了解他人的话语意义、直截了当地表达自己的交际意图。可见，对汉语语句字面意义的理解与表达才是他们迫切希望掌握的技能，而对语句中可能包含的会话含意的理解与传递他们还来不及考虑。《教程》正是从教学对象的这种实际需要出发来设计、编写听力练习题的,因此书中的绝大多数练习题都旨在训练和提高学习者对话语字面意义的听力理解能力,并不重视对学习者含意听力理解能力的培养。

3-2-4. 对违反关系准则的含意听力练习题所占比例9%的分析
3-2-4-1. 分析原因

在我们判断出的 38 道含意听力练习题中,针对违反关系准则所产生的会话含意来设计的练习题有 26 道,占三分之二强。可见,学习者通过建立语句之间的关联性来理解语句会话含意的能力在该教材中得到了相对突出的重视和相对充分的训练。究其原因有二:

（一） 从会话含意的产生来看。我们知道,在交际过程中,交际主体的话语对合作原则中任何一条或多条准则的违反,都可能导致会话含意的产生。但是,在日常生活中,交际主体违反合作原则各准则的频率却是不一样的,其中对关系准则的违反频率最高。"很多时候,会话含意的产生都与违反关系准则有关,也即说话人没有提供有关联性的话,或答非所问,但只有当听话人认为那些不相关的话是有关联的时候,才能正确理解话语内容。"[1—87]并且,关联理论的创始人斯珀伯和威尔逊认为,关系准则是合作原则的中心问题,"……不需要违反合作原则的其他准则也可能产生含意,而不是像格赖斯所认为的那样,要违反准则才会产生含意。"[1—87]因此,《教程》中的含意听力练习题所使用的语句,其会话含意大多产生于对关系准则的违反,这是符合交际的客观实际情况的。

（二） 从对语句会话含意的发现与领会来看。"人类认知的基本事实之一,是人类只对那些具有足够关联性的现象给以关注、表达和处理。就语言交际而论,言者通过话语行为表示他所提供的信息与听者有某种关联,即话语信息会与听者现有的关于世界的假设发生某种相互作用。"(张亚非《关联理论述评》) 由此可知,交际主体对话语的关联性是最敏感的,在判断对方的话语是否违反了合作原则而产生会话含意的过程中,交际主体会最先关注话语的关联性，看其是否违反关系准则。"在四准则中，可以关系准则为基础同其他准则结成关系，作为判别的依据。……话语完全相关，则量必不多不少，方式恰当。部分相关，则量或过多或不足；所需的信息量为零，则完全不相关。"（徐盛桓《语用推理》）而对于格外关注关联性、善于处理相关信息的交际主体来说，通过建立关联性来领会话语的会话含意也并非难事。总之，因违反关系准则所产生的会话含意相对来说是最容易发现与领会的。因此，作为初级阶段的听力教材，《教程》中含意听力练习题所使用的存在会话含意的语句，以违反关系准则者为主。

3-2-4-2. 对此类练习题的分类及解答

学习者要选择出这类练习题的正确答案，就必须在理解题中语句字面意义的基础上去努力领会其会话含意。徐盛桓先生认为，对语句会话含意的领会实际上是进行某种推理活动的结果。"对会话含意的领会过程，是一种推理过程，但有别于逻辑（形式逻辑）推理，可称为'语用推理'。"（徐盛桓《语用推理》）因此，我们可以根据语用推理的结构类型对这些练习题进行分析整理，将其细化为以下两大类：

〖一〗在 S—H 型话轮中，推出 H 的会话含意。在这种语用推理结构中，论域取自 S 的内容，前提 a 由 H 提供，前提 b 是共有知识，来自具体语境。结合练习题设计的具体情况，可分出如下两个次类：

（1）学习者听到的录音是 S，根据其内容确定论域，然后依靠语境对选项中语句的会话含意进行语用推理，最后选出会话含意与 S 有关联的正确答案。

例如：

录音：你大声一点儿，可以吗？

A 这里是医院，应该安静。

B 大家都没说话。

答案：A　　（第九课〖一〗——1）

论域：听话者是否可以大声一点儿

选项 A 的会话含意：因为在医院要保持安静，所以 S 不能大声一点儿。

选项 B 的会话含意：因为大家都没说话，所以 S 也不应该说话。

可见，选项 A 的会话含意与录音中语句的关联性更强，因此正确答案是 A。

（2）学习者听到的录音是 H，根据其内容确定前提 a，然后依靠语境对其会话含意进行语用推理，最后选出与其会话含意有关联的正确答案。例如：

录音：今天是我爸爸妈妈的结婚纪念日，我们打算一起出去吃饭。
A 你喜欢去哪儿玩儿？
B 晚上咱们一起去跳舞吧。

答案：B　（第一课〖一〗——6）

选项 A 的论域是：H 喜欢玩儿的地方。

选项 B 的论域是：H 是否能和 S 一起去跳舞。

录音中语句的会话含意：今晚 H 不能和 S 在一起。

可见，选项 B 的论域与录音中语句会话含意的关联性更强，因此正确答案是 B。

〖二〗在 S—H 型话轮中，推出 S 的会话含意。"这类型的特点是对启句进行语用推理。这时启句必定同当时语境不完全相关。"（171）在这种语用推理结构中，论域取自 S 的内容，前提 a 由 S 提供，前提 b 是共有知识，来自具体语境。结合练习题设计的具体情况，可分出如下两个次类：

（3）学习者听到的录音是 S，根据其内容确定论域，然后依靠语境对其会话含意进行语用推理，最后选出与其会话含意有关联的正确答案。例如：

录音：做菜太麻烦，我下午还有事呢。
A 你吃吧，别客气。
B 那咱们吃面包吧。

答案：B　（第十一课〖一〗——9）

论域：关于午饭

S的会话含意：S不想做午饭，也没有时间做午饭。

可见，选项 B 内容与录音中语句的论域和会话含意均有关联，因此正确答案是 B。

（4）学习者听到的录音是 H。要先根据选项中语句内容确定两个论域，然后依靠语境对其会话含意进行语用推理，最后选出论域和会话含意均与 H 有关联的正确答案。例如：

录音：我看过她写的散文。

A 这是谁写的散文？

B 高小青是谁，我怎么不知道？

答案：B　　（第七课〖一〗——6）

选项 A 和 B 的论域都是：关于散文的作者高小青

选项 A 的会话含意是：H 你知道这篇散文的作者是谁吗？

选项 B 的会话含意是：H 你怎么会知道高小青是谁？

可见，选项 B 论域与会话含意均与录音中语句的内容有关联，因此正确答案是 B。

3-2-5. 对违反质准则或方式准则的含意听力练习题所占比例 0 的分析

在我们判断出的 38 道含意听力练习题中，没有一道题目需要学习者去判断并领会语句的因违反质准则或方式准则所产生的会话含意，甚至其中根本就没有出现任何违反方式准则的语句。但这并不意味着，对上述两种会话含意的听力理解能力不重要，听力教材不必涉及任何与之相关的内容。在《教程》中出现这种比例为 0 的现象，我们认为是理解语句会话含意的客观要求和对外汉语教学的客观要求决定的：

（一）要判断并领会语句因违反质准则所产生的会话含意，首先需要完整的语境和充足的背景知识。因为，如前所述，违反质准则的语句常常是与交际内容完全相关的话语，要判断这样的语句是否存在会话含意，就只能完全依赖于交际发生的具体语境。例如：

A: Jane, may I know your age?
B: I'm 80.

仅就这一话轮本身而言，B 的话语具有完全相关性。那么，要判断 B 的话语是否存在会话含意，我们就必须先了解交际发生的时间、地点、周围的环境以及 A 和 B 的身份、社会地位、相互关系，甚至 B 外表如何等种种语境信息，还要事先知道西方社会认为冒昧地询问女性的年龄是很不礼貌的这一文化现象，然后才有可能判断出 B 的话语是违反了质准则的，其会话含意是"我是不会告诉你我的年龄的。"

由此可见，这种语句是不适合在含意听力练习题中出现的，因为限定为 S—H 的题干无法提供那么完整充足的语境信息，而我们也无从把握学习者背景知识的丰富程度，如果学习者没有选出正确答案，我们无法判断其错误的原因究竟是学习者的听力理解能力有待提高还是学习者所掌握的背景知识过于贫乏。而这必然会降低练习的有效性。

（二）对外汉语教学的实际经验告诉我们，在初级阶段，为了帮助学生获得坚实的汉语语音、词汇和语法基础，我们应该尽可能地以准确且规范的汉语语料作为教学内容，尤其是多以录音方式出现的听力语料，更应注重形式上的准确与规范。"听是一种受心理支配的主观行为，分注意、接受和理解三个步骤，在每一步骤中均会由于情境的变化和听话人心理的变化而影响听的效果。当你对说话人的话语感兴趣时，就会由注意发展到接受和理解。当你无法接受说话者的观点时，心理也会筑起一道封闭的屏障。所以，我们编写听力语料时应尽量避免语焉不详、模糊不清，避免给听者错误的暗示，造成听者错误的判断。"（曹慧《听力语料分析与听力教材的编写》）而那些因违反方式准则而产生会话含意的语句，在形式上常常很不规范，例如：

A: What did your sister buy at Sears yesterday?
B: She bought a red dress, she bought a green dress, and she bought a blue dress.

不难看出，B违反了方式准则中"要简练"这一次则，该语句内容的规范表达形式应是"She bought a red dress, a green one, and a blue one."但是，B正是通过这种啰里啰唆的表达形式来暗示其不满情绪、从而产生会话含意的。

可以想象，如果类似的汉语语句出现在《教程》那样的适用于初级阶段的听力教材中，其将会给使用该教材的学习者造成严重的误导，极大地损伤学习者的语言学习热情。因此，在《教程》的含意听力练习题中，根本没有出现任何因违反方式准则而产生会话含意的语句。

3-3. 对含意听力练习题的分布情况的统计与分析

在《教程》全书二十四课中，绝大多数包含有含意听力练习题，但数量多少不一，只有少数几课中完全没有出现这种题目。具体情况如下表：

课文序号	听单句习题总量	含意听力练习题数量	课文序号	听单句习题总量	含意听力练习题数量
第一课	13	2	第十三课	12	2
第二课	15	1	第十四课	10	0
第三课	13	1	第十五课	12	3
第四课	14	1	第十六课	10	0
第五课	14	2	第十七课	12	1
第六课	14	1	第十八课	12	1
第七课	14	5	第十九课	12	2

第八课	12	0	第二十课	10	0
第九课	12	5	第二十一课	12	1
第十课	11	0	第二十二课	11	1
第十一课	12	6	第二十三课	12	1
第十二课	10	1	第二十四课	11	0

如表所示，含意听力练习题在分布方面一片混乱，其在每课中的有无、多少并没有遵循由浅入深、循序渐进的教学规律。可见，虽然《教程》设计编写了这样一种能够明确而有效地训练学习者对语句会话含意的听力理解能力的听力练习题，但是它对这种能力的培养与训练仍处于无意识、无计划、缺乏统筹安排的原始阶段之中。这不能不说是该教材在设计编写方面的令人遗憾之处。

4. 对对外汉语听力教学的启示

格赖斯的会话含意理论是语用学的基本理论之一，是认知语用研究的重要成果，它对自然语言中的"言外之意"作了比较明确的揭示和初步的阐释，这对语言教学、语言习得等实践活动有着很大的指导意义。

通过分析会话含意理论在对外汉语听力教学及教材中的体现与运用，我们能够得到如下一些启示，对我们未来的教学工作有所助益。

一、全面认识听力理解能力。作为听力教学首要培养目标的学习者听力理解能力，不仅包括学习者对交际中话语字面意义的听力理解能力，也包括其对隐藏在话语之中的会话含意的听力理解能力。前者是学习者运用汉语进行交际的基础，后者是保证其交际得体且顺利进行的首要前提。因此，在对外汉语听力教学中，我们既要重视训练并提高学习者对交际中话语字面意义的听力理解能力，也要有意识地培养并加强其对会话含意的听力理解能力。

二、要按照教学规律有计划地安排教学内容。在培养与提高学习者的含意听力理解能力的过程中，我们要遵循由简到繁、从难到易、循序渐进的规律来安排教学内容。在因违反合作原则各不同准则所产生的各类会话含意中，其所违反的准则越少，其理解起来的难度就越低，包含有此类会话含意的语句就越容易被听懂。而在因违反合作原则某一准则所产生的各类会话含意中，因违反关系准则所产生的会话含意最容易被听话者发现并领会，因此，在安排初级阶段的听力教学内容及练习的时候，我们应该有意识地让包含有此类会话含意的语句先出现，出现背景以小话轮为主，所占比例十分之二三即可；在听力教学进行了一段时间以后，学习者渐渐具备了一定的含意听力理解能力时，开始增加包含因违反量准则而产生会话含意的内容，这时我们要注意增强学习者对这种与交际部分相关的会话含意的敏感度；进入中高级阶段以后，在一些篇幅较长、对话形式的听力材料中可以出现一些因违反质准则而产生会话含意的语句，这时我们要引导学习者充分依靠交际语境来领会其中的会话含意，加强学习者的语境意识；同时也可以让学习者接触一些不严重违反方式准则的语句，结合语境帮助他们体会其中所隐藏的会话含意。在经过这一系列有计划、有规律的听力教学与训练以后，使学习者最终能够树立起一种"听弦外之音"的意识，获得发现、领会隐藏在在口头交际中的会话含意的能力，为其运用汉语进行得体表达与顺利交际作准备。

三、推导会话含意时要找准切入点。话语的会话含意隐藏在话语的字面意义以下，学习者必须努力跨越话语的字面意义去领会其中的会话含意，在理论上，这个过程所需要的时间就要比了解字面意义略长一些。但是，在听力教学过程中，包含有会话含意的话语是作为听力材料出现的，瞬间即逝。"听，区别于读的最大特点，就在于它的即时性。声音稍纵即逝，不像文字那样可以反复翻阅，反复琢磨。听者将对方发来的语音信息在瞬间同步地进行解码，这是跟阅读迥异的一套能力系统。"（陶嘉炜《"以神制形"练听力》）这就需要我们帮助学习者找到一条操作性强的直达会话含意的捷径。在结合具体语境、引导学习者发现并领会听力材料中话语的会话含意的过程中，我们可以从人脑最敏感的关联性入手，以语用推理中的三个主要参数——"论域""前提a""前提b"为切入点，在语境的帮助下，概括论域、提取前提，从而推导出话语的会话含意，在极短的时间内使字面意义无甚关联的话语之间的内在关联性凸现出来，让学习者恍然大悟，顺利理解听力材料的具体内容，久而久之，学习者自己便也能按照这一思路去独立理解听力材料中话语的会话含意了。

四、注意文化因素对领会会话含意的影响。学习者在理解话语会话含意过程中所遇到的困难，可能来自于语言内部，也可能来自于语用推理；而来自于语用推理的困难往往出现在确定"前提b"——共有知识方面，这是由文化差异所导致的。"语言是文化的载体，它记载文化，传递文化，语义中可以蕴含文化因素。因为它与文化的关系十分密切，在言语交际中不可避免地会产生因文化差异而出现的语言障碍，也就是人际交往中的文化障碍。"（曹慧《听力语料分析与听力教材的编写》）因此，我们在教学过程中要对可能出现的因文化差异而产生的会话含意领会障碍有所预见，在播放录音之前，把所需要的"共有知识"预先灌输给学习者，及时排除掉这种障碍，以保证听力练习题的有效性，实现对学习者听力理解能力的训练与提高。

参考文献

何自然、冉永平编著（2006.2）《语用学概论》（修订本）湖南教育出版社

黄锦章、刘炎主编（2005.11）《对外汉语教学中的理论和方法》，北京大学出版社

赵金铭主编（2005）《对外汉语教学概论》商务印书馆

赵金铭著（1997.5）《汉语研究与对外汉语教学》语文出版社

曹慧（2001）《听力语料分析与听力教材的编写》《对外汉语教学与教材研究论文集》华语教学出版社

陈融（2003.6）《格赖斯的会话含义学说》《中国语用学研究论文精选》上海外语教育出版社

李红印（2001）《汉语听力教学再认识》《对外汉语教学与教材研究论文集》华语教学出版社

刘平（2001）《〈新闻听力课〉教学实践的反思》《对外汉语教学与教材研究论文集》华语教学出版社

曲卫国（2003.6）《也评关联理论》《中国语用学研究论文精选》
　　上海外语教育出版社
陶嘉炜（2001）《"以神制形"练听力》《对外汉语教学与教材研究论文集》
　　华语教学出版社
吴晓颖（2002年第4期）《对外汉语教学中听力教学的文化问题》
　　玉溪师范学院学报第18卷
徐盛桓（2003.6）《语用推理》《中国语用学研究论文精选》
　　上海外语教育出版社
徐盛桓（2003.6）《新格赖斯会话含意理论和语用推理》《中国语用学研究
　　论文精选》上海外语教育出版社
徐盛桓（2003.6）《绘画含义理论的新发展》《中国语用学研究论文精选》
　　上海外语教育出版社
张如梅（2004.7）《语言的得体性与对外汉语教学中的文化导入》
　　大连学院学报
张亚非（2003.6）《关联理论述评》《中国语用学研究论文精选》
　　上海外语教育出版社

基本动词"打"的搭配与"打"的教学法

宝玉芳惠

1. 引言

存在不存在有效的词汇学习法？这个问题不但对于学习者，而且对于教师也是一个很头疼的问题。本文先讨论从汉语和日语的比较来分析基本动词"打"的搭配现象，以及有效的教学法；其次作为新的尝试，向各位介绍一个用网络教材进行的词汇学习的方法。

2. 基本动词"打"的搭配现象

日语也使用汉字，因此日本人学习汉语比欧美人更容易。但是另一方面，日语中汉字的意思和用法的影响也成为掌握汉语的一个障碍。本文讨论的"打"是汉语的基本动词，在日本出版的初级教科书中没有一个不提到"打"的。（参看表1）

表1. 日本出版的初级教科书中出现的"打"的词组（宝玉2007）

	书名	用例
1	中国語＠キャンパス基礎編	打工、打乒乓球、打伞、打网球、打招呼
2	中国語入門アタック25	打棒球、打电话、打工、打字
3	体系的に学ぼう	打电话、打工、打雷、打乒乓球
4	中国を歩こう	打的、打电话、打电脑、打工、打网球、打针
5	中国語への道 —近きより遠きへ—	打电话、打工
6	中文課本基礎編改訂新版	打棒球、打电话、打伞
7	新漢語指南	打工、打网球、打招呼
8	《新版》 1年生のコミュニケーション中国語	打电话、打工
9	《最新版》中国語始めの一歩	打电话、打工
10	はじめて習う中国語	打电话、打工
11	始めよう！中国語	打保龄球、打电话、打太极拳
12	好好学習	打车、打电话、打电脑、打工、打球
13	これならわかる中国語・初級	打电话、打工、打篮球、打排球、打网球
14	『初級漢語教本』	打电话、打工、打网球

看表2《现代汉语词典第5版》中，对"打"的意思解释共有24个，日语词典《大辞泉》中对「打つ」的意思解释也有很多。日本人学习者看

到"打"这个汉字时，首先毫无疑问会受到日语动词「打つ」的影响，日语中「打つ」的主要义项为用某个东西（比如手、球棒、锤子等）一瞬间强烈撞击某个东西。因此表2《现代汉语词典第5版》里黑体欧文斜体字的词组与《大辞泉》里双重线的词组跟动词"打"／「打つ」＋名词的搭配一样，学习者在学习上不应该有困难，这是日语的知识发生正面效应的一个例子。

表2. 汉语的"打"与日语的「打つ」的比较
《现代汉语词典 第5版》商务印书馆

	义项	词组等
1	用手或器具撞击物体	打门 *打鼓*
2	器皿、蛋类等因撞击而破碎	碗打了 鸡飞蛋打
3	殴打；攻打	打架 打援
4	发生与人交涉的行为	打官司 打交道
5	建造；修筑	打坝 打墙
6	制造（器物、食品）	*打刀* 打家具 打烧饼
7	搅拌	打馅儿 打糨子
8	捆	打包裹 打铺盖卷儿 打裹腿
9	编织	打草鞋 打毛衣
10	涂抹；画；印	打蜡 打个问号 打墨线 打格子 打图样儿
11	揭；凿开	打开盖子 打冰 打井 打眼儿
12	举；提	打旗子 打灯笼 打伞 打帘子
13	放射；发出	打雷 打炮 打信号 打电话
14	〈方〉付给或领取（证件）	打介绍信
15	除去	打旁杈
16	舀取	打水 打粥

17	买	打油　打酒　打车票
18	捉（禽兽等）	打鱼
19	用割、砍等动作来收集	打柴　打草
20	定出；计算	打草稿　打主意　成本打二百块钱
21	做；从事	打杂儿　打游击　打埋伏　打前站
22	做某种游戏	*打球*　打扑克　打秋千
23	表示身体上的某些动作	打手势　打哈欠　打嗝儿　打踉跄　打前失　打滚儿 打晃儿
24	采取某种方式	打官腔　打比喻　打马虎眼

《大辞泉》小学馆

Ⅰ	物を他の物に向けて強く当てる（用某物强烈撞击某物）
	①たたく、ぶつ（打）
	・平手で打つ（打耳光）
	・滝に打たれる（被瀑布击打）
	②勢いよくぶつける（用力碰撞）
	・後頭部を強く打つ（把后头部使劲儿打）
	③たたいて鳴らす、打ち合わせて音をたてる（碰撞发出声音）
	・柱時計が12時を打った（挂钟敲响12点的钟声）
	・<u>太鼓を打つ</u>（打鼓、敲鼓）
	④たたいて移動させる、当てて飛ばす（碰撞发生位移）
	・<u>ホームランを打つ</u>（打还垒球）
	⑤強く刺激する（强烈地刺激）
	・鼻を打つ消毒薬のにおい（刺鼻的消毒水味儿）
	⑥心に強い感動を与える（深深地打动某人的心）
	・雄渾な筆致が読者を打つ（雄浑的笔锋打动了读者）
Ⅱ	（Ⅰのようにして）物事をしたり、物を作ったりする（如Ⅰ所为做某事、制造某物）

	①鍬などで耕す（用锄翻耕田地）
	・田を打つ（耕田）
	②たたいて、平たく伸ばしたり、鍛えたりして作る（敲打某物使之平伸、锤打某物来制造）
	・そばを打つ（做荞麦面条）
	・箔を打つ（锤箔片）
	・<u>太刀を打つ</u>（打刀）
	③キーをたたいて信号を送る、発信する、また、印字する（按键发信号、发信、或打字）
	・電報を打つ（打电报）
	・<u>タイプを打つ</u>（打字）
	④布、綿、ワラなどをたたいて、つやをだしたり、柔らかくしたりする
	（敲打布、棉花、稻草等使之变得有光泽或柔软）
	・わらを打つ（弹稻草）
Ⅲ	①広がるように投げる（投掷某物使之向周围扩展）
	・投網を打つ（投网、撒网）
	②まいて散らす、まきかける（撒散）
	・庭に水を打つ（往院子里洒水）
	③目標めがけて投げる（投向目标）
	・つぶてを打つ（掷小石子）
Ⅳ	（Ⅰのようにして）しっかりと取り付ける（如Ⅰ所为好好地安装）
	①たたいて、中へ入れ込む（敲击某物使之进入到某处）
	・<u>杭を打つ</u>（打桩子）
	・簗を打つ（往水里钉鱼梁）
	②差し入れる、突きさす（插入、扎进）
	・鍼を打つ（扎针）
	・<u>注射を打つ</u>（打针）
	③付け留めて高く掲げる（把某物钉在某处后高高悬挂）

		・高札を打つ（悬挂布告牌）
		④しるしをつける（做记号）
		・目盛りを打つ（刻上刻度）
		・読点を打つ（加标点）
		⑤しっかりと全体を張る（用力伸展）
		掛け軸の裏を打つ（裱贴挂画的里子）
		⑥ひも、糸などを組み合わせて、よる（捻绳子、线等）
		・緒を打つ（打木展带）
		⑦縄で縛る、縄をかける（用绳绑上、用绳子捆上）
		・縄を打たれた罪人（绑缚的罪犯）
V	ある事を行う（做某事）	
	①相撲、芝居などの興行をする（相扑、戏剧等的表演）	
	・芝居を打つ（演戏）	
	②碁、ばくちなど勝負事をする（围棋、赌博等赌输赢）	
	・ばくちを打つ（赌博）	
	③手段、方法を施す（采取某种方法、行动）	
	・ストを打つ（罢工）	
	・手金を打つ（付定钱）	
	・逃げを打つ（准备逃跑）	
	④そのような動作をする（做某一动作）	
	・寝返りを打つ（翻身）	
VI	動きが規則正しく繰り返される（反复有规律性的动作）	
	・磯打つ波（拍打海岸的波浪）	
	・脈打つ（脉搏跳动）	

　　我认为教词汇的时候有两种教学法。一个是把每个汉字的字义一个一个详细地加以解释，另一个是与此正相反，不讲详细的理由，只要求学习者把整个词组记住。在初级阶段，一个汉字有几个义项的话，要重点解说它的基本义项，其他的暂且置之不理。每种语言里都存在其特有的不能随

便替换的搭配，比如说"打"，它的常用搭配有"打电话、打伞、打招呼"等。学习这些搭配时，让学习者不是从动词和名词的「词」的层次来记忆的，而是把"打"和"名词"连在一起来记忆。我想如果把"打"和"名词"连在一起来记忆、即通过积极地记忆作为构成句子的零部件的词组，可能会使初级阶段的学习者更快地开口说汉语。

除了初级中出现的"打电话、打伞、打招呼"以外，从日本人的语感来说，很难理解为什么"打"会跟这些名词搭配在一起，比如说第10个义项的"涂抹、画、印"的"打圈、打格子、打墨线"等词组，还有第23个义项的"表示身体上的某些动作"的"打手势、打喷嚏、打呼噜"等词组。这些词组在汉语的演变过程中酿成下来的不能随便替换的搭配，我们学习者应该把整个词组记下去则为上策。我认为所谓有效的词汇学习法，能记多少词组，能说多少词组，用那些词组能做多少句子。

3. 用多媒体教材进行的"打"的一个教学法

下面我想给各位介绍一下我在业余汉语学校教初级班时的一个教案。老实说向各位公开自己的教案，我觉得有点儿难为情，但另一方面我很想知道我进行的这种教学法是否合适，请大家能多提意见和建议。

我在高中念书的时候，为了考大学记英语单词，学习方法是买英语单词的书，然后从A开始一个一个地死记硬背。虽然我暂时记住了它们，可是考上大学后就忘得一干二净了，结果我还是不能用英语来进行沟通。我体会到死记硬背的效果是有限的，因此我想把这个经验当作教训，所以现在我给学生介绍的词汇学习方法是从词开始逐渐扩大到词组，短句。

为了更好地运用这种学习方法，我想到了使用电脑。因为现在不管年龄大小，很多人家里都有电脑，我觉得应该积极地利用这个工具。

现在，我们在关西大学工学部冬木教授的研究小组开发的一个名叫CEAS（web-based Coordinated Education Activation System）的网络教学管理平台上开发制作了多媒体教材。学生们只要输入ID和密码，无论是在家或者在公司，都可以随时利用网络来预习和复习课堂上讲授的内容。

我教的这个初级班一共有9名学生，年龄从30岁到67岁，9个人都是从2006年4月开始学习汉语的,每次课是2个小时,一共40次课,使用的教材是神户市外国语大学的佐藤教授编的『好好学习』。具体的教案是这样。

从第一次到第五次课彻底地进行发音练习,为了巩固发音,掌握汉语拼音,同时增加词汇,从第六次课开始听写单词。这是第一个阶段的"词"。每次听写10个单词,比如说水果、蔬菜、交通工具等等。

在第十次课上听写有关体育运动的词语,然后解答的时候让学生用"打"或者"踢"+体育运动的形式做练习。这是为下一个阶段的"词组"的学习做准备。

在『好好学习』这课本的第五课中出现了"打"。作为第五课的辅助教材,在CEAS上发布了"参加体育运动"(参看图1)和"打"+名词的搭配的多媒体教材(参看图2),让学生自习。

这些网络教材用名叫【Flash】的软件制作,结构很简单,点击插图便会发出声音,同时出现汉字。"参加体育运动"的教材是为了复习,"打+名词"的教材是为了增加词汇量。

"打+名词"的教材,是看日语来想"打"和名词的搭配,这8个搭配从日语的观点来看没有任何关系,但是汉语中都用"打"来表现,学生们好像对汉语和日语的差别感到有些吃惊。

在后半的20次课中,将会开始第三个阶段——"短句"的学习。每次我念5个短句,让学生听写,考试卷(参看图3)的左边写汉语,右边写日语。然后每次上课前会轮流让学生到黑板上写汉语和日语。对一些容易写错的字,在对答案的时候,会重点进行说明,并简单地讲解一下语法,最后让他们跟着我念这些短句。下课后,在CEAS上发布PDF的答案和有声音的多媒体教材。把听写考试卷叠成两折集满20次后,做成100个短句集,让学生日汉、汉日的互译练习。这个有声音的网络教材(参看图4),点击上边,可以转换为只表示汉语、只表示日语、空白、汉语日语都表示。可以作为发音练习、听写练习、翻译练习等多功能的练习。刚开始的时候,我说了好几遍,他们还是听不懂这5个短句,作完这个练习要半个小时,后来让他们带词典来上课,不会的汉字借助拼音查词典,有的学生能百分之百地听懂了。

另外一个"短句"的听写教材（参看图5）是利用CEAS的考试功能，它具备选择式、记号式、记述式的3种形式的试题。CEAS也能输入简体字，因此为了练习汉语输入法，让学生听短句，然后在电脑中准备的试卷上输入短句。这个教材跟刚才介绍的"打"＋名词的教材（参看图2）有关联，让学生把作为词组记住的搭配再复习一遍。我想"词"→"词组"→"短句"的这个展开对记住词汇是很有效的。以上所介绍的是把课本和辅助教材联系起来的"打"的教案。

我们教师为学习者准备了这么多教材，学习者本身是怎样利用呢？在最后一次课上，我进行了一次问卷调查。9名学生中有6名经常用CEAS上的数码教材学习。他们回答说：有声音的教材对巩固发音很有帮助，插图和声音的配合促进记忆等。我想由于他们的年龄的关系，从来没有利用电脑学习的经验，这个班进行的学习方法很适合他们，激发了他们汉语学习的积极性。顺便介绍一下他们这一年的学习成果，2006年11月9名学生中有4名考上了《中国语检定考试》[1]准4级，2007年3月9名学生中有3名考上了《中国语检定考试》4级。

4. 结语

利用电脑、iPod等新手段的多媒体教材，受到了学习者们的普遍欢迎。我们教师应该认识到汉语的学习方法和环境也在不断地发生着变化。这是我个人的看法，日本的汉语学界在语法研究方面非常活跃，可是在如何教学方面，其研究远远落后于英语教育。我想只有每个汉语教师都不断地考虑如何教学生才能有效果，教师之间不断地交流教学经验、互相介绍教材，才能更好地巩固汉语教育。

---

[1] 从1981年开始的汉语考试，一年有3次考试，一年里的考生数量超过4万多人。准4级以学习时间60～120个小时的学习者为对象，能掌握汉语学习的基本知识，需要词汇量有500个。4级以学习时间120～200个小时的学习者为对象，能听、能说简单的汉语，需要词汇量有1,000个。

参考文献

小池生夫主幹（2005）『応用言語学事典』東京：研究社　26－32

奥田靖雄（1960）「を格の名詞と動詞とのくみあわせ」22－138：言語学研究会編（1983）.『日本語文法・連語論（資料編）』東京：むぎ書房

松本泰丈（2006）『連語論と統語論』東京：至文堂

相原茂（1985）「"亲嘴"の"嘴"は誰のもの？」25－52：『明治大学教養論集』第176号

杉村博文（1985）「道具目的語の形成―中国語「動・名」構造の一側面―」14－22：『中国語学』第232号

杉村博文（1999）「目的語の意味」58－60：『中国語』1999年第7期　東京：内山書店

王纯清（2000）「汉语动兵结构的理解因素」34－43：『世界汉语教学2000年第3期（总第53期）』

张云秋　王馥芳（2003）.「概念整合的层级性与动宾结构的熟语化」46－51：『世界汉语教学2003年第3期（总第65期）』

宝玉芳惠（2007）「中国語教育におけるコロケーションに関する一考察　―"打"を例に―」　関西大学大学院外国語教育学研究科紀要『千里への道　第5号（2007年3月）

基本动词"打"的搭配与"打"的教学法（宝玉）

图 1. 词组　教材①

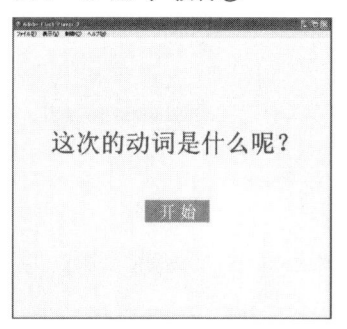

图 2. 词组　教材②

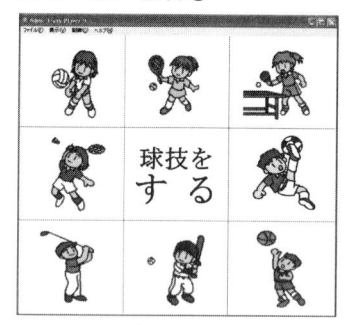

图 3. 短句　教材①a

图 4. 短句　教材①b

图 5-1. 短句　教材①

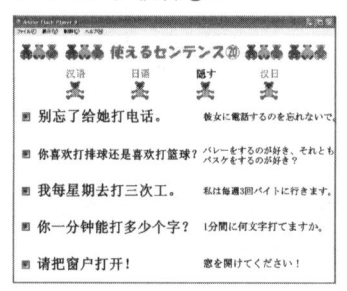

图 5-2. 短句　教材①

29

会议发言

会议发言

试论对外汉语文化教学中现代化教育手段的应用
——兼论对外汉语教师的信息素养的培养

李晓鹏

【内容提要】

信息时代高科技正在迅猛发展，对外汉语教师必须尽快提高自己使用新信息技术的能力，已经成为刻不容缓的问题。本文试从新型教学模式的探索、教学资源的建设、教学环境营造等角度出发，探讨现代化教育手段在对外汉语文化教学中的应用问题及其产生的积极作用。

【关键词】 对外汉语文化教学　现代化教育手段　信息素养

1. 引言

应用计算机的多媒体手段来辅助对外汉语教学已经成为教育手段现代化的一个重要标志。在以往的文化课教学中，录音、录像、投影等比较传统的电子媒体手段的使用将抽象的讲解具体化趣味化，已经取得了一定的教学效果。但是，随着信息时代的到来，这些教学手段和方法都已经不能适应时代的需求，我们需要采用更为先进的教学理念，应用一些最新的技术和研究来弥补和改善传统的教学方法，从而以谋求一种新的教学模式。

多媒体作为一种具备多方优势的教学方式、教学手段，为我们建构新的教学模式提供了可能。要保障多媒体教学的顺利进行，不仅要建立丰富完善的教学资源库，而且教学硬件也要齐头跟上，多媒体教室以及学习者个人的虚拟空间的创设等教学环境的创造对于能否取得良好的教学成效都是至关重要的。

信息时代下高科技迅猛发展，对外汉语教师必须尽快提高自己使用新信息技术的能力，这已经成为刻不容缓的问题。本文试从新型教学模式的探索、教学资源的建设、教学环境营造等角度出发，探讨现代化教育手段在对外汉语文化教学中的应用问题及其产生的积极作用。

2. 对外汉语文化教学中现代化教育手段的应用

2-1. 新型教学模式的探索

在以往的文化教学中，文化导入常常是盲目的、自发的，零散于教材各处。学生也是在无意识、不自觉中间接地接受着。"结构、功能、文化"的结合法，强调将制约言语交际的文化因素分解成点项，设计出训练形式，形成具有规则的、体现系统的教学模式，让学生在训练中能感悟到并逐渐变成交际中的自觉主动行为。多媒体辅助教学为这种训练提供了便捷有效的教学手段。"如果学习的刺激情境中增加了实物或图片，这其中的许多功能就能够更轻松更有效地完成了"。(R. M.加涅，1999)

在课堂教学中，综合采用声、图、文、动画、录像等多种手段，制成图、文、声、像并茂的多媒体教学系统。直观画面中大量的交际场景，话题的语境，人物的体态动作等，使抽象的语言和难于理解的文化点项，变得具体、清晰而易于体悟，印象深刻，还易于引出感兴趣的话题，把画面变成准交际场景。"多媒体教学的最大优点就是把教师要用较多的、复杂的语言才能解释清楚的概念一下子展现出来，生动具体，直截了当"（郑艳群，2002）学生们还可以直接参与语言实践，把刚刚了解的文化点项，变成语言，付诸交际。这样，由机械的模仿，到灵活的模仿，直到脱离画面，达到创造性的自如表达。最后使用电脑这种文字处理器，完成书面作业。汉语中的文化因素是潜在的、隐性的，它以各种表达方式，隐含在各种功能之中。学生把它们变成文字，就可以集成知识的系统。这不仅强化了学习效果，也培养了学生的汉字输入能力这种很实用的技能。

文化教学中涉及文化交际的内容可以通过真实的声音、图像、动画结合的方式输入给学生，这种手段能把人物表情、体态语言、自然环境、社会环境等各方面的信息表现出来，生动展示中国的文化现象与生活场景，切实体现跨文化交际的特点，让学生对此有更深的印象，激发出浓厚的兴趣，全身心地投入语言吸入的过程。这是课堂教学的关键，也是实现语言最高效率习得的前提条件，在传统教学课堂上这是无法实现的。

2-2. 教学资源的建设

多媒体技术所营造的配合教学内容的情景辅助资料，对于文化教师来说，这显然是一种比较理想的设想。而目前教学的现状却与这种理想状态有着比较大的差距。教师仅仅依靠录音带、录像带和一些从网站上下载的教学资源是远远不够的。况且很多时候并不能找到合适的资料，即使找到在课堂上使用又将遇到设备转换、换盘倒带等一系列的麻烦，而且声音、画面和速度往往是固定的，不能用来应对各种不同水平的学生。种种现实情况既浪费了大量的时间，也大大影响了教学效果。因此，在建立新型教学模式的同时，教学资源的建设也必须跟上去。

与先进的教学理念相结合，我们必须加紧建设一种权威规范、操作简单且包含教学中所需要的一切基本素材的对外汉语教学多媒体素材库（A multimedia material library for teaching Chinese as a foreign language ,简称"素材库"或"MML-TCFL"）。教师可以根据自己的教学需求将其中的基本"元件"制作成配合课堂教学的教学资源。凡是与对外汉语教学的总体设计、教材编写、课堂教学、测试等直接或间接相关的多媒体素材都可以纳入其中。MML-TCFL 应不仅仅包括普通文本、图形、动画、音频、视频等类型的素材，还包括以上类型的组合形态（即超文本素材）。有些特别有价值的功能插件，如声音、速度、形态色彩的控制程序等也应当包括在其中。

我们所要创建的汉语教学多媒体素材库，是一个类似于MSDN 的对外汉语教学支持系统。教师们使用MML-TCFL 可以很容易地找到与自己的授课相关的资源，并且可以让计算机很快生成自己所需要的课件。这种有针对性的课件，在课堂上使用时，可以做到连贯流畅，控制灵活，从而达到提高教学质量的效果、提高教学效果的目的。

2-3. 教学环境的营造

2-3-1. 多媒体教室

在多媒体环境下的教学课堂上，文化信息以声像结合的面貌呈现在学习者面前，创造出一个生动逼真的语言环境。这种输入方式直观、生动，能有效地实现信息的多维度传递，同时刺激学习者大脑活跃思维，发挥联想能力，更好地把握信息要点，使语言信息的输入成为积极的"激发性输入"。在接受这种输入材料时，其真实的声音、直观的画面使学习者更倾向于直接建构汉语与语境的关系，让学习者直接进入用汉语思维的环境，避免思维上通过"心译"来建构语言同语境的关系这一跨度，达到学习的最佳心理状态。

2-3-2. 个人学习空间，虚拟学习环境

随着多媒体虚拟现实技术的发展，虚拟仿真训练模式必将走入多媒体课堂。借助虚拟现实技术，可以为学习者创立真三维、全立体的仿真环境。由于虚拟现实技术充分调动人的视觉、听觉、触觉、味觉、平衡感、力感、痛感等，通过特制的仪器，如头盔显示器、或数据手套等设备，学习者就可以完全进入计算机产生的三维空间现实中，在此虚拟空间可以遇到事先安排的各种情境，其临场感、可信度完全可以同现实相比。在这种虚拟的环境中学习，学生可以身处其境，运用所学处理问题，真正达到全真情景。

2-3-3. 协作学习环境

多媒体课堂上，协作学习得以实现。在教师的组织和指导下，可以学生为主体，在教学过程中借助多媒体进行集中学习。学生在教师有意识的引导下，通过多媒体计算机创设的情景与教师、同学进行会话交流、协商讨论、质疑辩论等，从而锻炼学生分析问题和解决问题的能力，使其在彼此的思想交流、言语实践中提高语言的实际运用能力，从而切实掌握汉语这一交际工具。协作学习是一种有利于语言习得的学习模式，并日益成为未来教育模式的主流。

3. 对外汉语文化课教师对现代化教育技术能力的培养

3-1. 对外汉语教师应具备的信息素质

国内外现代教育技术，特别是信息处理技术、多媒体技术、超文本超媒体技术等等的迅速发展，使对外汉语教学模式和思想发生了重大变革。在这一过程中，教师作为教学活动的"灵魂"应该如何应对便成为了能否提高文化教学的关键。

对外汉语教师应具备的信息素质可分为基本信息素养、学科信息素养、特殊信息素养和科研信息素养四个层次。基本信息素养又包括信息意识与情感、信息伦理道德修养、信息科学技术常识和信息能力。（徐娟 宋继华，2005）其中，和教学联系最为紧密的当数信息意识与情感和信息能力，这两种素养要求对外汉语教师可以运用计算机的基本技能，比如信息系统的操作、文字处理、信息采集、信息通讯、信息组织与表达、信息加工处理等以及其他信息技术解决在教学中遇到的问题。

教育信息化已经成为全球教育现代化过程中的一个重要环节，而教师作为信息教育的主要实施者，其自身的信息素养关系到教育信息化和教育教学改革的进程，是实现教育跨越式发展的重要条件。文化教学作为对外汉语教学的重中之重，教师提高自己的信息素养更是不可延迟的重要任务。

3-2. 文化课教师的独特性

文化课教师是对外汉语教师，但又不是一般的对外汉语教师。其独特之处体现在文化课对教师的要求上。文化课在对外汉语教学中虽不是最重要的，但却是最关键的。学习一门语言本质上就是学习一种文化，只学习语言形式，没有文化内涵是不实际的，这种学习者必然会在使用这种语言的社会文化环境中处处碰壁。从教学内容上看，文化课与汉语课、口语课、阅读课等其他课型有着明显的不同。文化课所教授的内容是比较抽象难懂的，而学习者的语言水平又略低于教学内容的难度，如果单纯靠教师讲解必然浪费很多课时，却又不见得取得很好的教学效果。而在多媒体环境下的教学课堂上，教师可以增加视听结合的手段，制作一些多媒体课件，使文化信息的输入从视觉、听觉等多通道进入，这样很多教师难以解释的文化术语便可以直观地解决了。

文化课教师也区别于一般的制作多媒体等软件的技术制作人员。由于文化的表达是非常感性的，需要特殊意境才可以传达的，教师需要通过恰如其分的技术和技巧将收集到的文化信息融合在一起，才可以事半功倍地上好文化课。现代化教学技术对于教师的要求重在了解和简单应用，如果时间和精力允许，教师还可以学习一些多媒体学习资源开发、设计、应用和管理等方面的知识。

熟练掌握和灵活应用现代化教育手段进行文化教学，已经成为文化教师的综合素质的重要组成部分，也是其个人发展的需要。从某种意义上说，它决定着文化教师能否在对外汉语教学界的激烈竞争中取胜，使自己的才能得以充分的展现和发挥。

4. 结 语

现代化教育技术在对外汉语文化教学中的应用，作为教学主体的教师对于信息技术的掌握，极大地丰富了教学的方式和结构，激发了学习者的学习兴趣，真正体现了"以学生为中心"的教学理念。在信息化发展如此迅速的时代，这种教学模式必将成为对外汉语教学的大趋势。

参考文献：

彭增安、陈光磊（2006）《对外汉语课堂教学概论》世界图书出版公司
李晓琪（2006）《对外汉语文化教学研究》商务印书馆
R.M.加涅（1999）《学习的条件和教学论》华东师范大学出版社
周思源（1997）《.对外汉语教学与文化》北京语言大学出版社
赵宏勃（2005）《对外汉语文化教材编写思路初探》语言文字应用
徐娟、宋继华（2005）《对外汉语教师信息素养的内涵、评价体系与培养》
　　　国际汉语教学动态与研究
崔永华（2004）《二十年来对外汉语教学研究热点回顾》
　　　国际汉语教学动态与研究，
李嘉郁（2004）《更新教育观念掌握现代教育技术》侨刊

李嘉郁（2004）《多媒体技术在文化教学中的应用》暨南大学学报
亓华（2003）《中国对外汉语教学界文化研究20年述评》
　　　北京师范大学学报,
郑艳群（2002）《汉语课堂教学课件的设计与开发》清华大学出版社
纪晓静（2002）《试论多媒体在对外汉语教学中的作用》外语电力教学
郑艳群（2000）《关于建立对外汉语教学多媒体素材库的若干问题》
　　　语言文字应用,
毕继万（1998）《跨文化交际研究与第二语言教学》语言教学与研究
周小兵（1996）《对外汉语教学中的跨文化交际》中山大学学报
张占一（1990）《试议交际文化和知识文化》语言教学与研究

会议发言

会议发言

关于"汉语语料库"

冰野善宽

1. 引言

现在利用语言语料库进行语言研究和教育是必不可少的。所谓"语料库"是以语言研究为目的加工积累而成的语言资料的集合。最近在网络上有很多公开的语料库和数字化的语料，供研究者使用。但是，至今为止还很少有人专门对这些语料库的数据性质及其运用等一系列问题进行讨论。

运用这些网络资源时会出现很多问题，特别是构筑古典文献语料库时，应该充分了解数据库所使用的版本，这样才能正确、有效地利用。例如，某些语料库一方面使用有根据的版本，另一方面又有使用普及的活字本；还有些语料库在这里根据这个版本，在那里根据那个版本，结果造成了新的版本。这样，在版本选择、确定等问题上，巨型语料库存的构筑设计等方面还存在着很多问题。今后的学术界可能需要"电子文献学"，但是现在很多人在使用时还没有认识到这一点。

另外，当我们使用现代汉语的语料库时，应该了解语料库里面数据的性质及其组成内容。但是一般用户往往无法知道这些数据库里面的数据的内容和范围。因此，我想在这里探讨一下使用各种汉语语料库时所存在的问题。

同时，我们从事研究工作之时常常会碰到这种情况：与自己的研究课题相吻合的语料库还不存在；而且，研究这几年新出现的词汇和新用法的语料资源也很缺乏。这时，我们必须独自搜集语料，构筑"私家"语料库，或者利用网络上的其他资源。本发表还把就为了某一特定的研究目的，收集、加工语料的问题。最后讨论怎么运用这些语料进行语言研究。

2. 网络上公开的"现代汉语"语料库

现在互联网上已经有很多公开的汉语语料库，其中较重要的汉语研究语料库有以下几种。一、关西大学的《现代汉语语料库》(http://we.fl.kansai-u.ac.jp/corpus.html)。二、北京大学的《CCL 语料库》(http://ccl.pku.edu.cn)；另外还有香港城市大学的《LIVAC 共时语料库》(http://rlcondor.cityu.edu.hk/)和台湾中央研究院的《现代汉语平衡语料库》(http://www.sinica.edu.tw/SinicaCorpus/)等。这些语料库基本上都可以在网上利其所有的功能和资源。

2-1. 关西大学《现代汉语语料库》

关西大学的《现代汉语语料库》主要收集了《人民日报》和已经没有版权的小说等的语料库，还收集了在日本发行的汉语教科书。专门收集汉语教科书的语料库对方便汉语研究者和汉语学习者有比较大的意义。一般的汉语语料库对日本的初级学习者来说很难用，因为其中的语言资料的难度没有经过调整。但是关西大学语料库的汉语教科书的语料都是汉语教师加工过的比较典型的语料。所以可以说对初级汉语学习者来说比较好用的语言语料库。

关西大学的汉语语料库的检索功能有几种。一个是一般的检索功能。输入关键词检索就可以查出检索词。还有利用检索式的检索功能，就是 AND 检索、OR 检索和 NOT 检索等。跟其他的语料库不同的检索功能是"分类导航"检索功能。这是对指定的语言资料检索－AABB－ABAB－ABA－AA－副词－形容词－数词－量词－接续词－前置词－成语－动词－方言等的分类词汇。

1-2. 北京大学《CCL 语料库》

《CCL 语料库》规模大而且检索功能也非常周全。除了 AND 检索和 OR 检索外，还有很多检索式可供利用，例如，检索式：

○(是)$10(的)

能查出来"是什么什么的"文。"是"和"的"的距离十个文字以内。

○了$0(。|？|,|！)

了的后面出来。？，！的文章的检索方法。

○分类检索功能 按照作者、篇名、类型、路径、模式来检索。

其他检索式的具体说明可以在 CCL 的网页上查询（http://ccl.pku.edu.cn:8080/ccl_corpus/jsearch/）。

检索时，使用语料库自备的检索工具非常重要。你要做什么方面的语言研究就需要什么研究方法和检索式。但是，这样利用这些"现代"汉语语料库的时候，我们应该还注意语言语料的的内容。这些检索框后面有很多语言资料，但只看这个框，无法知道的里面有什么数据。我们必须认真了解语料库中数据的内容。比如北大的语料库里面有北京口语资料。但是这个口语资料的"口语"具体是指什么。如果没有确认这个资料里面的详细内容，就进行研究也不能达到自己的目的。还有这个资料里面《人民日报》的占有率很高。这一点我们关西大学的语料库也一样。所以我们利用公开性的语料库的时候应该注意这些问题，了解语料的内容和性质以后才能利用。

3. 大规模的古典数据库的概况

大规模的数据库的内容以古典汉语为多。比如爱如生的《中国基本古典库》、香港的迪志文化出版有限公司的《四库全书》等都是超过几亿汉字的数据库。还有台湾的中央研究院也公开《汉籍电子文献文献》。接下来我想探讨这些大规模的数据库所存在的几个问题。

利用这些古典的语料库时，版本问题特别重要。但是好像这些方面的问题无论在日本和中国都讨论的很少。

讨论古典汉语语料库，版本的问题可能更加重要。依据什么版本的数据，这是最大的问题。比如台湾的中央研究所的《二十四史》的数据都依据中华书局出版的《二十四史》。用这个系统查某某词汇，马上能知道这个某某词汇在中华书局的《二十四史》的哪里。各个数据库都有依据的版本。但是有些大规模的数据库没有这个规定。比如说某个数据库能够查几亿的数据。然后文件和图像同屏同时能看。而且能看两个以上的版本图像。我有一次查过《水浒传》里面的词。同时查了一下这个《水浒传》依据的版本是什么？结果知道文件(text data)数据和两个图像的版本不同，这样《水浒传》的文本数据与任何一个版本都不一致了。这个事实表明如果利用这个数据库完全可靠性。利用这个语料库做出来的论文也就没有什么根据了。所以不应该只相信语料库的结果。在利用语料库以后，还要查对原著。同时，这个问题包含一个更大的问题：就是一旦数据化了，数据化依据的版本以外的版本都会被淘汰。一般不会出现同一本书的不同版本都同时被数据化的情况。数据化里有这些方面的问题。

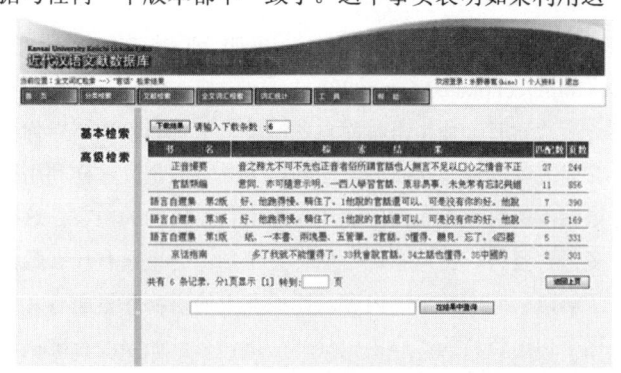

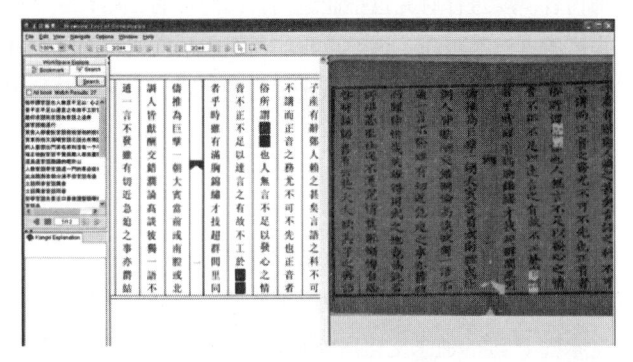

我们于 2007 年 4 月公开了《近代汉语文献数据库》（http://www2.csac.kansai-u.ac.jp:8080/library/）。这个语料库是关西大学的

的内田庆市教授的研究室[1]和关西大学亚洲文化交流中心和中国中易中标公司一起开发的,开发目的是为了研究"官话"。开发这个语料库的时候特别注意了版本方面的问题。

本语料库有两个性质:一个是语言语料库的性质,另一个是古典数据库的性质。就是说不但拥有比较详细的全文检索系统,还能在同屏显示原始图片和原文同步滚动。

4. 构筑"私家"语料库

到目前为止,我向大家介绍的都是目前我们大家都能够利用的公开检索资源。但是,有时我们研究会碰到这样的情况:就是发现没有能匹配自己所研究的课题的语料库。如果在网络上未能找到自己研究中所需要查询的语料库,那么就必须要具备独自构筑所需汉语语料库的能力。这时需要按照自己的研究目的搜集语料并加工、构筑成语料库。对语料库进行检索也是一个重要的问题。但是,构筑语料库并不是一件容易的事。而且一般来讲,我们文科的研究生对构筑语料库的技术方面并非十分熟悉。因此,我们就只好制作简单的,运用简便的工具。此外"网络资源"本体也是已经是一个非常大的数据库。不利用这个大规模的数据库也是非常可惜的。所以我要介绍两方面的方法。一个是把"网络的所有资源"变成"私家"语料库的方法。还有一个是在自己的电脑里用 Text Editor 制作"私家"语料库的方法。网络上的数据真多,种类也非常丰富。

先介绍把"网络的所有资源"变成"私家"语料库的方法。

对现代汉语研究来说"Google(谷歌)"等的网络检索工具有时候也会有这个功能。比如我以前考虑过新词语的发生和普及的问题,这时候,如果只用上面介绍的语料库也没有用,因为都是已经固定的语言资料,比如《人民日报》、小说等都是书面上的用法。那么应该怎么调查好呢。可以使用网络检索功能。当然只采用网络上的语言资料也是非常危险的,所以应

---

[1] 平成 18-19 年度日本学術振興会による科学研究費補助金・基盤研究(B)「19世紀『官話』の諸相―『周縁(ヨーロッパ・琉球・朝鮮・日本)』からのアプローチ」(研究代表者:内田慶市)

该把几个方面的调查结合起来进行研究。我简单介绍一下这方面的研究方法。

用"网络检索",动动脑筋就能提出丰富的用法。无论 AND 检索还是 OR 检索都可以进行基本检索以外的检索。

(OR 检索)

检索例: 汉语 OR 华语 OR 国语

检索结果:

国语电影
国语电影 ... 国语电影 骠剑江湖(2007) · 我是农民(2007) · 我们的十年(2007) · 宫里的日子(2008) · 梅兰芳(2007) · 十二金钱镖(1969) · 乾隆皇君臣斗智(1982... · 长辈(1981) · 纺织姑娘(2007) · 双食记(2007) · 老北京的叙说 · 美国走马观花 ...
www.cnmdb.com/sections/languages/mandarin/ - 31k - 网页快照 - 类似网页

华语新闻 TOM娱乐
TOM娱乐频道劲爆栏目,国内最富有新闻性、娱乐性、专业性、互动性的新闻娱乐平台,同时也是业界最富有创造力和号召力的宣传窗口,为您提供高效率、全方位、多角度的明星报道,内容涵盖明星绯闻、明星动态、明星采访、明星评论、事件专题等方面,以"为人民 ...
ent.tom.com/pop/china/ - 35k - 网页快照 - 类似网页

汉语 - Wikipedia
过去认为汉语方言间的语法区别不大,通过近二十年的工作,这个结论受到了挑战。事实上,在文言语法上,各地方言基本无区别。在使用白话文之后,如果依照"普通话","国语"和华语所规定的以"北方白话文为语法规范"而书写,各地方言语法也是高度统一的。...
zh.wikipedia.org/wiki/汉语 - 91k - 网页快照 - 类似网页

(AND 检索)

检索例: 汉语 华语 国语

○在字词之间不需添加 and 也可以。

检索结果:

〖方言汉语华语〗关注:母语、方言、汉语、国语、华语、普通 [大同 ...
总在线168人,其中〖方言汉语华语〗上共有0位会员与6位客人,今日贴子0 [显示详细列表] ... 方言汉语华语〗图例 开放的话题 开放的话题 回复超过5贴 热门的话题 锁定的话题 锁定的话题 含精华贴的话题 含精华贴的话题 投票贴 投票贴
www.yywzw.com/luntan/index.asp?boardid=11 - 44k - 网页快照 - 类似网页

〖方言汉语华语〗-论坛版面帮助[大同论坛] -- Powered By Dvbbs.net ...
关注:母语、方言、汉语、国语、华语、普通话 大同论坛 → 互动空间 → ㇄汉字经纬⼂ → 〖方言汉语华语〗 → 论坛版面帮助 论坛帮助问题列表 论坛常用功能帮助 -- 积分设置 -- 等级设置 -- UBB语法 -- UBB设置 其他问题 ...
yywzw.com/luntan/boardhelp.asp?boardid=11&act=2&title=等级设置 - 14k - 补充材料 - 网页快照 - 类似网页

关于"汉语语料库"(冰野)

(AND OR 的并用)

检索例: "上海 OR 北京 动物园 OR 博物馆"

检索结果:

上海博物馆
丝绸之路古国钱币暨丝路文化国际学术研讨会》今天开幕 (2006年12月5日) "丝绸之路古国钱币暨丝路文化国际学术研讨会"会议日程 (2006年11月30日) ﹒"丝绸之路古国钱币暨丝路文化国际学术研讨会"即将在上海博物馆举行 (2006年11月30日) ...
www.shanghaimuseum.net/cn/index.asp - 24k - 网页快照 - 类似网页

北京动物园
介绍北京动物园和科普、动物保护信息。
www.beijingzoo.com/ - 18k - 网页快照 - 类似网页

上海动物园-首页
上海动物园位于上海市西南端,生态环境优美,是上海市区最佳的生态园林之一,是国家级大型动物园。开放至今共接待了1亿4千万游客。园内饲养展出世界各地代表性动物金丝猴、亚洲象、大熊猫、华南虎、长颈鹿等600余种6000余头(只)。
www.shanghaizoo.cn/gb/ - 28k - 2007年3月17日 - 网页快照 - 类似网页

(词组搜索 " ")

检索例: 北京外国语大学 "北京外国语大学"

　○使用""、不使用"",检索结果不一样。

检索结果:

中国英语网 - 中国人学英语第一门户网
大学教师﹒**大学**口语﹒**大学**听力﹒**大学**新闻 ... 侯佩岑为慈善走秀爆料和周董一直有联 [谨记] 吃了这些菜后不能晒太阳﹒手机!﹒已成危害健康的祸首之一﹒巩俐政协委员资格受到质疑被批揭案实﹒王晶力捧**北京**靓女刘洋被称"35D章子怡 ...
www.chinaenglish.com.cn/ - 99k - 2007年3月17日 ﹒ キャッシュ ﹒ 関連ページ

北京外国语大学主页
北京外国语大学﹒返回首页﹒收藏本校﹒推荐好友﹒本校腾讯官方QQ群号:无﹒学校类型:主管部门:教育部﹒基础信息:学校概况｜收费标准｜助 ... **北京外国语大学**﹒学校类型:﹒主管部门:教育部﹒硕士点﹒14个﹒图书馆藏书﹒80万册﹒是否是211高校: ...
app.edu.qq.com/cgi-bin/CollegeInfo/collegeindex?CollegeId=46 - 51k ﹒ キャッシュ ﹒ 関連ページ

汉语汉文化论丛

（OR 可以代替用"|"，""是能查词组，"*"表示任意的文字）
检索例："一|二|两|三|四|五|六|七|八|九|十 *狗" "来一*米饭"
　　○这个检索式无论量词研究，还是其他搭配研究都可以使用。
检索结果：

夏雨高圆圆疯狂捧场《两只狗的生活意见》(图) 影音娱乐 新浪网
话剧《两只狗的生活意见》新闻发布会现场，热烈的现场摇滚演唱和滑稽幽默的喜剧表演赢得了到场嘉宾的热烈掌声。... 说起《两只狗的生活意见》到底有什么意见，还真不少。他们对贫穷有意见，对暴发有意见，对网恋有意见，对偷情有意见，对饥饿有意见，对 ...
ent.sina.com.cn/j/2007-03-13/22291477637.html - 61k - 2007年3月17日 - 网页快照 - 类似网页

书路--一只狗的生活意见
请帮忙点击上图，不影响您浏览 一只狗的生活意见作者：得·梅尔廖月娟／译 下载86k 推荐及作者声明 麻雀变凤凰 往事不堪回首 在天国与地狱之间 我的闺房和一场"澡缸浩劫" 命名大典 我的家庭教育 谄媚的艺术 世纪大对决 ...
www.shulu.net/wg/onedog/onedog.htm - 2k - 网页快照 - 类似网页

　　如果想找出"是～的"的词句应该用："是*的"

朱骏就是嘉靖郑科伟是天真的孤独骑士- 熊哲成- 新浪BLOG
心的选哲 – 熊哲成的BLOG 熊哲成朱骏就是嘉靖郑科伟是天真的孤独骑士新浪BLOG.
blog.sina.com.cn/u/47e5490c010007zd - 23k - 网页快照 - 类似网页

保守仍然是美国的本色 光明网- 光明观察
当今世界，有三个最重要的因素推动全球经济的发展，一是以美国为主所提供的全球化制度环境因素；二是中东的能源因素；三是中国 ... 可以预见的是，在今后的五十年里，仍然是这样的格局，但美国不可能永远做超级大国，在下一个崛起的大国的候选之中，中国 ...
guancha.gmw.cn/show.aspx?id=3806 - 56k - 网页快照 - 类似网页

　　（检索网站的限定方法）

　　网络有 domain 的概念。比如说教育机关用 edu、政府机关用 gov、公司用 com，然后日本用 jp、中国用 cn。考虑这些检索的话，Gooogle 可以这样检索。

检索例：汉语 site:gov.cn
　　在中国政府有关的网站里面查找包括"汉语"的网站。这样检索可能能找出有关汉语的政府发表。

检索例: 汉语 site:www.people.com.cn/
限定《人民日报》的检索。

检索例: allintitle:汉语 site:www.people.com.cn
allintitle:对外汉语 site:zhidao.baidu.com
限定"标头"的检索。上面对《人民日报》的标头检索。下面对《百度知道》的标头检索。

检索例: allintext:"是*的" site:www.people.com.cn
限定"本文"检索。

检索例: e-mail -电子邮件 -电邮 -电子函件 -伊妹儿 -妹儿
否定字词用"-":比如查 E-mail，E-mail 的翻译词有"电子邮件、电邮、电子函件、伊妹儿（妹儿）、E-mail 和、email"等。如果不想查到"E-mail"以外，我们可以用下面的检索方法。

"E-mail"的汉语翻译词有"电子邮件、电邮、电子函件和伊妹儿"等，现在用得最多的说法是什么？使用 Google Trend（谷歌趋势，http://www.google.com/trends?hl=zh-cn）能知道一些情况。

检索式例如：电子邮件,电邮,电子函件,伊妹儿

如果了解这些检索式进行检索，能找到自己需要的信息。

最后我要介绍"私家"语料库的构筑和检索法。上面介绍的是网络的检索

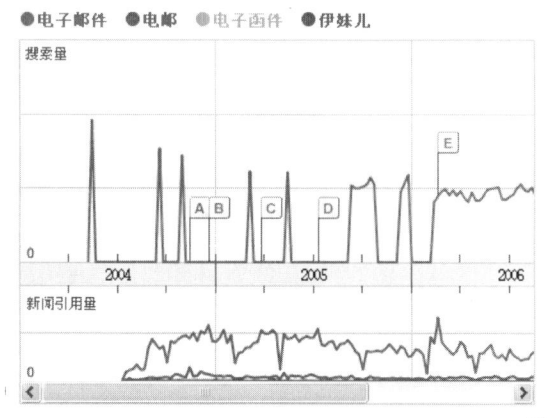

方法，以后介绍是自己的电脑里面收集数据（有时候自己输入，又有时候网络上收集，这个按照自己的研究课题选择。）进行检索的方法。这个构造"私家"语料库利用EmEditor（EM 编辑）。EmEditor是Emsoft公司开发的文本编辑用的编辑软件，擅长多语言处理和检索功能。EmEditor软件通过下记网址能直接购买。http://www.emdeitor.com/jp/，也有免费版。

在建立、使用语料库时基本上需要注意以下三个事项。
一．数据的确保
二．建立语料库
三．数据的检索

确保数据的正确很重要。你要研究什么就找什么资料。比如说我想研究"小学课本"，就要自己输入，鲁迅的小说可以利用网络上的数据，但是一定要确认这些数据没有错误。然后对这些数据进行加工。加工的方法是一行一句。这个处理用"正规表现"和"（自动处理）"更简单。

加工好后，按照数据的内容保存在文件夹里面。文件夹名在进行检索时需要。

收集了一定的数据量后，就可以进行检索了。EmEditor的特点是能对复数的文件夹里面的各个文件进行检索。显示检索结果时，文件夹名就由是作家或作品的名字构成的路径标志。其他检索方法跟上面介绍的语料库一样，除了一般的检索法以外，如果用"正规表现"的检索法，可以进行更丰富的检索。

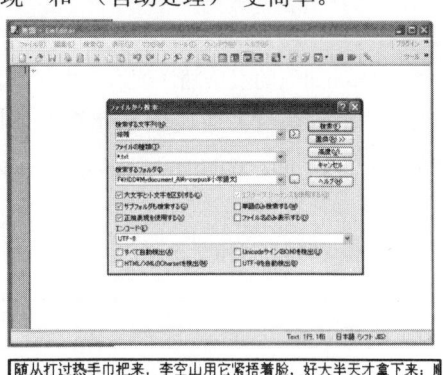

比如汉语出现没划分的词汇像"是…的"等不连续成分的表现形式怎么检索好呢？。回答是很简单。用下面的检索式[2]，

是.{5,8}的(。|,)

检索结果会出现：

—这本书不是为他们而写的。

是可以献给国家的。

洛阳桥并不是一个晚上造得好的，

他是第一个看见钱先生的

"."任意的一个文字，还有这里的{5,8}：{最低数字,最高数字}符合"是"和"的"的距离有8个字。5到8个字的某些文字列，如果比5—8个间隔字符更长或更短的话，调整这个数字就可以。然后(。|,)表示"。"或","为结束。这些记号就是"正规表现"。

使用EmEditor的"正规表现"检索文本文件时效果较好，能得到自己想得到的检索结果。这里介绍几个简单的检索汉语时有用的"正规表现"。

正规表现	意思	用法和符合词
^	符合文字列的前头和行的前头。	^我们
.	符合任意的1个文字	这.是：这也是，这都是等
*	符合正前面的一个文字（包括正则表现）的0次以上重复。	结.*婚：结了婚，结过一次婚等
|	表示OR	我|你

以上是最基本的正规表现，如果想了解更复杂的正规表现请参看脚注的文献和下列网址的论文：

http://www.kansai-u.ac.jp/fl/publication/audio_visual/pdf/28/11_Shen&Hino.pdf

以下是各种各样的检索式的例子，使用这些检索法，在自己的电脑里构筑的"私家"语料库中也能找到自己所需要的信息。

---

[2] 沈国威《電脳による中国語研究のススメ》 京、白帝社 2000 年 125～138 页；沈国威/冰野善宽 2005.3「Windows パソコンにおける中国語の検索-EmEditor を例に」『関西大学視聴覚教育』28 号

49

检索式	意思	符合词
(.)\1	AA	茫茫，尝尝，说说
.(.)\1	ABB	白胖胖，恶狠狠
(..)\1	ABAB	介绍介绍，热闹热闹
(.)\1(.)¥2	AABB	热热闹闹，高高兴兴
(.+)\1	A(B)A(B)	说说，说明说明
(.)一\1	A一A	看一看，写一写
(.)一?\1	A（一）A	看看，看一看
(.)了\1	A了A	尝了尝，看了看
(.)了?\1	A（了）A	尝尝，尝了尝
(..)了\1	AB了AB	解释了解释
(.)不\1	A不A	是不是，来不来
(..)不\1	AB不AB	可能不可能，热情不热情
(.)\1.	AAB	开开心，点点头
(.)\1[了的地]	AA[了的地]	谢谢了，红红的，狠狠地

这样，既有很多我们可以利用的网络语言资源，也有自己构筑语料库。同时在掌握了检索工具和检索方法以后，我们就可以最大限度地利用这些资源。

关于"反拨"

陈赟

1. 导言：

本文从当前汉语语境中的"反拨"一词出发，在分析其词义变化的基础上导入该词的日语来源"反撥（発）"，通过釐清该词在日语中的形成及演变过程，确立汉语中的"反拨"、特别是前期"反拨"源自日语的外来词性质。同时，比较该词在日中两国各自的具体使用情况，对因"拨（撥ねる）"这一词素本身所具有的内在差异而造成的语意偏离现象进行剖析。

2. "反拨"在汉语中的使用情况

近年来，汉语"反拨"一词开始出现在各种文化评论性文章以及报刊社论中。如：

① 在这个意义上讲，林语堂提倡"语录体"也许是对这种一元独白倾向的警惕与<u>反拨</u>。（中略）林语堂选择"语录体"为自己的语言精神家园，固然有<u>反拨</u>，矫正的初衷，（后略）（张沛〈林语堂的文化双语意识〉《中华读书报》2000.10.25）

② 对鲁迅的贬低从一定意义上来说，也是对以往神化鲁迅现象的<u>反拨</u>。（秦弓〈近来贬低鲁迅现象的原因与危害〉《广播电视大学学报》哲社版，2001.01）

③（新文学）的叛逆性、进取性和主体特征是前所未有的，它在根本上<u>反拨</u>了"天人合一"的文化观念以及"和谐"为美之极致的审

美趣味。（周燕芬《執守·反撥·超越 — 七月派史論》（中華書局，2003.8，p.161）

④七月派对客观主义和主观公式主义的批判具有反拨文坛不良倾向的重要意义，（后略，中華書局，2003.8，p.203）

⑤新时期以降，缘于对上述极端政治家极端倾向的着力反拨，研究会提出了新的观念⋯」（张直心《政治文化语境中重新言说〈非文学的世纪:20 世纪中国文学与政治文化关系史论〉读后》《鲁迅研究月刊》2005 No.3, PP.81-83）

⑥学者的发言乃至学者力量化同时是对行政力量的反拨和调节。(〈成熟社会中的"学者力量"〉《北京青年报》）2007.1.16）

等。尽管类似的使用实例已不属于个别现象，但现行的各类中文词典以及外来语词典中收录该词的却极为少数[1]，到目前为止只有 2005 年商务印书馆国际公司出版的《现代汉语新词语词典》收有该词条。而且词典中并未象其它绝大多数的新词一样给"反拨"注明出处，只是进行了简单的释义。词义及例句如下：

〇【反拨】：向相反方面进行调整。〔例〕这种理解是对历史的反拨。/新作品是对传统理念的一种反拨。

或许该词典中的释义与例句之间的统一性还值得商榷，但该项释义与①③⑤⑥的例句却是相当符合的。也就是说《现代汉语新词语词典》的释义在一定程度上还是符合当前语境中的"反拨"词义的。而与之不同的是，《汉语大词典》中却将"反拨"解释为"犹言反抗;抵抗"。如：

〇也许是感情上的反拨、也许是由于计画上的分工，‥中略‥我把场面安放在战士们的一边。（夏衍《我这样的写了〈心防〉》《野草》1940 年第 1 卷第 2 期）

〇（前略）我在我的人生旅路上遭遇到一种恶势力的反拨，那也是因为我曾经给予这种恶势力以无情白眼的缘故。我这次之受到这

---

[1] 如刘正埮·高名凯编《汉语外来词词典》（上海辞书出版社 1984.12）、史有为《汉语外来词》（商务印书馆 2000.1）、香港中国语文学会《近现代中国新词词源词典》（汉语大词典出版社 2001.2）、《现代汉语双序词语汇编》（武汉大学出版社 2003.12）、《现代汉语词典》（第五版，2005.7）等。

关于"反拨"（陳贇）

些人的反拨，虽然也算在自己的人生旅路上遭受了一个小小的打击，但我却反以此自傲。—（许杰《一个人的自白》原载1945年5月9日《改进》月刊;后收入《许杰散文选集》上海文艺出版社1989.6 第3版）

等。不难看出，"向相反方面进行调整"与"反抗，抵抗"这两项释义之间不仅语义不尽相同，而且前后之间还存在着诸如"主动与被动，缓和与激烈"这样的语感差异。也就是说20世纪40年代之前的语义与21世纪当下的语义有着一定的差距。而再往回追溯20年的作品，比如鲁迅《示众》（1925年4月13日北京《语丝》周刊第22期首发）中的

○（十一二岁的胖孩子）像用力掷在墙上而反拨过来的皮球一般，他忽然飞在马路的那边了。

的例子却又可以看作是纯粹的物理上的概念，犹似"反弹"。但遗憾的是，当时最具代表性的中文辞典如《辞源》（商务印书馆1915年初版，1937年第6版）、《辞海》（中华书局1938年）以及收录了当年新生词汇的《王云五新辞典》（台湾商务印书馆1943年）中却均未收录该词。特别是《辞海》中已经吸收了"反射"、"反动"、"反应"等新词汇，并且释义中也有"本为物理学词汇"等说明，而构词方式相似、词义引申过程也类同的"反拨"却未被吸收。这至少从一个侧面可以说明"反拨"在上述三辞典发行的年代也并非被广泛认知与使用。

从上述考察可以看出，首先"反拨"一词，在近现代的中文使用历史过程中不断发生着词义变化。即"物理意义上的反弹"→"反抗、抵抗"→"向相反方向进行调整"。其次，该词无论是在上世纪二、三十年代还是现在，认知度都极其有限。与此同时，《汉语大词典》中的例子都晚于1940年，这在一定程度上意味着该词可能并非汉语中固有的词汇。况且该词早期的使用者如鲁迅，夏衍等又都曾留学日本。此外，沈国威（1994）援引《中国语文丛书 五四以来汉语书面语言的变迁和发展》（北京师范学院中文系汉语教研组编，商务印书馆，1959年）中的观点指出五四运动时期带有'主义'，'性'、'化'、'反'等语素的词汇均经由日语间接

传入中国[2],至此,考虑该词的日语来源似乎是顺理成章的了。

3. 日语中的"反撥(はんぱつ)"

3-1. 形成与演变

《大汉和辞典》收录有"反撥"（はねかへす。うけつけない。他人の行為・心術等に対して反対に出る）"反撥心"（はねかへして受附けない心。）"反撥力"（反撥する力。物事を押し切って行ふ力）等条目,但并没有举出具体实例。《日本国语大词典》（第二版）对"反撥"的解释则为"<u>はねかえすこと</u>。<u>はねかえること</u>。外から加えられる力や他人の行動などに反抗して、受付ないこと。負けずに反抗すること",其中列举的最早例子是1898年出版的《恋慕ながし》中的一文（参见p3）。但据笔者的调查,该词的首次使用最早其实应追溯到明治六（1873）年出版的《物理階梯》（片山淳吉编译）[3]。如:

○浮気体トハ其分子互ニ相<u>反撥</u>（左训「ハジキアフ」）シ、温度ニ従テ、膨張（左训「ヒロカリダス」）スルノカアル者ヲ曰フ。（《物理階梯》卷上、第一課、物体論）

○浮気体ハ此両体（=「固形体」「融液体」）ニ反シ、全ク此性（=「凝聚性」）ヲ缺テ、却テ相<u>反撥</u>スルノカヲ有シ、以テ其分子ヲ拡張セシム（後略）（《物理階梯》凝聚性又凝聚力）

[参考]＊该书的原本（Quackenbos, G. P.：*A Natural Philosophy: Embracing the Most Recent Discoveries in the Various Branches of Physics, and Exhibiting the Application of Scientific Principles in Every-day*

---

[2] 参见沈国威『近代日中語彙交流史』p67,笠間叢書271;1994.3以及《中国语文丛书 五四以来汉语书面语言的变迁和发展》p114。但两者所指的"反"所对应的是英语的「anti-」（法语、德语同）与「counter-」（法语为「conter-」）以及俄语的「анти-」,与「re-」之间的对应关系并未提及。不过因为形式上的一致性,作为参考因素而言是完全应该予以考虑的。

[3] 明治6（1873）年～明治19（1886）年,小学高年级使用的物理教科书。参照〔牧野正久（2002）〈小学教科書《物理階梯》翻刻版調査の報告—明治初期における出版の成長と変容の事例〉（《日本出版史料》7）〕。

Life.；1st ed. 1859，Revised ed. 1871）中作：

○ Aëriform means *having the form of air*,and matter is said to exist in this state when its particles repel each other, （后略,p8）

○ In aëriform fluids cohesion is entirely wanting, its place being supplied by a repulsive Force, （后略,p21）

同时期的《物理全志》（宇田川准一编译，1875 年），以及稍后的《增补改正物理小学》（小林六郎译，1883 年），《物理教科书》（菊池熊太郎编，1890 年）等都广泛采用了"反撥"作为分子运动概念之一的"repel""repulsive force"乃至"repulsion（repel 的名词[4]）"等词的译文[5]。同时，《小学物理讲义》（片山淳吉口述、百田重明笔记，1881 初版、1883 再版）中又有如下的释义：

○浮气体トハ空気、蒸気ノ類‥中略‥ 其分子互二相撥ネ反スガ故二、其形常二浮虚トナリ。（上卷 p4；第一課 物体ノ説）

○浮気体ハ‥中略‥ 其分子互二相反撥スルノ性アルナリ。（上卷 p24；凝聚性）

从这里可以看出，日语的"反撥"一词应该是片山淳吉在编译过程中从"撥ネ反ス"和制而成的"漢語"（字音语〈字音词〉）词汇，它和众多新生科学概念如"反动（反動）"、"反应（反応）"、"反射（反射）"属于同一性质。只是"动（動）"、"应（応）"、"射（射）"等动词在中文与日文中的语义相一致，使得"反動"、"反応"、"反射"等词能

---

[4] 关于"repel"与"repulsion"之间的〈动-名〉关系，参见 H.W.FOWLER《THE CONCISE OXFORD DICTIONARY OF CURRENT ENGLISH》（1911,1929），以及斋藤秀三郎的《熟语本位英和中辞典》（正则英语学校出版部，1921 年，再版）等。

[5] 片山淳吉未使用"弾"字可能是为了避免与"弹性"概念造成冲突。〈弾力性〉（左训：ハジクチカラ）：今爰二蹴鞠ヲ取リ、数尺ヲ隔テ、壁二向テ之ヲ擲ツトキハ、直二、弾却シ、‥中略‥是ヲ物ノ弾力性トロフ（《物理階梯》卷上、第三課・偏有性）。与"弹性"相对应的英文为"Force of Restitution."（见前出＊原本 pp.24-25）。同时"弾"字更倾向于所受外力消除之后能恢复原状的物质本身的内在性质，而"撥"字则与物质本身是否有弹性无关。该观点在柴田武编《ことばの意味 1　辞書に書いてないこと》"ハズムとハネカエル"项（pp196-204）中也得到了一定的印证。

迅速而畅通地融入汉语系统。此外，之所以说"反撥(はんばつ)"是由片山淳吉所创主要基于以下三个因素：

一、片山淳吉在编译《物理階梯》时可能用于参考的中日双方的"洋学书"中尚未使用[6]。

二、明治初期的所谓"漢語辞書"中均未登录[7]。

三、明治初期的英和、和英；英汉、汉英词典均未出现[8]。

---

[6] 如《博物新编》（合信 1855）中用"推拒之性"、"推性"、《格物入门》（丁韙良 1866）用"漫散之力"、《重学》（1869）中用"推性"中；《气海观澜》（青地林宗 1838）中用"分排"、"冲荡"《气海观澜广义》（川本幸民 1851）中用"扩张"《理学提要》（广瀬元恭 1854）中用"分排"等。关于上述书籍对于幕府末期～明治初期日本物理学名词的影响参见《日本科学古典全书》第六卷（1942）三枝博音的《〈物理〉の概念の歴史的彷徨に就いて・これは、日本に於ける物理学の形而上学からの脱却について考へてみる試みである》，以及陳力卫《〈博物新編〉の日本における受容形態について —— 新概念への対応を中心に —— 》《日本近代语研究 4 飞田良文博士古稀记念》ひつじ书房，2005,6）。

[7] 《新令字解》（1868）/《布令字辨》（1868）/《汉语字类》（庄原謙吉,1869）/《汉语便览》（1869）/《增补新令字解》（1868 刻成，1870 增补）/《大全汉语解》（1871）/《日志画引新令字类》（1871）/《新撰字解》（1872）/《增补布令字辨》（1872）/《广益熟字典》（1874）/《布令必用大增补新撰字引》（1874）/《增补汉语字引大全》（1875）/《改正增字画引汉语字典》（1877）/《御布令新聞漢語必要文明いろは字引》（1877）等。其中庄原謙吉编辑的《校正增补汉语字类》（1876 年）中收入"反撥"一词，这可能跟本辞典的校阅者大森惟中是"洋学家"有关。

[8] 如崛达之助《英和对译袖珍辞书》（1862）、柴田昌吉・子安峻《附音插图英和字汇》（ウェブスタ氏新刊大辞書）（1873）、棚桥一郎等《和译字汇》（1873）；Lobcheid,W.: English & Chinese Dictionary《英华字典》（1868）、 Doolittle,J.: Vocabulary and Hand-Book of the Chinsese Language《英华萃林韵府》（1872）等。

并且，由于首用"反撥"的《物理阶梯》以及紧追其后的《物理全志》由文部省推出之后，为日本全国范围内的学校所采用[9]，"反撥"也因此得以广泛普及，并迅速发展为政治、心理、教育、社会等人文科学领域的词汇。如：

○<u>反撥</u>力は天下に隠れなき九州の名産なり。（作者不詳〈九州と自由党〉《国民之友》198 号，1893.8.3）

○新政党若し桂系に密接せば、政友会は<u>反撥</u>的に桂派を攻撃するに至り、茲に愈々二大党対立の大勢定まる。（福本日南（談）〈議院観〉1909 年 4 号）

○「敢て其に<u>反撥</u>（ハンパツ）して、奮って更に大に励まう」（小栗风叶《恋慕ながし》1898 年）

○租税は公益の為に存在し、而して個人の利益とは全然相<u>反撥</u>するものなり。（桐生悠々「国税としての家屋税」《太阳》1901 年 5 号）

○反動作用ハ有意作用ノ反対ニシテ全ク意志ノ作用ナクシテ發動スル者ナリ。（中略）又熟睡スル人ノ脚底ヲ針尖ニテ微シク刺ストキハ其ノ人忽脚ヲ動スモ、之ヲ醒覚スルニ至ラズ。是レ脊髓ニテ<u>反撥</u>スルーノ反動作用ニシテ心意ハ毫モ其ノ間ニ発動セザレバナリ。（《教育心理論理術語詳解》1885 "反動作用"条）

○即ち反動とは（中略）一物体の力他に及べば、其の力を受けたる物体は、与へられたる力と同一の力を以て必然に<u>反撥</u>し来たる作用を名付けて呼ぶのである。（二）以上の物理的反動の法則を更に人間界の事柄にも当てはめて使用す（中略）総て其の

---

[9] 如《改正物理小誌》（宇田川準一编译，1881 年）緒言中写道："物理全志ト名ツケ該校（東京師範学校－筆者）教科書ニ編入セルヨリ延キテ各府県師範学校及中学校等ニ於テモ亦之ヲ採用スルニ至レリ"。牧野（2002）中也指出"表題『物理階梯』中の階梯とは、元来は階段、転じて手引きを意味し、明治初期に文明開化を担うと期待された新しい考え方「物理」に対する入門書である。小学校高学年生（上等小学校）用の良教科書として、多分明治六年はじめに文部省から刊行された"。

行動行為の性質が、自然的発展に出でずして、<u>反撥</u>的態度を以て起り来たる場合に、之を<u>物理的反動</u>の作用に比較して同様の意義に使用するのである。（1906 年出版、德谷丰之助・松尾勇四郎編『普通術語辞彙』"反動"条）。（＊下线为笔者另附）

等。明治末期，"反撥"终于作为一般词汇开始出现在国语辞典中。如《辞林》（はん-ぱつ［反撥］（名）はねかへすこと。うけつけざること。—りよく［反撥力］（名）はねかへす力。1907年）、《大増訂ことばの泉補遺》（はん-ぱつ 名 <u>反撥</u>。はねかへすこと。1908年）等。

3-2. 词义扩大及其原因

随着"反撥"在日语中的普遍使用，在 20 世纪初，它又被吸收为了"rebound"的译词。如：

○re-bound′(re-bound′), vi. 弾き反る，反作用を為す，捲き反る，跳ね反る，<u>反撥する</u> re-bound′, n. 一 跳ね反り，弾き返り，<u>反撥</u>，（后略）（《井上英和大辞典》1915 年）

○Re-bound′（リバウンド）《自》a 跳（ハ）ね返る，弾（ヒ）き戻（モド）る，<u>反撥する</u>，b 反響する，反動する，酔（エ）ひ来る。《名》<u>反撥</u>，反動　（后略）　和田垣謙三著/林弘之増訂《増訂英和新訳辞典》（1913 年初版/1920 年増訂版）

等。而"rebound"为自动词，也就是不及物动词，与"repel"的他动词性质不同。之所以出现这种现象的原因可能基于以下三点：

一　"跳"与"撥"在日语中都可读作"ハネル"，是同训词。

二　"字音词"（包括一般的"和制汉语"）形式中，动词的"自他"性质较难判断。如前所示《日本国语大词典》"反拨"的释义中"はねかえす"与"はねかえる"的并列出现就是有力的佐证。

三　汉字标记为"撥"的"ハネル"本身也存在自动词用法　（三"'反撥'传入中国"中有详述）。

不过，中文语境中作"rebound"解释的"反拨"，目前除了鲁迅《示众》之外尚未调查到其它例子。

4. "反撥"传入中国

4-1. 早期相关资料中的"反撥"

在19世纪末～20世纪前期，"反撥"也同其它物理学名词"反射"、"反动（反動）"、"反应（反應）"等已融入汉语系统的词汇一样，一度曾出现在相关资料中[10]。如：

A 《新爾雅》[11]〈釈格致〉—

〇物体受外力而变，外力一去，即復原形者謂之<u>弾性</u>‥中略‥分子不固着，而随器為方円者，謂是流質。不僅分子相動摇，且有<u>反撥</u>拡張之性者，謂之気質。（p122）

B 《汉译最新物理教科书》（酒井佐保，〈日本合资公司〉冨山房书局，1906年）

〇（前略）故由外観之似物体之各部雖全如静止、不知其分子運動不絶、互相衝突<u>反撥</u>、進退於前後左右而不須臾止也。（第一編・第一章・第六節〈孔性及被圧性〉）

C 《综合英汉大辞典》（商务印书馆，1933年）

〇repel【他動】［理］（Attract之对）反撥，拒斥（中略）/ repulsive【形】反撥的 / repulsion【名詞】［理］反撥，拒斥，拒力，斥力（Attrction之对）

其中A与B都深受日本物理学之影响自不待言，而C也因为参考了日本斎藤秀三郎的《英和中辞典》（192年）[12]以及编辑人员中有早年留学日本的

---

[10] 关于日语物理名词予以中国的影响，参照（実藤恵秀「留日学生の翻訳書と中国の教科書」《中国人日本留学史》增补版 1970,pp.273-275）；戴念祖编，王冰著《中国物理学史大系・中外物理交流史》（湖南教育出版社，2001.9）pp187-189；日本物理学史・上（历史・回想編）pp85-88；刘树勇《中国物理学史 近代卷》（广西教育出版社，2006,p224）等。

[11] 1903年出版的（汪荣宝、叶澜编写）《新尔雅》时由"留日中国学生编纂出版的，该书是中国第一本用以解释人文、自然科学中出现的新概念、新术语的新语辞典，应该是翻译自日文书，或者至少是有日文底本的"。参见沈国威编著『「新爾雅」とその語彙 研究・索引・影印本付』（白帝社,1995年）p2。

[12] 见《综合英汉大辞典》编辑大纲〈ix〉

物理学家周昌寿[13]这些因素而必须考虑来自日本的影响。遗憾的是当时在中国最为广泛采用亦最有影响力的藤田丰八、王季烈翻译的《物理学》（1900-1903年）一书尚未得以查阅，难以下定论。但比如《英华大辞典》（1912年）、《英华日用字典》（1915年）、《汉英新辞典》1918年）、《汉英大辞典》（1922年；续编1937年）、《中华汉英大辞典》（1936年）等早期的英汉、汉英辞典中均未收入却是不争的事实。即便是此后的各类专业词典中也只零星可见[14]。此外，去年出版的（课程教材研究所、物理课程教材研究开发中心编著义务教育课程标准实验教科书《物理》（人民教育出版社，2006年）中无论是分子概念还是磁石概念（参见九年级本p126；八年级上册p75、下册p98）中均使用"斥力"。

基于上述情况，可以明确地得出结论，即"反拨"并非汉语固有词汇，而是19世纪末随着日本物理学教科书的传入[15]而进入汉语的。从现阶段的考查结果来看，无论是作为原意的物理学词汇还是引申义的社会、心理学词汇，都没有被真正地吸收入汉语系统中。那么，为什么会出现这样的情况呢？我认为这应该跟"撥、拨"各自与宾语的联系程度以及两者本身所含的词义差异有着密切的关系。

4-2. "撥ねる"与"拨"的词义比较

日语中的"撥ねる"虽然在现行的各类国语辞典如《广辞苑》（岩波

---

[13] 周昌寿1906年赴日留学，1909－1919年就读于东京帝国大学物理系及同研究院物理所。1920－1945年任商务印书馆译所编译。是中国物理学会最早的会员之一，编写了系统的中学物理以及大学普通物理教材。

[14] 只见于《新编英汉科技大词典》（澳门，1978年），其它如《英德法俄汉物理学词典》（1979年）、《英汉现代科学技术词汇》（1982年）、《中英日自然科学用语辞典》（1990年）、《日中英对照物理用语辞典》（2001年）、《英汉物理学词汇》（2002年）等均未收入。

[15] 关于日本物理学教科书对于中国的影响参见実藤恵秀「留日学生の翻訳書と中国の教科書」『中国人日本留学史』増補版1970pp.273-275；戴念祖编，王冰著《中国物理学史大系·中外物理交流史》（湖南教育出版社，2001.9）pp187-189；日本物理学史·上（历史·回想编）pp85-88；刘树勇《中国物理学史 近代卷》（广西教育出版社，2006,p224）等。

书店 1-5 版)、《岩波国语辞典》(岩波书店 1-6 版)、《新明解国语辞典》(三省堂 1-6 版)、《旺文社国语辞典》(旺文社 1-10 版) 中均将其定性为"他动词",但实际使用过程中主语可以是无生命物体,可以不借同宾语一起出现,也就是说可以有类似于自动词的用法。比如:

○五分刈の伸びたのが前の鶏冠(とさか)の如くになって、頸脚(えりあし)へ撥ねて耳に被(かさぶ)った。(泉镜花《高野圣》1900 年)

○かがり火は、薪木の性と見え、時折、ぷちぱちと撥ね、(岡本かの子《富士》1929～1930 年)

○ガザガザアン! 凄まじい音が建築場で撥ねた。(佐々木俊郎《都会地図の膨脹》1930 年)等[16]。

反之,汉语中的"拨"与宾语之间的关系比较紧密,即便是省略掉宾语,那也必定是有生命物体对其它物体所作的动作,而不能是无生命物体自身的动作。如上述几个例子中的"撥ねる"如果直接翻译成"头发往发际那边拨着"、"柴火时不时地劈里啪啦地拨"、"巨大的噪音在工地上拨"的话,中文就难以成立。其中有成立可能性的第一句"头发往一边拨着",在中文中其含意也应该是"人为地用手将头发拨弄到一边"之后的结果存留,而决非头发自身的动作。关于中文动词"拨"字的"有外力因素,具体来说是可以向其它物体施加动作的有生命物体因素的介入"这一点,从马礼逊的《五车韵府》(1819 年)、麦都思的《华英字典》(1842 年)的释义中就可以解读出来。如:

○撥 From hand and to issue forth. To spread out(后略)(《五车韵府》)

○撥 To manage, to set to right; to exclude(后略)(《华英字典》)

等。当前的《汉英综合辞典》(1991 年)、《中国动词活用辞典》(1993 年)、《中日大辞典》(1968 年初版, 1999 第二版)、《中日辞典》(2002 年) 中

---

[16] 这或许跟同音不同字的自动词"跳ねる"或者作"迸、爆"意的"弹く"之间存在着一定的关联。另外, 山田进 (1975) 中将"跳ねる"、"撥ねる"和"刎ねる"均作"片假名"后进行了自动词范畴与他动词范畴的比较说明。笔者认为这三者之间的共通点是"瞬间、急促、伴随着力量的爆发"。详见柴田武编《ことばの意味 1 辞書に書いてないこと》pp.205-213 (平凡社选书 47, 1976.9)

对于"拨"字的解释也都包括"move with hand,foot,stick,etc"或"（指や棒のようなもので）ものを横にはじく"以及"手足や棒などで横に（物を）移動させる.動かす"等人为动作的因素。也就是说，中文中的"拨"字是一个完完全全的他动词（及物动词）。其实，日本学者中也有注意到该现象的。早在荻生徂徕的《译文筌蹄》（1692年）以及市冈正一的《博物新编字引》（1874年）中就已经分别为"撥"字作出了"手テサワル"（第2卷11丁）和"コロバス"的释义。

同时，正如《岩波国语辞典》（第六版 2000.11）中的释义"（ぶつかって）はじき飛ばす"所示，日语中的"撥ねる"无论是否伴有宾语，一般表达的都是伴随着强劲的势头在瞬间完成的动作，一如中文中的"撞"。如：

○車が人を撥ねた。

等。虽然古代汉语中的"拨"字也曾有过"冲、撞"的含意，如：

○半夜军行戈相拨，风头如刀面如割。（唐岑参『走馬川奉送封大夫出师西征』诗）

○唐张鷟『朝野佥载』卷六："衢州龙游县令李凝道性褊急…乘驴于街中，有骑马人鞾鼻拨其膝，遂怒，大骂，将殴之。"（据《汉语大词典》）

等，但至少在19世纪时此项含意已经消失，"拨"不再有"带有一定力度、瞬间完成的动作"这一含义了。

综上所述，由于词素"拨（撥）"在中、日文中有着这两大重要的区别，"反拨"一词始终无法很好地适应中文环境，除偶尔出现之外，基本不为主流所认知，属于生僻词汇。但可以肯定的是，《汉语大词典》中的关于前期"反拨"的释义符合日文的原意，应该是直接受当时的日文影响的，也就是说是属于典型的外来词。承袭该用法的例子寥寥无几，如：

○孩子在父威下所受压抑愈重，<u>反拨</u>得更为强烈。（楼适夷《痛悼傅雷》1976年之后，确切时间未详。）

○正是这样一种印象，在不少人那里，激起了强烈的<u>反拨</u>情绪。（秦弓〈近来贬低鲁迅现象的原因与危害〉《广播电视大学学报》哲社版，2001.01, PP.10-13）

等。而本文开头部分所示的目前主要的几例"反拨"却已经有了与之不同的含义。这极可能是因为汉语中"拨"字所固有的"调整、治理"的意义逐渐使之发生语义偏离之故。因为作"调整、治理"义的单独的"撥（ねる）"字，在日语中是不存在的，即便要表达此意，日语中也只以"撥乱"这样的"漢語"固定形式出现（参阅佐野元恭《布令字辨》（1872）"撥乱"项等），因此在日语环境中是不可能造就作"调整"义的"反撥"一词的。而在汉语中一息尚存的"反拨"，却因"拨"字具有诸如"拨乱反正"、"把表拨正"等成语或短句中所体现出来的"治理、调整"之义而逐渐演化成目前的词义。它之所以能起死回生，可能是因为在当前的语境中，"反拨"虽然暗含"反抗"、"抵抗"的意义，但尚未染上"反抗"、"抵抗"这些词汇所包含的"不服、否定、愤懑、仇恨"等情绪，同时也没有"调整、调节、矫正"这些词来得直白与充满政治意味，它恰到好处地填补了所有这些词汇交接处的空白，给人一种有别于他的新鲜语感的同时，又能表达所有上述词汇所不能涵盖的意境。本文开头所举的几个例子就是很好的说明。基于此，"反拨"得以在文学创作、文艺理论与批评、社会评论等崇尚新概念、新词汇的人文社会科学领域取得一席之地并成为一个不可替代的新概念。原本与汉语格格不入的组词结构和模糊不清的语义包含反而使它更具灵活性，更易于被赋予新的涵义，同时更能给读者带来视觉冲突。类似于这样在人文科学领域中因突兀而鲜活的意义转换词还有很多。比如"文脉（作"传统"义，如"中华文脉"）"、"语境"（作"社会氛围与环境"义，如"历史语境"）、"自觉"（作"自我审视自我奋发"义，如"文学自觉"）等。这些词或许也可归类为高玉（2002）[17]所指出的五四以来的"回归词"，对这些基本源于外来词（尤其是日语），沉寂多年之后又以全新面貌出现的"回归词"类的收集与整理无疑已是当务之急。

---

[17] 〈中国现代文论的历史过程与语言逻辑——论80年代新名词"大爆炸"与90年代新话语现象〉（《文学评论》2002年第1期）

此外，当前日语中的"反発（撥）"在翻译成中文时一般作"抗议，抵触，反抗，抵抗，回升（金融行业用语）"等[18]。但在部分媒体中似乎已有逐渐集中至"反弹（包括金融行业用语）"一词的倾向。如：

○ 首先在 2002 年 10 月，日本政府从民间人士手里成功租用钓鱼岛中的三岛，受到华人世界的强烈反弹。(〈大陆封锁保钓人士出海 港台美保钓船冲向钓鱼岛〉《环球华报》2006.10.28)

○ 日本在有严重争议的海域单方面采取行动引起了韩国的强烈反弹。(〈日韩独岛之争火药浓〉2006.4.19 中青 http://www.youth.cn)

○ 美元指数上周破位后的技术性反弹基本告一段落，后市或将重新面临做空压力。(〈后市面临重新做空压力〉《南京晨报》 新华报业网 2007.4.26)

等。限于篇幅，关于中日文之间的"弹"与"拨"之间的关系留待今后补充。

5. 小结

综上所述，"反（撥）拨"作为物理学名词首先在日本创造和使用，在使用过程当中，逐渐引申出"不接受,反抗"等含意。它一度曾进入汉语环境当中，但由于词素"撥（拨）"字的语义差异，使得它长期以来不能真正被汉语系统所吸收，同时也无法让使用者认识到它的外来词性质。而象这种同一汉字在组词时偏向性不同的现象，荒川（1997）已经有了专门

---

[18] 参见《新日汉词典》(辽宁出版社 2004.11 第 11 版)等。日语中作为金融用于的"反発（撥）"至少在收录有该词的〈最新現代語辞典〉(大島秀雄 1933；见《日本国語大辞典》"反発（撥）"项)之前就应该已经被广泛使用了。

的讨论[19]。笔者亟盼在今后的研究过程中能在这一领域挖掘出新素材,取得新成果。

---

[19] 文中以"海""洋"等词为例,剖析了"海流"、"洋流"等词汇的形成过程。详细请见荒川清秀《近代日中学術用語の形成と伝播—地理学用語を中心に》白帝社,1997.10,pp178-180。

综合讨论

北京远程会场

表示要求对象的介词
——谈"向、问、和、跟"

干野真一

1. 引言

在考察某一个词的语法现象之际，除了仔细考察该语法现象以外，若再把同义词之间的使用频率弄清楚，那该词的特点就会更加鲜明了。

这次笔者关注了表示要求对象的介词"问"在清代南方的文学作品中大量出现的现象。虽然关于清代官话里存在的南北区别的研究以往也有讨论，可是笔者认为还需要研究的地方不少。因为以往的研究大部分是以记述北方官话的语法特点为出发点的，所以还是有倾向于北方官话之嫌。尽管同样是官话，可是其性质上的区别还是容易感觉到的。这个性质上的区别就是反映官话内在的地域性的。那么，如何更好地官话的南北区别呢？对此，笔者认为统计使用频率是值得一试的。有几个同义词的情况下，使用哪个词往往反映该词所含的地域性。除了刚刚说到的地域性之外，历史语言学当然不能缺少历史性的观点。研究官话时如果只顾清代汉语，恐怕失于掌握官话的内在的南北区别，所以清代的前后时代也要考虑。

关于南方官话里表示要求对象的介词"问"居多，这种观点宫田曾于1976指出[1]。他还说该用法的介词在北方主要用"和(合)"。

---

[1] 「『儒林外史』のことば」（1976）（『宮田一郎中国語学論集』p.350-351）

除了"问"、"和(合)"[2]以外，按《现代汉语八百词》[3]，该用法的'同义词'还有"向"、"跟"。尽管对于每个介词的用法都有许多研究，可是到目前为止还没有论及这几个同义词之间的使用频率的。

因此，本文从明代到现代的文学作品当中通过统计，表示要求对象的介词的使用频率，来讨论它们所内含的地域性。我们认为这四个介词并不一定包罗该用法的所有介词，但是倒也包含大部分的。

2. 调查办法以及调查对象

虚词往往是跟实词一起使用，来发挥其功能。那么，分析虚词时，事先确定跟虚词一起使用的实词的用法，再来分析有'同义词'关系的虚词的用法是有意义的一种分析方法。就本论而言，介词是虚词的一种，所以事先把一起使用的实词的意义选为"借"、"要"等含有"要求"意义的动词。在这样的条件下，调查被使用的是哪个介词。本文的焦点也就是在有"要求"这样的语言表达需要的情况下，从"向、问、和、跟"中调查哪个介词被使用。

关于所调查的语言资料，以区别南北差异的观点来选择从明代到现代的文学作品。

3. 调查结果

关于表示要求对象的介词的使用，笔者对从明代到现代的文学作品进行了调查，其结果如下：

注意表格中： 一、在各个作品当中，该用法的介词有哪些？

二、一个作品当中出现两个以上的介词的话，哪一个介词的使用频率最高？

下面我们看看每个时期的具体情况。

---

[2] 本文把"和"跟"合"当作为一个字。
[3] p.555 〔介〕向;跟。后面的动词主要是表示取得意义的。～老张借本小说｜你没～他借过钱？｜你～我要，我～谁要去？

表示要求对象的介词（干野）

时期	明代		清代					清末民初					20年代～60年代					
书名	水浒传	金瓶梅词话	红楼梦	儒林外史	镜花缘	品花宝鉴	儿女英雄传	负曝闲谈	官场现形记	小额	二十年目睹之怪现状	春阿氏	北京	子夜	骆驼祥子	霜叶红似二月花	艳阳天（第一部）	欧阳海之歌
地域	S	N	N	S	S	N	N	S	S	N	S	N	N	S	N	S	N	S
成书年	万历	万历	1791	1803	1832	1850	1878	1904	1906	1908	1911	1913	1924	1933	1939	1943	1964	1966
向	×	×	7	12	**4**	8	6	1	25	×	**43**	4	**4**	**5**	3	**2**	×	6
问	**32**	**146**	5	**29**	×	**31**	1	**7**	**68**	×	14	×	1	×	×	×	×	×
和(合)	×	1	**62**	×	×	×	**21**	1	×	×	27	×	×	×	×	×	×	×
跟	×	×	×	×	×	×	×	×	1	**6**	×	×	×	**8**	×	**8**	×	1

注：　一、地域 N 表示北方作品，S 表示南方作品。

　　　二、每个作品当中，用例最多的介词以**粗体**来表示。

3-1. 明代的使用情况

关于明代的使用频率，我们调查了《水浒传》和《金瓶梅词话》(以下简称《金瓶梅》)。两个作品当中，该用法介词基本上用的都是"问"。例如：

(1) 那军汉开了桶盖，无甚昏吃，陪个小心，<u>问</u>客人借这椰瓢用一用。(《水浒传》第 16 回)

(2) 贤弟但要银子使用，只顾来<u>问</u>我讨。(《水浒传》第 38 回)

(3) 常时节无以为敬，<u>问</u>西门庆借了一钱成色银子。(《金瓶梅》第 12 回)

(4) 常二哥新近问我借了几两银子，买下了两间房子，已搬过去了。(《金瓶梅》第 61 回)

在《金瓶梅》该用法的"和"只出现 1 例。这是该用法的"和"在历

69

史上出现较早的例子。

> (5) 春梅道:"先来问我要,教我骂了玳安出去,落后和上房玉箫借了。前儿对爹说了,才使小厮接去。"(《金瓶梅》第35回)

可是,在《水浒传》里的"和"只是'共同'意义的。

> (6) 智深道:"俺有些碎银子在这里,和你买碗酒吃。"待诏道:"师父稳便。小人赶趁些生活,不及相陪。"(《水浒传》第4回)

总之,明代该用法的介词没有南北区别,都用"问"。

3-2. 清代的使用情况

清代前期北方作品的《红楼梦》里,"和"用得多。清代后期的《儿女英雄传》(以下简称《儿女》)也是如此。我们可以看做这两部作品的情况是一个类型。例如:

> (7) 又问晴雯道:"今儿我那边吃早饭,有一碟子豆腐皮儿的包子。我想着你爱吃,和珍大奶奶要了,只说我晚上吃,叫人送来的。你可见了没有?"(《红楼梦》第8回)
>
> (8) 袭人道:"我倒没听见这话,为二爷霸占着戏子,人家来和老爷要,为这个打的。"(《红楼梦》第34回)
>
> (9) 合他借多少是多少,下余的再想法子。(《儿女》第3回)
>
> (10) 这日天不亮,张老便合亲家借了两个家人,带了那分执事,迎到离双凤村二十里外,便是那座梓潼庙等候。(《儿女》第36回)

晁瑞2005认为在《红楼梦》里有1个"问"的例子,而在《儿女》里没有。但是,据笔者的调查,在《红楼梦》里有5个"问"的例子,在《儿女》里有1例。如下:

> (11) 凤姐儿笑道:『老祖宗别急,等我想一想这模子谁收着呢?……』因回头吩咐个婆子去问管厨房的要去。(《红楼梦》第35回)
>
> (12) 一面梳洗,湘云因说两腮作痒,恐又犯了杏癞癣,因问宝钗要些蔷薇硝来。宝钗道:『前儿剩的都给了妹子。』(《红楼梦》第59回)

(13) 再问二妹子要大内的上好胎产金丹九合香,求见赐,不拘多少,都要真的,千万千万,务必务必,都交小徒带回。顺请安好不一。(《儿女》第 38 回)[4]

不尽如此,《红楼梦》和《儿女》之间的语言资料《品花宝鉴》(以下简称《品花》)里,该用法的介词是"问"居多。例如:

(14) 潘其观觉得裤挡冰冷,用手一摸,却全是湿的,穿不住,脱了,问打杂的借了一条单裤,一双鞋穿上。(《品花》第 13 回)

(15) 饮酒中间,要问聘才借银一千两,聘才不允,因此口角。(《品花》第 33 回)

我们把将在下一章里看的清代汉语课本里的使用情况加以考虑,我们认为在清代北方该用法的介词"和""问"都使用。另外,《红楼梦》的版本之间存在着一些异同,将在 4 章里专门考察。

清代前期南方的《儒林外史》(以下简称《儒林》)里,用"问"为主。清代末期的《负曝闲谈》(以下简称《负曝》)、《官场现形记》(以下简称《官场》)也是同样的结果。就此,我们可以看做是清代南方的类型。这里,我们看《儒林》的例子。

(16) 他现挂着我丈夫招牌,我丈夫不问他要,问谁要!(《儒林》第 24 回)

(17) 我们办公事的人,不问你要赃钱就够了,还来问我们要钱!"(《儒林》第 41 回)

《镜花缘》也是南方的作品。可是没有"问"的例子。我们只看到"向"

---

[4] 这是剧中人物邓九公给安老爷写的信里面的一段。可是,后边的一段中邓九公在会话当中使用的是"合"。 如下:

邓九公听了,乐的连道:"有趣,有趣! 多谢,多谢! 这够愚兄喝几年的了。喝完了,要还耐着烦儿活着,再合你要去 。"(《儿女》第 39 回)由此可见,虽然例(13)是口语色彩比较浓的信,可是邓九公说话时脱口而出的是"合"。

71

例。如下:

 (18) 唐敖因那扇子写的甚好，来到后面，<u>向</u>多九公讨了。(《镜花缘》第 19 回)

关于清代的用法，我们看做在北方用"和"、"问"，在南方主要用"问"。

3-3. 清末民初的使用情况

 清末的南方作品继承《儒林》的使用特征，主要用"问"。 例如:

 (19) 当下换过衣服，又<u>问</u>贾家借了一个管家，因他自己带去的底下人都是外行之故。(《负曝》第 8 回)

 (20) 有天，他急急忙忙的跑来，<u>问</u>我借十块洋钱。(《负曝》第 22 回)

 (21) 因为自己牲口不够，又<u>问</u>方亲家借了两匹驴。(《官场》第 2 回)

 (22) 黄胖姑也明晓得他出京方有生路，面子上却不答应。说:"你这一走，我的钱<u>问</u>谁要呢？"(《官场》第 27 回)

北方作品《小额》里我们看到了"跟"的例子。到此，我们可以说该用法的介词从"和"交换为"跟"了。例如:

 (23) 这位王三 有六十多岁 是本旗的一个老陈人儿 (笔者中略) 夸兰达们 有什么办不了的事情 都<u>跟</u>他要主意 (《小额》p.13)

 (24) 三爷善合带着秃儿 且外头买了一大捧樱桃来 <u>跟</u>伊太太要钱 (《小额》p.15)

尽管《二十年目睹之怪现状》(以下简称《二十年》)是南方作品，可是我们调查到的例子"向"为最多。同时，"和"、"问"的例子都有。

 (25) 那姓苏的就借端常常<u>向</u>他借钱。(《二十年》第 86 回)

 (26) 我便<u>和</u>他借报纸，恰好被客人借了去，乙庚便叫茶房去找来。(《二十年》第 21 回)

 (27) 到天明起来，桂花<u>问</u>他要一个金戒指。(《二十年》第 3 回)

《二十年》的使用情况和上面所看过的清代南方的类型不一样。可是，"向"的例子占多数了。这个现象，将成为该用法的介词在民国时期以后的南方作品中的倾向。

从这一节，我们调查了在清末民初时期，北方作品中出现"和"代替为"跟"，在南方作品中主要使用的介词有从"问"到"向"的交换的现象。

3-4. 20年代到60年代的使用情况

民国时期以后，在北方使用"跟"。我们看看老舍作品中的例子。

(28) 冯先生，我可把他交给你了，明天<u>跟</u>你要人！（《骆驼祥子》第15章）

(29) 慢慢的再把这个扩大一点，他也学会<u>跟</u>朋友们借钱，借了还是不想还；逼急了他可以撒无赖。（《骆驼祥子》第23章）

解放后的60年代作品还是用"跟"。例如:

(30) 焦淑红认真地说："<u>跟</u>他要几支步枪，他让人家写申请，人家写好了，他又不给！…"（《艳阳天》第一部 第二十六章）

(31) 他心里想，放走了两个活口，把这个捉走了，回头山上边的人摸下来<u>跟</u>马之悦要人，那可怎么办？（《艳阳天》第一部 第六章)

这一时期在南方，主要用"向"。这里看茅盾作品中的例子。

(32) "太平？不见得罢！两星期前开来了一连兵，刚到关帝庙里驻扎好了，就<u>向</u>商会里要五十个年青的女人——补洗衣服。"（《子夜》第1章）

(33) 婉小姐凝眸注视她弟弟的面孔，口气也庄严起来。"哦，莫非是三朋四友<u>向</u>你借，你不好意思说没有罢？"（《霜叶红似二月花》第6章）

解放后的南方作品也是用"向"。

(34) 遇着有些零星活儿——<u>向</u>老乡借个笤帚扁担,讨个火引个亮什

么的——排长有时也故意"分配"一两件给他干。(《欧阳海之歌》第二章 六)

(35) 另外，还准备向大队支书要求要求，让支部分配一点工作给自己干干。(《欧阳海之歌》第七章 三十)

4. 清代汉语课本里的用法

本章分析清代汉语课本里的使用情况。这次笔者调查了两类课本。第一类是在朝鲜使用的汉语课本：《老乞大》、《朴通事》等。第二类是清代末期出版的官话课本：《官话指南》、《燕京妇语》等。

4-1. 朝鲜的汉语课本里的使用情况

笔者对于《老乞大》和《朴通事》的清代改订本进行了调查。在这两本课本里，每本都有3个该用法介词"问"的例子。首先看在《重刊老乞大谚解》(1795)里的用例。如下：

(36) 你去问主人家要几领席子草薦来。就拿笤帚来扫地。(上卷 六十三葉 表)

(37) 若后来使不得，我只问牙子换。(下卷 六十葉 表)

下面再看《朴通事新释》(1765)里的例子。

(38) 那金老二有两个油纸帽，你问他借一个吧。(二十三葉 裏)

(39) 不妨事，我有零钱，你要使只管问我讨，不拘多少，回来换我。(二十七葉 表)

众所周知，《老乞大》有元代出版的《元刊本老乞大》、明代出版的《老乞大谚解》；《朴通事》有明代出版的《朴通事谚解》。通过清代改订本和诸先行版本的比校，笔者确认了，清代改订本的6个例子都是继承先行版本的。因为除了"问"以外，该用法的别的介词都没有出现，所以可以看出"问"在元明时期使用的稳定性。一般说来，清代改订本和先行版本之间有很多改写的地方。但是，偏偏在这6个地方没有改写。因此，我们可以认为:清代改订本的编者认为没有必要改写。这也就说，在清代北方该用法的"问"是个很普通的用法。

4-2. 官话课本里的使用情况

在清代末期的官话课本里,该用法的介词只有"和"出现。笔者在《官话指南》、《燕京妇语》里,每本都查到了 2 个例子。例如:

(40) 我来找您是<u>和</u>您借一项银子。(《官话指南》p.27)

(41) 我也不好意思<u>和</u>他要。(《官话指南》p.77)

(42) 我沒<u>和</u>太太要哇 (《燕京妇语》第拾六课 第二节)

(43) 乙:怎么那么大手工啊　丙:您算 那个活很费工 不能<u>和</u>您多要了 您不信 您打听前儿个您这儿街坊李三太太在我们那儿打的就是二两银子的手工(《燕京妇语》 第拾九课 第一节)

跟 4.1 的情况一样,除了"和"以外,该用法的别的介词都没有出现。通过 2.2 和本章的分析,在清代北方,"和"和"问"两个词都被使用过。这两个类型具体的情况如下:

"和"类——《红楼梦》、《儿女》、《官话指南》和《燕京妇语》。

"问"类——《品花》、《老乞大》和《朴通事》。

上面所述,一个作品中两个介词都用的是《红楼梦》和《儿女》;每个汉语课本里,只有一种该用法介词出现。这种现象意味着什么?这两个类型之间的区别究竟起因于什么?,这是今后的课题。

根据第三章、第四章的研究,表示要求对象的介词的使用倾向可以归纳如下:

表2. 从明代到现代时期表示要求对象的主要介词

时代 地域	明	清	清末民初	20年代～ 60年代
北方	问	和	和→跟	跟
		问		
南方	问	问	问→向	向

这样,可以看出表示要求对象的介词的时代性和地域性。该用法的"向"在清代以后的作品中普遍使用。这个可能起因于介词"向"本身作为表示动作对象的介词,带有普遍性。

"问"在清代末期以后使用频率呈现减少的趋势。可是,据黄伯荣1996[5],在几个现代汉语方言地区仍保存着该用法的"问"。

5 《红楼梦》三种版本之间的异同

《红楼梦》的几个版本之中,这次笔者通过调查《红楼梦》的3种版本(《庚辰本》、《乾隆抄本红楼梦稿本》和《程甲本》),发现了这5个"问"在版本之间存在着异同。按异同的种类,笔者分类了17项。列表如下:

表3. 关于表示要求对象的介词在《红楼梦》版本之间的异同

介词（卷）	《庚辰本》	《红楼梦稿本》	《程甲本》	异同	类
问（1-80）	问×3	问×3	问×3		1
	问×1	向×1	向×1	问→向	2
	问×1	合×1	合×1	问→合	3
问（81-120）		问×1	问×1		4
向（1-80）	向×2	向×2	向×2		5
	向×1	合×1	合×1	向→合	6

---

[5] p.526-528

表示要求对象的介词（干野）

向（81-120）	✕	向×3	向×3		7
		无	向×1		8
和（合）(1-80)	和×56	和×56	和×56		9
	和×2	无	无		10
	和×1	无	和×1		11
	和×1	往×1	往×1	和→往	12
	和×1	和×1	无		13
	和×1	问×1	问×1	和→问	14
	和×1	和×1	无		15
	往×1	和×1	和×1	往→和	16
和（合）(81-120)	✕	和×2	和×2		17
计	问	5	5	5	
	向	3	6	7	
	和（合）	63	62	62	

从表格上看得出下面三点：
一、最多使用的是"和"。(上面已经提过。)
二、曹雪芹的语言里，的确存在表示要求对象的介词"问"。
三、"问"的改写是"问→合、向"这样的，回避"问"的使用的单方向。

关于《红楼梦》、《儿女》里存在的"问"，以往的研究有几个见解：
宫田(1976)、中村(1988)　　《红楼梦》、《儿女》都没有"问"的例子。
晁瑞(2005)　　　　　　　　《红楼梦》里只有1例，《儿女》里没有例子。
但是，按笔者的调查《红楼梦》里有5例，《儿女》里有1例。
《儿女》里的使用情况，上面已在2.2里讲过。

《红楼梦》版本之间存在的异同中，把某一个介词改写为另外一个介词的改写一共有6类：第2类、第3类、第6类、第12类、第14类、第

16类。

其中，第2类、第3类是把"问"改写为别的介词的异同。如下(《庚辰本》→《红楼梦稿本》→《程甲本》)：

(44) 至次日早有雨村遣人送了两封银子、四匹锦缎，答谢甄家娘子。又寄一封密书与封肃，转托<u>问</u>甄家娘子要那娇杏作二房。(第2回) (问→向→向)

(45) 柳家的道：『可不都吃了，他爱的什么似的，又不好<u>问</u>你再要的。』芳官道：『不值什么，等我再要些来给他就是了。』(第60回) (问→合→合)

从这两例看出"问"的改写方向是"问→合、向"这样的回避"问"的使用的单方向。

虽然第14类的例句不符合回避"问"的倾向，可是第14类是在歇后语里改写得很特别的例子。

(46) "……叫我也没好话说，抢白了他一顿。可是你舅母姨娘两三个亲戚都管着，怎不<u>和</u>他们要的，到<u>和</u>我来要。这可是'仓老鼠<u>和</u>老鸹去借粮——守着的没有，飞着的有'。"(第61回)(和→问→问)

值得注意的是，例(46)里在歇后语前面出现了两个"和××要"的例子。后两本只把歇后语里的"和"改写为"问"了。对这现象笔者认为，这是为了修辞上的效果而改写的。前两个"和"不改，而只通过把歇后语里的"和"的改写来强调这个歇后语带有的讽刺义。所以笔者认为与其把它看做为不合倾向的反面例子，不如把它看做为有意的改写。

第12类和第16例是"和"跟"往"相互交换的例子。如下：

(47) 第12类：宝玉笑道："越性尽用西洋药治一治，只怕就好了。"说着，便命麝月："<u>和</u>二奶奶要去，就说我说了"（第52回)(和→往→往)

(48) 第16类："…这会子又干这没要紧的事，你姊娘听见了越发抱怨你了。况且你就都拿出来，做这个东也不够，难道为这个家去要不

成？还是和这里要呢？"（第37回）(往→和→和)

《金瓶梅》也有用"往"的例子。

(49) 我因寻了你一回，寻不着。就同王三官到老孙会了。往许不兴先生那里借三百银子去。(《金瓶梅》第42回)

果然，从例(49)得知介词"往"的后边是表示"处所"的词。本来，"往"是表示'移动'的动词。所以，"往"后边的宾语应该是表示"处所"的词。把介词引进的要求对象换为"处所"，才能成立例(49)。
我们再一次看例(47)、(48)，它们的改写方向如下：

表4. 关于第12类和第16类的异同

	《庚辰本》	《红楼梦稿本》	《程甲本》
(47) 第12类	和"人"	往"人"、	往"人"
(48) 第16类	往"处所"	和"处所"	和"处所"

看来，这两例在《庚辰本》里的用法是符合语法的，可是在后两本中用法上有所扩大。

在这一章确认的是下面两点。
一、《红楼梦》里也有表示要求对象的"问"。这是很可能反映曹雪芹的语言里存在南方的语言色彩的事实。
二、就在《红楼梦》版本之间存在的异同来说，改写的方向是回避"问"的使用。

6. 结语

先贤留下的成就让我们知道：在哪个时代哪个地域，哪些介词大量存在。从此出发，如果再进一步分析地域性的话，我们应该整理的问题有下面两点，即：有没有别的介词？如果有，同义词之间的使用频率如何？

有几个同义词的情况下，使用哪个词是说话人个人的选择。(就文学作品而言，是作者的选择。) 笔者认为这种选择往往是无意识的。也就是说，这种选择很可能体现说话人对语言使用的一种"习惯"。但是，要成立这"习惯"就该备有两个前提。第一是时代性。被选择的介词应该具有"表示要求对象"这样的用法。这也是绝对条件，也关联于从动词到介词的虚化的进度。第二是本文提起的地域性。一个作品当中，如果该用法介词的使用倾向于某一个介词，那么其无意识的选择反映该词含有的地域性。

这些时代性和地域性互相牵连，难以区分。比如本文调查的介词"问"，正如以上所述那样，是跨越时代、地域，在现代汉语方言里还存在的。在此，着眼"高峰"很能帮助理解地域性。换句话说，就是要看该词怎样存在。某一个词或用法大量出现的时候，很容易引人注目是不用说的。与此相反，意识到使用次数减少的现象是比较难的。上面在第四章末我们已经确认了该用法的介词有使用频率"高峰"的时期。如果要知道使用频率的"高峰"，那么我们就要看整体的倾向。

调查每一个作品仿佛是打"点"的过程。使用次数或多或少，例子未足 5 个的也有。其未足五个的例子虽然本身当不起作为"数据"的角色。可是，把它们按时代排起来，那些"点"变为"线"。这条"线"做为"倾向"给我们带来了语言的新面貌。

笔者相信本文采用的这种研究方法，尤其是在研究《官话类篇》等记述南北差异的语言资料时，一定会发挥其优点的。

参考文献

宫田一郎(1976)『儒林外史』のことば『人文研究』28卷4分冊,『宫田一郎中国語学論集』2005 好文出版 所収

中村浩一(1988)介詞"問"について『大東文化大学 語学教育研究論叢』第5号

黄伯荣(1996)《汉语方言语法类编》青岛出版社

晁瑞(2005)「介词"向"对"问"的替换」,『北方论丛』2005年第6期

参考语料

红楼梦　萃文书屋初排《新镌绣像红楼梦》

儒林外史　卧闲草堂本　嘉庆八年

品花宝鉴　道光己酉刊本

镜花缘　芥子圆藏板重刊本　道光十二年

儿女英雄传　聚珍堂　光绪四年本

官场现形记　世界繁华报馆　光绪三十二年

负曝闲谈 1904 成书,《中国近代小说大系》江西人民出版社 1988

二十年目睹之怪现状　1911 成书,《中国近代小说大系》江西人民出版社 1988

小额 光绪 34 年(1908)，汲古书院 1992

春阿氏　爱国白话报馆　中华民国二年

北京 盛京时报社 中华民国十三年

子夜 1933 初版,《茅盾全集》第三卷 人民文学出版社 1984

骆驼祥子 1939 初版, 人民文学出版社 1997

霜月红似二月花　1943 初版,《茅盾全集》第六卷 人民文学出版社 1984

艳阳天　人民文学出版社 1964

欧阳海之歌　人民文学出版社 1966

官话指南　九江书会　光绪十九年

燕京妇语 1906 初版,『燕京婦語』－翻字と解説－ 鱒澤彰夫著 好文出版 1992

重刊老乞大谚解　1795 年,《朝鮮時代漢語教科書叢刊》中華書局 2005
朴通事新释 1765 年, 采華書林 19

北京远程会场

北京远程会场

道教斋仪文书之地方性差异
——以现代台湾南部地区为主的探讨

山田明广

1. 导言

　　道教悠久历史很早就有称为「斋」之仪式。此「斋仪」在台湾现在仍然举行。「斋」的原意是「戒洁」、「戒净」，如《礼记·曲礼》说「齐戒以告鬼神」，古人于祭祀之前，必先斋戒，而後交于神明。此「斋」到刘宋期以後于道教中发展，变为透过忏悔罪愆而成就某些目的之仪式。而唐末之前，先行「斋」然後行「谢恩醮」的仪式程序已成为固定的形式，形成了「斋醮仪式」之基础。

　　之後，任何人皆可行的黄籙斋盛行，自唐末至南宋时，许多炼度系列的科目于黄籙斋上被增加了。後来自南宋至元明时，此黄籙斋逐渐分为以超拔亡魂为目的的「开度黄籙斋」与以救济生者为目的的「祈禳黄籙斋」，同时许多有关道教仪式的，尤其是有关此黄籙斋的仪式文献也被编撰了。

　　目前在台湾所行的斋仪则以「开度黄籙斋」为源流，即是超荐亡者之仪式。道士即藉诸天神尊的功德力，为亡魂解冤赦罪，透过炼度的再生过程而使亡魂超昇仙界。此斋仪在民间叫做「做司功（师功）：chò sai-gong」或「做功德：chò gong-tek[1]」。

　　在台湾若要举行斋仪，其主持道长预先需要准备为发给神明、使者、亡魂等等的相当多的仪式文书。其种类有疏、章、榜、奏、启、请、申、

---

[1] 在此所说的语言是闽南话。闽南话的发音是用教会罗马拼音表示。

状、牒、帖、关、符命等等。他们当写文书时，常常会参考称为「文检」的范例文集。此现代的斋仪文书，如上述，基本上以南宋以後所编撰的仪式文献为源流，两者之间有许多相似的，但也有已不存在的或後来新创造的。再说，目前于台湾地区使用的斋仪文书有地方性差异。一般而言，将台湾南部地区的高雄县冈山镇以南的道法与以北的道法比较，虽两地的道士皆属于同一派系，但两者之间显然有差异。斋仪文献也如此，两者之间确实有差异。

因此笔者拟在本文先透过将目前于高雄县冈山镇以北地区即台南地区所行的斋仪上使用的文书与高雄县冈山镇以南地区即高雄·屏东地区所行的斋仪上使用的文书从种类、数量、内容、使用方法等观点来比较，而考察两地的斋仪文书之间有何差异，然後再探讨两地之间的斋仪文书上的差异代表何。

2. 台湾南部地区的斋仪之事例

笔者曾经调查过的斋仪中，属于台南地区的有 18 件，属于高雄·屏东地区的有 4 件，总共有 22 件。本文要举其中规模较大的 2 件相当于「无上拾回拔度斋[2]」的斋仪（台南地区 1 件，高屏地区 1 件）为事例。首先要介绍这些 2 件事例。

• 事例 A：台南市北区国华街四段无上拾回拔度大斋功德（2004 年 1 月 10 日～11 日）

主行科事：陈荣盛道长（住在台南市）

• 事例 B：花莲县富里乡[3] 义圣宫无上拾回拔度大斋功德（2005 年 10 月 25

---

[2] 「无上拾回拔度斋」是继续时间大概有一天半的斋仪。关于斋仪之种类，参见浅野春二《台湾における道教仪礼の研究》（笠间书房、2005 年）281-362 页。

[3] 事例 B 的斋仪虽然仪式举行的地方是花莲县，即不是属于高雄·屏东地区的斋仪，但是因为其主持道长是住在屏东县，通常在高雄·屏东地区做斋仪、建醮等等的法事，并且参加此斋仪的道士皆是主持道长的徒弟，他们皆住在高雄·屏东地区或其邻接地区，再加上此次的斋仪基本上与通常在高雄·屏东地区举行的斋仪同样的做法来举行，故笔者将此斋仪事例分类为高雄·屏东地区的斋仪事例。

日～26日）
主行科事：林德胜道长（住在屏东县）

事例A是做旬的尾旬[4]时在一般家庭被举行的属于台南地区的斋仪。此斋仪的超度对象只有一位女性亡者，来参加的人只有亡者的眷属，可以说是个一般常见的斋仪。事例B的斋仪也是如事例A，是个超度性的斋仪，但它是作为建醮前的斋戒而于公庙中被举行的，可以说是个公共性的斋仪，所以与事例A的斋仪在性质上不同。事例B的斋仪因为是个在公庙里被举行的公共性的斋仪，故其超度对象不是只有正荐一位或包括副荐的几位，而是住在仪式所行的地区的民众之许多祖先，并其来参加的人也不是只有某一位亡者的眷属或与他有关的人，而是住在该地区的不少民众。事例A与事例B之间虽然如上述有一些条件上的差异，但是就事例B而言，其做法及所用的文书基本上与通常在高雄・屏东地区为一般家庭举行的斋仪相同，故笔者认为事例A与事例B可以相互比较。于是以後在本文主要利用此两件事例而探讨。

3. 斋仪文书的地方性差异

a. 发表[5]

「发表」是透过使功曹使者将仪式文书传送到其对象的各神明之处，而向他们通知仪式将要开始之科仪[6]。此科仪上所用的文书之数量及种类是在整个科仪中最多。

关于表2的「发表」部分，将事例A与事例B相比，可以看出，两者之间有所使用的文书种类及数量上的一些差异。其中较明显的是于事例A

---

[4] 「做旬」是人去世後每七天一次所办的法事。「尾旬」是人去世49天後的即第七次的法事。在台湾大多于此「尾旬」时要举行称为「功德」的大型的斋仪。关于做旬，参见徐福全《台湾民间传统丧葬仪节研究》（国立台湾师范大学国文研究所博士论文，1984年）429-452页。

[5] 关于发表的详细内容，参见丸山宏〈玉坛发表科仪考〉（收于丸山宏《道教仪礼文书の历史的研究》，汲古书院，2004年，第二部第二章）。

[6] 关于「科仪」的定义，参见浅野春二《飞翔天界》（春秋社，2003年）41页。

中〈四直关〉（表 2：事例 A-9，事例 B-11）与〈合符发表下界关〉（事例 A-10）之二种关文被使用，但是于事例 B 中仅用到〈四直关〉之一种关文而已，事例 A 多于事例 B 一种。再说，〈玉清破地狱真符〉（事例 B-24～36）、〈玉清总召万灵符命〉（事例 B-37）以及〈太上开天符命〉（事例 B-38）之 3 件文书仅用于事例 B 中，皆没有用于事例 A 中。

是否使用〈合符发表下界关〉会造成何差异？首先说明一下〈四直关〉与〈合符发表下界关〉的功能。〈四直关〉是要发给四直功曹与三界使者的关文，其功能是使他们将「发表」时所用的各文书传送到其对象的各神明之处。〈合符发表下界关〉则是要发给下界直符使者的关文，其功能是专将十二道的〈地狱符〉[7]传送到十二个地狱。那麽，于事例 A 中，〈四直关〉与〈合符发表下界关〉皆被使用，故传送〈地狱符〉以外的各文书之任务是由四直功曹与三界使者执行，而传送〈地狱符〉之任务是由下界直符使者执行。但是，于事例 B 中，因只有〈四直关〉被使用而已，故传送〈地狱符〉以外的各文书之任务以及传送〈地狱符〉之任务皆是由四直功曹与三界使者执行[8]。这从事例 A 与事例 B 的〈四直关〉内容也可说明。一般而言，关文上均有发此关文的对象官将该负责传送的所有文书名。事例 B 的〈四直关〉上，如（照片 1），确实有「地狱牒十二道」之记载，但是事例 A 的〈四直关〉上，如（照片 2），皆无其类似的记载，故由此又可说，于事例 B 中，〈地狱符〉以外的各文书与〈地狱符〉皆是由四直功曹与三界使者传送。〈玉清破地狱真符〉是，据其记载（参见照片 3），其主要内容为命令东方风雷地狱等十三个地狱的阴曹冥官将亡魂及孤魂野鬼从地狱

---

[7]〈地狱符〉是与「合符童子」时所用的〈童子符〉合为符契的符命。此「发表」时被传送到十二地狱。关于此十二地狱名，见表 2 的事例 A-11~22 或事例 B-12~23。

[8] 据事例 B 的主持道长·林德胜道长说，因为发〈四直关〉的对象的「三界使者」是上、中、下各界的使者，已经包含代表地狱的下界，故三界使者能将〈地狱符〉传送到地狱，因此不需要再发〈合符发表下界关〉给下界直符使者。但是似乎可视为属于高雄·屏东地区的《拔度功德文检》（逸群图书公司出版）26 页 a-b 中又可见相当于〈合符发表下界关〉的牒文之存在。关于这一点，以後需要继续探讨。附说，此《拔度功德文检》本身虽然没有明说明出自何处，但是据其记载内容，可知它是原本属于住在高雄州（现高雄·屏东地区）的姓吴的道长。

解放，似乎与「合符童子」科仪有关系，并与「放赦」等时用到的〈玉清破地狱真符〉又不同。此符命于事例 B 中与〈地狱符〉一起被传送到地狱。因为「放赦」等时用到的〈玉清破地狱真符〉是命令破坏地狱铁城之符命[9]，所以虽然此〈发表〉时所用的〈玉清破地狱真符〉中没有「破坏地狱铁城」等的记载，但是笔者推测，此〈玉清破地狱真符〉也被期待发挥同样功能而被传送到地狱的。即将〈玉清破地狱真符〉与〈地狱符〉一起发出，而使此〈玉清破地狱真符〉破坏地狱铁城，以便确实将〈地狱符〉传送到地狱。关于此〈玉清破地狱真符〉，于其他的一些文献中也可看到。据《拔度功德文检》[10]以及丸山氏所说的《杜氏文检》[11]，虽然此符命本身却不见于这些文检中，但是似乎可说，于高雄·屏东地区的一些地方所用的〈童子符〉中有与此符命有关的记载。此〈童子符〉的主要内容[12]是请十二方向的各童子捧持〈破地狱真符〉至地狱，与〈地狱符〉合符而赦亡魂之罪愆[13]。由此可以确认，此符命与「合符童子」科仪有关系，并或许可以说，此符命原本与〈童子符〉一起被传送到地狱。再说，据笔者所知，于南宋至明朝时所编纂的仪式文献中在《上清灵宝济度大成金书》里[14]就可以找到此〈玉清破地狱真符〉本身。此《上清灵宝济度大成金书》中所载的〈玉清破地狱真符〉与事例 B 的〈玉清破地狱真符〉是完全相同。但是，《上清

---

[9] 「放赦」或「放龙凤」时所用的〈玉清破地狱真符〉中有「昭曜重泉地狱摧毁，铁城开宣」之记载。见大渊忍尔《中国人の宗教仪礼佛教·道教·民间信仰》（福武书店，1983 年）653 页。
[10] 《拔度功德文检》11 页 b。
[11] 丸山宏〈台南道教的功德文检〉（收于丸山前揭书第二部第四章）351 页。在此所说的杜氏是指住在高雄县永安乡的杜永昌道长。关于《杜氏文检》的详情，见丸山宏〈台南道教の功德文检〉325-326 页。
[12] 见《拔度功德文检》11 页 b 的「童子牒式」以及丸山宏注 11 前揭论文 351-352 页和 364 页。
[13] 〈童子符〉之较早的例子是南宋·王契真《上清灵宝大法》（SN1221）卷 64·42b 所载的「童子合牒」，而其记载内容与《拔度功德文检》以及《杜氏文检》所载的〈童子符〉相当类似。但是在此出现的文书是〈破狱金简〉及〈诸天飞云宝器〉，不是〈玉清破地狱真符〉。再说，事例 B 中所用的〈童子符〉上没有与〈玉清破地狱真符〉相关的记载，但是〈诸天飞云宝器〉之名称却可以看到。
[14] 明·周思得《上清灵宝济度大成金书》（收于胡道静他撰《藏外道书》，巴蜀书社，1992 年，第 16-17 册）卷 30·54a-56b。

灵宝济度大成金书》中所载的〈玉清破地狱真符〉却是行「破狱请策仪」以及「破九幽狱灯科」的第一时用到的[15]，不是行「发表」或「合符童子」时用到的。此外，就管见所及，此〈玉清破地狱真符〉似乎仅使用于高雄·屏东地区。但是于笔者在高雄·屏东地区调查的其他「无上拾回拔度斋」的事例中也没有被使用，并且此符命本身如上述不见于属于高雄·屏东地区的《拔度功德文检》中，所以此符命或许目前只有事例 B 的主持道长在使用。关于这一点，以後也需要继续探讨。

〈太上开天符命〉与〈玉清总召万灵符命〉皆是要发送文书之前以「三天扶教正乙显佑天师真君张」的名义即张道陵的名义所宣读的，是为发布命令的符命。〈太上开天符命〉的主要命令内容为，若有群凶阻碍文书的传送，则治罪他们，而〈玉清总召万灵符命〉的主要命令内容为，召唤与高功缔结盟约的神明，使他们收到此符命後立刻依照符命行动。此二种符命虽然皆没有使用于事例 A，但是这并不代表它们均不会使用于台南地区。据大渊忍尔氏所说[16]，此二种符命于台南地区的斋仪上也会被使用。再说，笔者曾经在台南县佳里镇调查二天的黄籙斋时，看过此二种符命在被使用。因此笔者认为，此二种符命或许是要举行规模更大的斋仪时才会被使用。

b. 冥王宝忏（度人经转冥王宝忏）

「冥王宝忏」是透过朗诵《冥王宝忏》而忏悔人可能会犯的所有的罪愆，并且发牒文给亡魂，以便使亡魂免受地狱的折磨并将亡魂从地狱搭救之仪式。就此仪式的做法而言，事例 A 与事例 B 之间有一些不同。事例 A 的做法是道士先于道坛的三清侧的洞案前[17]朗诵《冥王宝忏》，诵完一卷则至正厅，于灵堂前开始拿着〈仙鹤符命〉[18]舞蹈[19]，结束之後将仪式上所用

---

[15] 《上清灵宝济度大成金书》卷 11・17b-25a。此《上清灵宝济度大成金书》中有三种「破九幽狱灯科」连续着被记载，用到〈玉清破地狱真符〉的是其中第一个「破九幽狱灯科」。
[16] 大渊前揭书 478-479 页。
[17] 参见本文末的图 1。
[18] 将纸糊的鹤、〈灵宝无量度人真符〉与〈十仙关〉或〈童子关〉合在一起的物品。象徵神仙或童子在骑着仙鹤赴地狱的东西。
[19] 道士于灵堂前拿着〈仙鹤符命〉舞蹈，此动作称为「迎仙弄鹤」或「见灵」。

的文书于正厅内焚化。因《冥王宝忏》总共有十卷，故如此的动作需要反覆十次。事例 B 的做法则是开始朗诵《冥王宝忏》之前，先在道坛的三界侧[20]念《度人经》，然後去道坛的三清侧的洞案前再开始念《冥王宝忏》。此後的做法与事例 A 相似。行「度人经转冥王宝忏」时所用的《度人经》与《冥王宝忏》也是总共有十卷，所以也需要反覆十次同样的动作。

就此仪式上所用的文书种类及数量而言，事例 A 有〈灵宝无量度人眞符〉（事例 A-27〜36）、〈十仙关〉（事例 A-37〜46）以及〈冥王忏牒〉（事例 A-47〜56）之 3 种 30 道，但是事例 B 则有〈灵宝无量度人宝符〉（事例 B-58〜67）、〈童子关〉（事例 B-78〜87）、〈冥王忏牒〉（事例 B-88〜97）、〈十方表〉（事例 B-48〜57）以及〈冥王符〉（事例 B-68〜77）之 5 种 50 道。即事例 B 多于事例 A〈十方表〉及〈冥王符〉之 2 种 20 道。不过，这并不表示〈十方表〉与〈冥王符〉皆不会使用于台南地区。其实，若要在台南地区中行二朝以上规模的斋仪，并且此时要念《九幽宝忏》的话，其中〈十方表〉于台南地区中也会被使用。不过，就管见所及，〈冥王符〉似乎不会使用于台南地区。

上述几种文书之中，事例 A 上与事例 B 上均被使用的并其中重要的文书是〈灵宝无量度人真（宝）符〉。〈灵宝无量度人真（宝）符〉是念完每一卷《冥王宝忏》之後要念的、要发送到从东方到下方之各方向无极世界（神乡）的符命。每一卷《冥王宝忏》均有一道，所以此符命总共有十道。每一道皆有不同的名称、符形及效果。

关于此符命内容，将事例 A 比较于事例 B，两者相当不同。例如，事例 A 的发给东方的符命之内容形式为：

　　灵宝无量度人拔度真符
　　（空三寸　书符）
　　　　如诰
　　右符告下
　　东方无极世界，拔度亡过某某位魂仪，

---

[20] 参见本文末的图 1。

觐见光明拔度，诸天（称善），聋病耳皆开聪。
　　一如诰命　　　　　　　仙化鹤传
　　　天运某某年某月某日告下
　　　　　　主行斋事　某　花号　　　承诰奉行
东极青宫太乙救苦天尊

事例 B 的发给东方的符命之内容形式[21]为：

无上十回拔度大斋坛
　本坛今准
灵宝无量度人青华元阳拔度宝符
（空三寸　书符）
右符告下
东方无极神乡三官九府一佰二十曹官、主管罪录灵官主者、
冥曹万神，拔度亡过　　　　　　某某位魂仪
青符颁诏，原赦震击之，辛白简迁神，广被发生之惠，下穷
蠢动，咸遂昭苏，诸天称善，聋病开聪。　　　一如
告命　　仙化鹤传
　天运　某某年　某月　某日
　　主行度亡科事　　　　　　承诰奉行
东方无极太上灵宝天尊
东极青宫太乙救苦天尊

由上述可知，两者之间有告下符命的对象神明、「某某位魂仪」之后的内容、向主行科事下诰的神明数量等等许多不同之处。此外，如表 2「冥王宝忏」的部分，念此符命之前要念的冥王宝忏之卷数与符命名称及发此符命的对象的地狱方向之对应关系也是事例 A 与事例 B 不一致。但是卷数

---

[21] 符形及记载内容皆与事例 B 中所用的〈灵宝无量度人宝符〉几乎相同的符命见于《上清灵宝济度大成金书》卷 30·34b-38a「十回度人简」。

与符命效果之对应关系是不如此,事例 A 与事例 B 是相同的。按照《冥王宝忏》的卷数将符命的效果列出来,它们之间的对应关系大概如下:

第一卷－聋病耳皆开聪　第二卷－盲者目明　第三卷－瘖者能言
第四卷－跛痾积逮,皆起能行　第五卷－久病痼疾,一时复形
第六卷－髪白反黑,齿落更生　第七卷－老者反壮,少者皆强
第八卷－妇人含胎已生未生,皆得生成
第九卷－地藏发泄,金玉露形　第十卷－枯骨更生,皆起成人

上述的符命效果皆见于《灵宝无量度人上品妙经》还元章[22]。由此可知,《冥王宝忏》与《度人经》有密切的关系。

那麼,将上述〈灵宝无量度人真(宝)符〉传送到各地狱的媒介是何?这也是事例 A 与事例 B 不同,即事例 A 是十方骑鹤真仙,事例 B 是十方齎简童子。所以事例 A 上用到的关文名与事例 B 上用到的不同。但是他们骑的动物是一样的,即他们骑着鹤并带着〈灵宝无量度人真(宝)符〉前往地狱。

c. 放赦及放龙凤

「放赦」是为了解放幽禁于地狱中的亡魂,使赦官及赦马将赦书传送到地狱,以命令地狱主者原赦亡魂的罪愆将他们从地狱解放之科仪。此科仪通常由道士们以表演的方式进行,也包含着许多的滑稽的动作,会让遗族暂时忘掉家属或亲属去世的悲伤。大多黄昏时于直接将亡魂从地狱带出来的「打城」或「打盆」科仪之前被进行。

要行一天半以上规模的斋仪时,第一天先行此「放赦」科仪,然後第二天以後有时再行与此「放赦」科仪类似的「放龙凤」科仪。两个科仪之间虽于做法、所用的文书种类等等的项目上有一些不同,但进行这些科仪的基本意义是相同的。

---

[22] 《灵宝无量度人上品妙经》(《道藏》SN1)卷 1·1b。

这些科仪也有地方性差异。若将台南地区的「放赦」和「放龙凤」与高雄·屏东地区的「放赦」和「放龙凤」相比,两者之间有种种不同。其做法上的差异在此不讨论[23]。接下来将主要探讨其所用的文书上的差异。

先要由事例 A 及事例 B 开始探讨台南地区的「放赦」和「放龙凤」科仪上用到的文书与高雄·屏东地区的「放赦」和「放龙凤」科仪上用到的文书之间的差异。根据表2,事例 A 的「放赦」上所用到的文书有〈九龙符命〉、〈破地狱真符〉、〈拔幽魂真符〉、〈地道关文〉以及〈符命关文〉之六种,但是「放龙凤」上所使用的却没有。事例 B 的「放赦」上所用的文书有〈九龙赦书〉以及〈地道关文〉之二种,而「放龙凤」上所用的文书有〈三天赦书〉、〈九龙符命〉、〈破地狱真符〉、〈拔幽魂真符〉、〈地道关文〉以及〈符命关文〉之六种。由此可知,事例 A 的「放赦」上所用到的文书种类与事例 B 的「放龙凤」上所用到的文书种类是完全相同,并且〈九龙赦书〉仅使用于事例 B 的「放赦」中而已,于事例 A 中皆不被使用。

事例 A 与事例 B 的同一名的文书之内容相比,虽其符形皆不同(参见照片4及照片5),但是其告文的内容可说大概相同,只有几个差异而已。其中最明显的差异是〈九龙符命〉的发出者。关于〈九龙符命〉的发出者,将事例 A 与事例 B 相比,事例 A 的〈九龙符命〉[24]之发出者是「大慈大悲救苦救度大惠真人甯」,即是对宋朝灵宝法有相当大贡献的甯全真(1101—1181),而事例 B 的〈九龙符命〉(照片6)之发出者则是「东极宫中大慈仁者寻声赴感太一救苦天尊青玄上帝在天」,即是住在东极青宫的太一救苦天尊,其地位高于事例 A 的发出者。关于此问题,看南宋至明朝时所编纂的仪式文献的话,例如,王氏《上清灵宝大法》中说「东极宫中大慈仁者太一救苦天尊」[25],《灵宝玉监》中说「东极宫中大慈仁者寻声赴感太一救苦天尊」[26],而《上清灵宝济度大成金书》中说「东极宫中大慈

---

[23] 关于台南地区的「放赦」和「放龙凤」与高雄·屏东地区的「放赦」和「放龙凤」之间的做法等等上的差异,参见拙著〈台湾南部地域の放赦科仪について－高雄·屏东地域の放赦および放龙凤科仪を中心に－〉(收于《东方宗教》第109号,2007年)。

[24] 事例 A 的〈九龙符命〉是与大渊前揭书654页所载的〈九龙符命〉完全相同。

[25] 王氏《上清灵宝大法》卷45·5b。

[26] 南宋《灵宝玉监》(SN547)卷22·13a。

仁者寻声赴感太一救苦天尊青玄上帝在天」[27]。由此可知，事例 B 的〈九龙符命〉之发出者，虽表示名称之方法不同，但是与南宋至明朝时所编纂的仪式文献中所载的〈九龙符命〉之发出者相同，即太一救苦天尊。但如事例 A，其发出者为「甯全真」的〈九龙符命〉之例子，于南宋至明朝时所编纂的仪式文献中似乎全无。

接下来要讨论〈九龙赦书〉的问题。将事例 B 的〈九龙赦书〉（照片 6）与事例 B 的〈九龙符命〉（照片 7）相比，其符形与告文内容均相同。差别只有于符形前面是否表示亡者的地址、举行何种斋仪、亡者的眷属的名字等等的项目而已。即两者之中，于符形前面表示这些项目的是〈九龙赦书〉，没有表示的则是〈九龙符命〉。〈九龙符命〉与〈三天赦书〉或其前身的〈生天实錄〉[28]，虽然皆见于《无上黄籙大斋立成仪》[29]、金氏《上清灵宝大法》[30]、王氏《上清灵宝大法》[31]、《上清灵宝济度大成金书》[32]等的宋至明朝时所编纂的主要仪式文献中，但是〈九龙赦书〉却完全不见于这些文献中。故笔者认为，此〈九龙赦书〉可能是後来将〈九龙符命〉改为〈九龙赦书〉的。

d. 请库官、召魂（沐浴）给牒以及填库

兹主要探讨的是偿还亡者要再出生时向天库借的贷款之方法及其行程中所需要的文书。虽于此行程中所需要的文书是事例 A 与事例 B 相同，即有〈库牒〉（表 2：事例 A-79，事例 B-133）（照片 8）、〈库官牒〉（事例 A-81，事例 B-126）（照片 9）以及〈买地券〉（事例 A-80）或〈地契〉（事例 B-134）之 3 种，但是其行程是事例 A 与事例 B 不同，故先说明各事例的行程，然後再探讨所需要的文书之地方性差异。

---

[27] 《上清灵宝济度大成金书》卷 30·13a。
[28] 丸山宏〈台南道教の符籙について〉（《年报　人类文化研究のための非文字资料の体系》第 3 号，神奈川大学 21 世纪 COE プログラム研究推进会议）117-118 页及丸山注 10 前揭论文 344-348 页。
[29] 南宋·蒋叔舆《无上黄籙大斋立成仪》（《道藏》SN508）卷 44·5a-9a。
[30] 南宋·金允中《上清灵宝大法》（《道藏》SN1222·1223）卷 32·8b-9a、11b-16a。
[31] 王氏《上清灵宝大法》卷 44·20b-22b、卷 45·1a-5a。
[32] 《上清灵宝济度大成金书》卷 30·12a-13a、28b-33a。

（1）事例 A

事例 A 的偿还亡者要再出生时向天库借的贷款之方法是先行「召魂给牒」发〈库牒〉及〈买地券〉给亡魂，然后再行「填库」由眷属烧库钱将库钱传送到天库，并且发〈库官牒〉给库官命令库官搬入及管理库钱和清帐亡者之贷款记录。经过如此过程，亡者与眷属才能完成此一连串仪式之目标，即偿还亡者要再出生时向天库借的贷款。

（2）事例 B

事例 B 的偿还亡者要再出生时向天库借的贷款之方法是先行「请库官」召请库官到道坛向他们献酒并发（〈库官牒〉），以命令他们搬入及管理库钱并清帐亡者之贷款记录，然后再行「沐浴给牒」使亡魂沐浴之后再发〈库牒〉及〈地契〉给亡魂，最后由眷属行「烧库钱」将库钱传送到天库，如此做亡者与眷属才能偿还将亡者要再出生时向天库借的贷款。此事例的仪式程序中有称为「请库官」的专门召请库官和发〈库官牒〉给库官的独立科目，所以事例 B 的「烧库钱」中没有发〈库官牒〉给库官之过程，因此事例 B 的「烧库钱」做法上简单于事例 A 的「填库」。

以上简单说明事例 A 与事例 B 的偿还亡者要出生时向天库借的贷款之方法。接下来要探讨以上行程中所用的文书。事例 A 的「召魂给牒」及事例 B 的「沐浴给牒」时要发给亡者的〈库牒〉既是偿还向天库借的贷款之证明，又是亡者的眷属为亡者寄送的库钱之收据。事例 A 的「填库」及事例 B 的「请库官」时要发给库官的〈库官牒〉则是如上述，命令库官搬入及管理库钱并清帐亡者的贷款记录之文书。这些〈库牒〉与〈库官牒〉上皆被盖骑缝印，可相合为符契。事例 A 的「召魂给牒」时发给亡者的〈买地券〉与事例 B 的「沐浴给牒」时发给亡者的〈地契〉是同类的文书，皆是亡魂在冥界所使用的房屋和土地之契约书兼保证书。

事例 A 的各文书与事例 B 的相比，虽然两者之间表现方法上有一些出入，但是其基本的内容却大概相同。而两者之间的较大差异只是在于发出各文书的次序而已。关于这一点，从表 2 及上述说明已明显。即就事例 A 而言，其次序为〈库牒〉与〈买地券〉→〈库官牒〉，而就事例 B 而言，其次序为〈库官牒〉→〈库牒〉与〈地契〉。由此可说，事例 A 中所用的文书与事例 B 中所用的文书之间差异不大，最大的差异是各文书何时按照何顺次被使用而已。

4．结论

以上一直以两个「无上拾回拔度斋」的事例探讨台南地区的斋仪中所用的文书与高雄·屏东地区的斋仪中所用的文书之差异。透过以上考察，笔者认为，可以说以下项目。

（1）关于各科目中所用的文书之种类及数量，大多是高雄·屏东地区多于台南地区。

（2）有一种文书在某一个地区是否被使用是不仅起因于此文书是否被传到其地区，仍起因于其文书所被使用的斋仪规模或科仪种类等等文书的使用条件。比如说，〈十方表〉是虽然于台南地区及高雄·屏东地区均会被使用，但是其所使用的条件却不一，于高雄·屏东地区中，要行一天半规模的「无上拾回拔度斋」时在「冥王宝忏」中就会被使用，但是于台南地区中，要行二天以上规模的斋仪时于「九幽宝忏」中才会被使用。

（3）如〈灵宝无量度人真（宝）符〉，有些文书，不仅可溯源于南宋时代，并且仍可溯源于六朝时期的灵宝经典。

（4）有些文书後来由道士新做出来、改变或不使用了。目前在台湾所用的道教斋仪文书是在长年的这些改造的累积之下而存在的。

笔者要将此次报告置于中间报告。在这次报告中笔者对各地区只采用了一件事例而已，并且将这些事例处理为犹如各地区典型普遍的例子，但是实际上并不容易，其实在同一个地区中、同一个村庄中、甚至于师弟之间也有差异。故应该要用更多的事例才对。此外，因笔者目前所入手的资料不足并自己对道教历史方面的研究亦不足，各文书的内容上的考察并历史性探讨不多，故此次报告似乎只是探讨何时如何使用各文书而已。关于这些课题，以後也要继续探讨的。

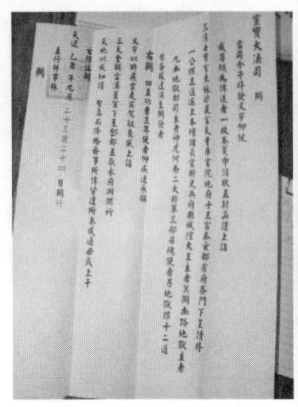

照片1. 事例B的〈四直关〉 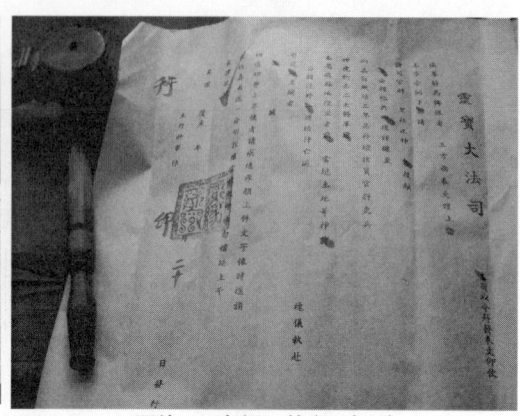　　　　照片2. 事例A的〈四直关〉

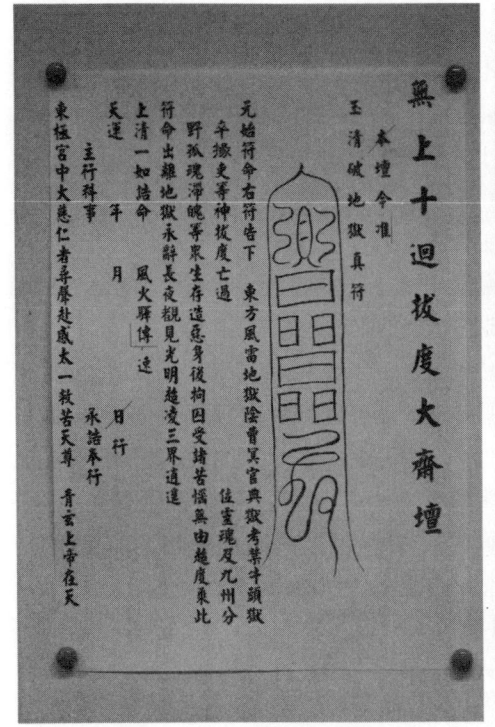

照片3. 事例B的〈玉清破地狱真符〉　　照片4. 事例A的　　照片5. 事例B的
　　　　　　　　　　　　　　　　　〈三天赦书〉之符形　〈三天赦书〉之符形

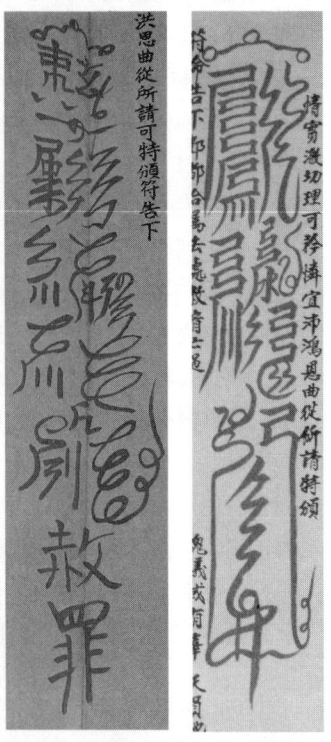

道教斋仪文书之地方性差异（山田）

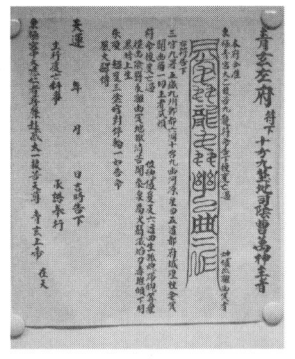

照片 6. 事例 B 的〈九龙符命〉　　照片 7. 事例 B 的〈九龙赦书〉

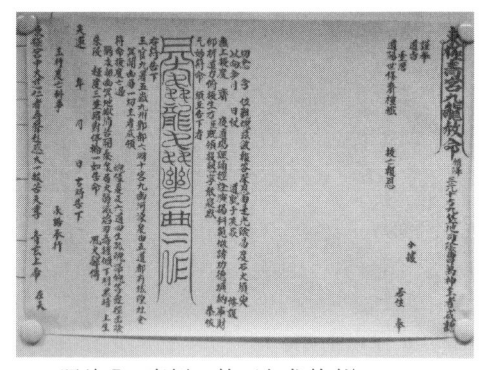

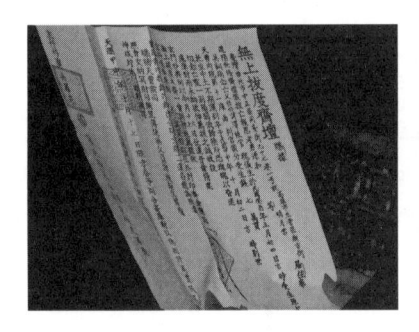

照片 8.〈库官牒〉（高雄市）　　照片 9.〈库牒〉（高雄市）

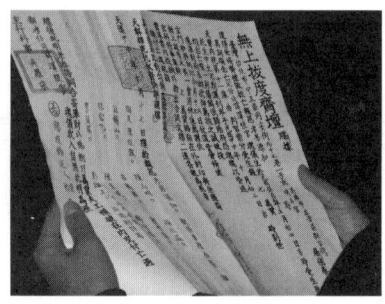

表1. 程序表

事例A		事例B	
時間	第一天(10日)	時間	第一天(25日)
		7:49～7:56	1.起鼓
		7:59～8:59	2.發表
		8:59～9:27	3.祝聖·見靈
			休息
			午餐
12:55～13:00	1.起鼓		
13:16～13:54	2.發表		
13:54～15:01	3.啓白·詣靈説法	13:58～14:24	4.滅罪水懺上卷·見靈
		14:24～14:46	5.滅罪水懺中卷·見靈
		14:47～15:13	6.滅罪水懺下卷·見靈
15:18～15:51	4.開冥路	15:26～15:48	7.藥王寶懺上卷·見靈
		15:48～16:06	8.藥王寶懺中卷·見靈
16:11～16:47	5.冥王寶懺第一卷·迎仙弄鶴	16:06～16:27	9.藥王寶懺下卷·見靈
16:47～17:04	6.冥王寶懺第二卷·迎仙弄鶴	16:45～17:06	10.度人經轉冥王寶懺第一卷·見靈
		17:06～17:26	11.度人經轉冥王寶懺第二卷·見靈
17:16～18:09	7.放赦·詣靈説法	17:26～17:45	12.度人經轉冥王寶懺第三卷·見靈
	晚餐		晚餐
19:15～20:36	8.打城	18:57～19:50	13.放赦·見靈
		20:04～20:48	14.打盆
		20:50～20:56	15.沐浴
21:13～21:59	9.分燈捲簾·詣靈説法	21:07～21:54	16.分燈捲簾·見靈
		22:07～22:35	17.宿啓
時間	第二天(11日)	時間	第二天(26日)
		4:59～5:49	18.道場科儀·見靈
			早餐
		8:07～8:35	19.度人經轉冥王寶懺第四卷·見靈
8:20～9:28	10.道場科儀·詣靈説法	8:35～9:02	20.度人經轉冥王寶懺第五卷·見靈
		9:02～9:30	21.度人經轉冥王寶懺第六卷·見靈
9:47～10:04	11.冥王寶懺第三卷·迎仙弄鶴	9:30～9:56	22.度人經轉冥王寶懺第七卷·見靈
10:04～10:18	12.冥王寶懺第四卷·迎仙弄鶴	9:56～10:19	23.度人經轉冥王寶懺第八卷·見靈
10:18～10:31	13.冥王寶懺第五卷·迎仙弄鶴	10:19～10:40	24.度人經轉冥王寶懺第九卷·見靈
10:31～10:44	14.冥王寶懺第六卷·迎仙弄鶴	10:40～11:09	25.度人經轉冥王寶懺第十卷·見靈
10:44～10:58	15.冥王寶懺第七卷·迎仙弄鶴		
10:58～11:10	16.冥王寶懺第八卷·迎仙弄鶴		
11:28～12:24	17.午供·詣靈獻食	11:19～11:58	26.午供·祀觀音(含觀音開光)·見靈
	午餐		午餐
14:05～14:23	18.冥王寶懺第九卷·迎仙弄鶴	14:02～14:12	27.解結
14:23～14:36	19.冥王寶懺第十卷·迎仙弄鶴	14:12～14:26	28.請庫官
14:43～15:35	20.合符童子	14:47～15:18	29.合符童子·見靈
15:43～16:00	21.普度		
16:01～16:55	22.救苦寶卷·詣靈説法	16:30～17:34	30.放龍鳳·見靈
17:01～17:52	23.藥王寶懺		
18:16～18:27	24.沐浴		
	晚餐		晚餐
19:20～19:54	25.召魂給牒·解結	18:30～19:13	31.沐浴給牒
		19:19～19:29	32.過橋
19:57～20:37	26.拜水懺·詣靈弄花	19:30～19:35	33.謝壇
			移動
20:38～20:41	27.謝壇	20:40～20:52	34.燒庫錢(十月懷胎)·焚靈厝
21:09～22:00	28.填庫·十月懷胎		
22:03～22:05	29.過橋		
	30.過橋		

道教斋仪文书之地方性差异（山田）

表2. 使用文書一覽

科目名	種類	事例A(台南地區)	事例B(高雄・屏東地區)
發表 台南A：23道 高屏B：38道	奏疏	1.玉京金闕下呈請（方函） 2.諸司官將投獻（方函） 3.里社正神投獻（方函）	1.三清七寶呈請（黃色方函） 2.東極妙嚴宮呈請（綠色方函） 3.天曹庫官院呈請（綠色方函） 4.地府十王宮呈請（紅色方函） 5.泰玄都省府呈請（紅色方函）
	牒文	4.靖壇牒： 洞眞自然靖三界集神壇諸員官將吏兵 5.神虎牒： 神虎何喬二大將軍 6.城隍牒： 台南府縣城隍主者 7.亡過牒： 亡過某某一位魂儀	6.靖壇牒： 集神壇諸員官將吏兵 7.神虎牒： 神虎何喬二大將軍 8.城隍牒： 本府縣城隍大王主者 9.冥關牒： 冥關網路主者 10.當境牒： 當境土地里社正神
	帖文	8.當境帖： 當境土地等神	
	關文	9.四直關： 四直功曹、三界使者 10.合符發表下界關： 下界直符使者	11.四直關： 四直功曹、三界使者
	符命	11～22.地獄符： 東方風雷地獄、東南方銅柱地獄 南方火翳地獄、西南方屠割地獄 西方金剛地獄、西北方火車地獄 北方冥冷地獄、東北方鑊湯地獄 上方火坑地獄、下方糞穢地獄 中央普掠地獄、總獄無礙地獄	12～23.地獄符： 東方風雷地獄、東南方銅柱地獄 南方火翳地獄、西南方屠割地獄 西方金剛地獄、西北方火車地獄 北方冥冷地獄、東北方鑊湯地獄 上方火坑地獄、下方糞穢地獄 中央普掠地獄、總獄無礙地獄 24～36.玉清破地獄真符 某方某地獄陰曹冥官（上記十二地獄+破天牢地獄） 37.玉清總召萬靈符命 38.太上開天符命
開冥路 台南A：1道	牒文	23.亡過牒： 亡過某某位魂儀	
滅罪水懺 （拜水懺） 台南A：3道 高屏B：4道	奏疏		39.太上三元慈悲滅罪天尊（黃色方函）
	牒文	24～26.水懺牒：（上、中、下卷） 亡過某某位魂儀	40～43.水懺牒：（上、中、下卷） 九玄七祖歷代祖魂
藥王寶懺 高屏B：4道	奏疏		44.太上鴻名藥師謝罪天尊（黃色方函）
	牒文		45～47.藥懺牒：（上、中、下卷） 九玄七祖歷代祖魂

冥王寶懺 台南A：30道 高屏B：50道	奏 疏		48～57.十方表： 卷1-東方→玉寶皇上天尊（綠色方函） 卷2-南方→玄真萬福天尊（綠色方函） 卷3-西方→太妙至極天尊（綠色方函） 卷4-北方→玄上玉宸天尊（綠色方函） 卷5-東北方→度仙上聖天尊（紅色方函） 卷6-東南方→好生度命天尊（紅色方函） 卷7-西南方→太靈虛皇天尊（紅色方函） 卷8-西北方→無量太華天尊（紅色方函） 卷9-上方→玉虛明皇天尊（黃色方函） 卷10-下方→真皇洞宸天尊（黃色方函）
冥王寶懺	符	27～36.靈寶無量度人真符： 卷1-拔度→東方無極世界 卷2-超度→東南方無極世界 卷3-飛度→南方無極世界 卷4-昇度→西南方無極世界 卷5-濟度→西方無極世界 卷6-保度→西北方無極世界 卷7-開度→北方無極世界 卷8-煉度→東北方無極世界 卷9-遷度→上方無極世界 卷10-拯度→下方無極世界	58～67.靈寶無量度人寶符： 卷1-青華元陽拔度→東方無極神鄉 卷2-洞陽太光飛度→南方無極神鄉 卷3-通陰金闕濟度→西方無極神鄉 卷4-陰生廣靈開度→北方無極神鄉 卷5-靈通禁上煉度→東北無極神鄉 卷6-始青上元超度→東南方無極神鄉 卷7-元黃高晨昇度→西南方無極神鄉 卷8-九仙梵行保度→西北方無極神鄉 卷9-大羅飛梵遷度→上方無極神鄉 卷10-九靈真皇拯度→下方無極神鄉
	命		68～77.冥王符： 卷1→第一殿泰素妙廣真君 卷2→第二殿陰德定休真君 卷3→第三殿洞明普靜真君 卷4→第四殿玄得五靈真君 卷5→第五殿最勝耀明真君 卷6→第六殿寶肅昭成真君 卷7→第七殿神變萬靈真君 卷8→第八殿無上正度真君 卷9→第九殿飛廣演慶真君 卷10→第十殿五化威靈真君
	關 文	37～46.十仙關： 某方騎鶴真仙　※卷數及方向＝度人真符	78～87.童子關： 某方齎簡童子　※卷數及方向＝十方表
	牒 文	47～56.冥王懺牒：（卷1～卷10） 亡過某某位魂儀	88～97.冥王懺牒：（卷1～卷10） 九玄七祖歷代祖魂
放赦 台南A：6道 高屏B：2道	符	57.破地獄真符： 泰玄都省→酆都九幽府 58.拔幽魂真符： 泰玄都省→三元泉曲府	
	命	59.九龍符命： 青玄左府→十方九壘地司陰曹萬神主者 60.三天赦書：（三天門下牒） 三天門下省→酆都九幽府主者	98.九龍赦書： 三元十方九壘地司陰曹萬神主者
	關 文	61.地道關文： 地道功曹、金馬驛吏大將軍 62.符命關文： 九龍、破地獄、拔幽魂符吏使者	99.地道關文： 地道功曹、金馬驛吏大將軍

分燈 台南A：4道 高屏B：14道	符 命		100.靈寶玉清慧光眞符 101.靈寶分燈惠光眞符 102.清微天景眞化符命 103.禹餘天景眞化符命 104.大赤天景眞化符命 105.金闕玉埀化壇眞符 106.金闕捲簾符 107.捲簾化金樓玉室符 108.捲簾化金樓玉殿符
	牒 文		109.辟非牒： 神霄辟非翊上大將軍 110.禁壇牒： 神霄禁壇衛上大將軍 111.含陰牒： 雷霆火鈴含陰大將軍 112.昌陽牒： 雷霆風火昌陽大將軍 113.靈寶玄壇牒： 玄壇四靈眞君解穢官吏
合符童子 台南A：12道 高屏B：12道	符 命	63～74.童子符： 東方-寶光童子、東南方-仙卿童子、 南方-金光童子、西南方-紫虛童子 西方-眞定童子、西北方-上智童子、 北方-開明童子、東北方-惠日童子、 上方-玉仙童子、下方-法雲童子、 中央-妙首童子、總獄-本初童子	114～125.童子符： 東方-寶光童子、東南方-仙卿童子、 南方-金光童子、西南方-紫虛童子 西方-眞定童子、西北方-上智童子、 北方-開明童子、東北方-惠日童子、 上方-玉仙童子、下方-法雲童子、 中央-妙首童子、總獄-本初童子
請庫官 高屏B：1道	牒 文		126.庫官牒： 天曹內院十二庫十二位庫官
放龍鳳 高屏B：6道	符 命		127.破地獄眞符： 泰玄都省→酆都九幽府 128.拔幽魂眞符： 泰玄都省→三元泉曲府 129.九龍符命： 青玄左府→十方九壘地司陰曹萬神主者 130.三天赦書：（三天門下牒） 三天門下省→酆都九幽府主者
	關 文		131.地道關文： 地道功曹、金馬驛吏大將軍 132.符命關文： 九龍、破地獄、拔幽魂符吏使者
沐浴(召魂)給牒 台南A：2道 高屏B：2道	牒 文 他	75.庫牒： 亡過某某位魂儀 76.買地券	133.庫牒： 亡過某某位魂儀 134.地契
塡庫 台南A：2道	牒 文	77.庫官牒： 天曹內院第某庫某大夫	

※事例A的57～60、62的文書實際上被省略了。

壇圖(事例B)

圖1

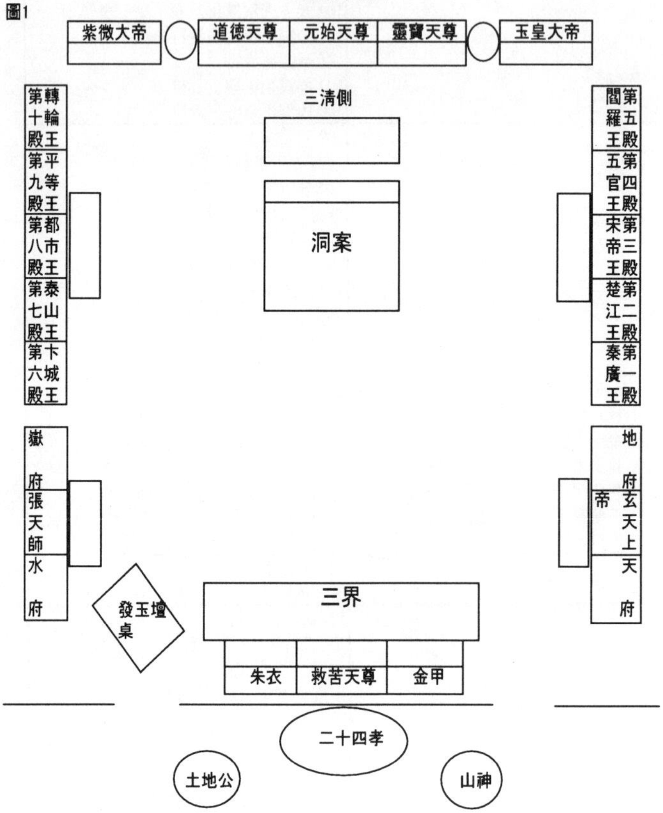
紫微大帝
道德天尊
元始天尊
靈寶天尊
玉皇大帝
三清側
第十殿轉輪王
第九殿平等王
第八殿都市王
第七殿泰山王
第六殿卞城王
第五殿閻羅王
第四殿五官王
第三殿宋帝王
第二殿楚江王
第一殿秦廣王
洞案
嶽府
張天師
水府
地府
玄天上帝
天府
發玉壇桌
三界
朱衣
救苦天尊
金甲
二十四孝
土地公
山神

袁无涯本《水浒传》与冯梦龙

林雅清

《水浒传》的版本非常复杂,简而言之,大致可以分为文繁本(又称"繁本")和文简本(又称"简本")两类;各类中又有事繁本(有"征田虎王庆故事")和事简本(无"征田虎王庆故事")两系统。

现存最早的版本是被称为明嘉靖年间(1522—1566)武定侯郭勋所刊的"郭武定本"(郭勋本)的残本,但其真伪难定,只能暂称为"嘉靖本"[1]。此后,李贽(字卓吾,1527—1602)或有人冒他名评点的《李卓吾先生批评忠义水浒传》于万历年间(1573—1619)由容与堂刻印刊行,通常把据此版木印刷或翻刻的版本都称为"容与堂本"。保存至今最完整又最早的《水浒传》版本,就是此容与堂本[2]。以上都是文繁事简本,即百回本。将此百回本的文字作大幅度的删节,细节描写较少的就是文简事简本,但此本已佚。在文简事简本的基础上增加了"征田虎王庆故事"(平田虎和平王庆二传)的版本是文简事繁本,其代表是万历初期出版的《新刊京本全像插增田虎王庆忠义水浒传》;又有上《水浒传》下《三国演义》的《三国水

---

[1] 参见佐藤晴彦《國家圖書館藏『水滸傳』殘卷について——"嘉靖"本か?》(《日本中国学会报》第 57 集,2005,日本)。另外,因有天都外臣汪道昆序而被称为"天都外臣序本"的本子,尝一度被认为是"郭武定本","五四排印本"(郑振铎序本《水浒全传》,人民文学出版社,1954,百二十回本)也以它作为底本,可是该书并不是"郭武定本",而是容与堂本系列的版本。详情参见高岛俊男《水滸伝の世界》(大修馆书店,1987,日本)第 14 章〈「天都外臣」とは誰ぞや?〉。

[2] 中国国家图书馆、日本内阁文库与天理图书馆都藏有版本不同的容与堂本。

浒全传》(《英雄谱》)等。万历末期,袁无涯与杨定见等人将百回本加以"移置阎婆"[3]等改编,又或许借用当时流行的某个文简事繁本增加了内容改编得更充实的"征田虎王庆故事",而刊行《新镌李氏藏本忠义水浒全传》[4],就是"袁无涯本"(又称"杨定见本")。此系最早的文繁事繁本,即百二十回本。[5]

  本文所要讨论的正是袁无涯本的"插增"部分,即插在百回本第九十回当中的"征田虎王庆故事"二十回[6]。其中使用的语言,可以说就是袁无涯他们活跃的万历后期的语言;而其它没有改编过的部分所用的语言,是百回本《水浒传》成书的嘉靖年间为止的语言。但值得注意的是,百回本的语言并不能说是一时一地的语言。因为《水浒传》是以南宋至元明时代流传的《水浒》传说和《大宋宣和遗事》等多数的故事为基础成书的,所以语言上当然会受到各故事成立的不同年代和地方语言的影响。特别是第

---

[3] 宋江会见阎婆,将其女阎婆惜纳为妍妻的一段,百回本置于宋江跟刘唐收到晁盖的谢函之后(第二十一回),然而百二十回本却置于宋江收函之前(第二十回),此称"移置阎婆"。

[4] 该书有两种版本:日本宫内厅书陵部藏一种,北京大学图书馆藏一种。此外,又有一部郁郁堂翻刻本,名《新镌李氏藏本忠义水浒全书》(南京图书馆、日本内阁文库、日本静嘉堂文库藏)。三者均有"李卓吾"的评点。但大多学者认为此书的评点是袁无涯等人冒李贽之名伪作的。又容与堂本的批点,现在有学者认为是叶昼之笔(主要根据明钱希言《戏瑕》卷三《赝籍》里的记载)。关于《水浒传》的评点问题,参见崔文印《袁无涯刊本〈水浒〉李贽评辨伪》(《中华文史论丛》1980年第2辑)、佐藤炼太郎《李卓吾評『忠義水滸傳』について》(《东方学》第71辑,1986,日本)、松村昂、小松谦《図解雑学 水滸伝》(ナツメ社,2005,日本)第3章〈『水滸伝』物語ができるまで〉等。

[5] 文繁本里另有一种七十回本"金圣叹本",是由明末金圣叹改编刊行的《第五才子书施耐庵水浒传》。中国国内的关于《水浒传》版本的最近研究:参见章培恒《关于〈水浒〉的郭勋本与袁无涯本》(《复旦学报》1991年第3期)、王利器《李卓吾评郭勋本〈忠义水浒传〉之发现》(《河北师院学报》1994年第3期)、纪德君《百年来〈水浒传〉成书及版本研究述要》(《中华文化论坛》2004年第3期)等。

[6] 以下,抄录相关部分的回目以供参考:容与堂本第九十回《五台山宋江参禅 双林渡燕青射雁》相当于袁无涯本第九十回《五台山宋江参禅 双林鎮燕青遇故》与第一百十回《燕青秋林渡射雁 宋江东京城献俘》之一部分;容与堂本第九十一回《张顺夜伏金山寺 宋江智取润州城》和袁无涯本第一百十一回回目相同。

袁无涯本《水浒传》与冯梦龙（林）

八十三回至第九十回的"征辽故事"，一般认为这是在百回本成书过程中最后增加的，因此"征辽故事"部分从语言上来看，可能使用了比其它部分还要晚一点的语言。反之，第七回至第十一回的"林冲故事"与第二十三回至第三十一回的"武十回"等部分，从其使用词汇等来看，倒可以说是较早的。[7]

因此，对《水浒传》各回成立的问题来说，调查《水浒传》里某些词汇的分布情况，是颇有意义的。

笔者以前发现，在《水浒传》里多将"筹"字用作数"好汉"的量词，但该量词"筹"在袁无涯本插增部分却没有一例。另外，在冯梦龙（字犹龙、耳犹、子犹，号龙子犹、姑苏词奴、愿曲散人、墨憨斋主人等，1574-1646）编《古今小说》与《警世通言》的一些作品中，也使用 "筹" 这个量词[8]。根据这两项事实，并参考佐藤晴彦氏的研究[9]，对从《水浒传》所见"冯梦龙使用的词汇"（佐藤氏称为"冯梦龙的语言"）与"冯梦龙不使用或罕用

---

[7] 关于《水浒传》各回的成立过程，参见小松谦《『水滸傳』成立考——内容面からのアプローチ——》（《中国文学报》第 64 册，2002，日本）、高野阳子、小松谦《『水滸傳』成立考——語彙とテクニカル・タームからのアプローチ——》（《中国文学报》第 65 册，2002，日本）等。

[8] 后来，经专家指正，发现《飞龙全传》与《儿女英雄传》里也存在使用 "筹" 这个量词。但与本文无关，兹不赘言。

[9] 参见佐藤晴彦《《平妖傳》新探——馮夢龍の言語的特徵を探る——》（《神户外大论丛》第 36 卷 第 1 号，1985，日本）、《《古今小说》における馮夢龍の創作——言語的特徵からのアプローチ——》（《东方学》第 72 辑，1986，日本）、《《平妖傳》新探(2)——馮夢龍の言語的特徵を探る——》（《神户外大论丛》第 37 卷 第 1–3 号，1986，日本）、《《清平山堂话本》《熊龍峯小説》と『三言』——馮夢龍の言語的特徵を探る》（《神户外大论丛》第 37 卷 第 4 号，1986，日本）、《《警世通言》における馮夢龍の創作——言語的特徵からのアプローチ》（《神户外大论丛》第 43 卷 第 2 号，1992，日本）、《《古今小说》における馮夢龍の創作(改稿)——言語的特徵からのアプローチ》（《神户外大论丛》第 44 卷 第 1 号，1993，日本）。佐藤氏的这些论文是分析《平妖传》二十回本与四十回本的使用词汇调查结果，再将《三言》与《清平山堂话本》、《熊龙峯小说》三者进行比较，得出"冯梦龙的语言特征"，并且推断《三言》中冯梦龙所写的作品。

的词汇"[10]作过调查,并且发表了论文[11]。调查结果请参阅后面的"附表"。笔者进行调查的词汇如下:

  难道　/　终不成
  相似　/　一似
  险些儿　/　争些儿
  适才　/　适来、适间
  恁般　/　怎么、怎地
  直恁　/　直恁地
  东西　/　物事

  每条前者是"冯梦龙使用的词汇"(笔者以下简称"冯氏语言"),后者是"冯梦龙不使用或罕用的词汇"(以下简称"非冯氏语言")。经过这一次的词汇调查,笔者发现以下颇有意思的结果。
  首先,"非冯氏语言"在袁无涯本《水浒传》的插增部分,即自第九十一回至第一百十一回,所谓有"征田虎王庆故事"的部分里,几乎看不到,只有在第一百零三回有"一似"一例、第九十三回有"恁地"一例。此外,"终不成"、"争些儿"、"物事"等词汇,几乎只出现在《水浒传》的前半部分,"适来"一词只在第八十三回至第八十五回的"征辽故事"里见到二例。另一方面,属于"冯氏语言"的"相似"和"恁般"集中出现在上述的插增部分里,至于"适才"一词,在插增部分之外的各回中,未发现任何例子。

---

[10] 佐藤《《警世通言》における馮夢龍の創作——言語的特徵からのアプローチ》、《《古今小説》における馮夢龍の創作(改稿)——言語的特徵からのアプローチ》等。此"冯梦龙的语言"意思并不指冯梦龙一人之语言,而指代表当时当地的语言。下文详述。

[11] 参见拙稿《『水滸傳』百二十回本挿入部分と馮夢龍の関係——量詞「籌」を端緒として》(《中国语研究》第46号,2004,日本)。另,本文所用《水浒传》的版本如下:容与堂本《明容与堂刻水浒传》全4册(原题《李卓吾氏批评忠义水浒》,中华书局上海编辑所影印本,上海人民出版社,1975);袁无涯本《水浒全传》全3册(排印本,上海人民出版社,1975)。

袁无涯本《水浒传》与冯梦龙（林）

其中特别有意思的，就是袁无涯本插增部分所使用的词汇与"冯氏语言"大致相同的事实。那么，可不可以大胆地说冯梦龙也参与了该插增部分的创作？

其实，的确存在一则可能暗示其事的文献。

明许自昌《樗斋漫録》[12]卷六云：

> 李有门人，携（《水浒传》）至吴中，吴士人袁无涯、冯梦龙等，酷嗜李氏之学，奉为蓍蔡，见而爱之，相与校对再三，删削讹谬，附以余所云《杂志》[13]、《遗事》[14]，精书妙刻，费凡不资，开卷琅然，心目沁爽，即此刻也。

"李"是李贽，"门人"是杨定见，"见而爱之"的"之"就是《水浒传》。因为该书此卷是关于《水浒传》的一卷，前文正好指出李贽喜好并评点《水浒传》的事实，提到李贽的门人杨定见将李评《水浒传》带来吴中（苏州）时，崇拜李贽的袁无涯及冯梦龙等见了书，而一起校订改编。如此刻印出版的就是袁无涯本《水浒传》。因此，我们可以推测，除了杨定见与袁无涯以外，冯梦龙应该也参与此时创作[15]插增"征田虎王庆故事"的部分工作。

李贽便是赞扬"小说"及"批评"《水浒传》的；冯梦龙在青年时期特别喜爱李贽的著作及其思想，他们两人之间有颇多共同点——比如他们都属于王学左派等，都是众所周知的。

---

[12] 北京大学图书馆藏一种版本。另《续修四库全书》里收入该书，但《续修四库全书总目提要（稿本）》未收。
[13] 《癸辛杂识》〈宋江三十六人赞〉。
[14] 《大宋宣和遗事》。
[15] 此处"创作"不是创造故事的意思，而是"创作"文章的意思。"征田虎王庆故事"本身，如前所述，是在文简本里已收录的。

既然如此，为什么到现在为止，几乎没人提到《水浒传》的插增改编与冯梦龙的关系呢？[16] 这恐怕是因为关于《水浒传》成书的文献中，出现冯梦龙之名的只有《樗斋漫錄》一书，而又有人认为此书为后人伪撰[17]。另外，杨定见《忠义水浒全书小引》云：

> 吾探吾行箧，而卓吾氏所批定《忠义水浒传》及《杨升庵集》二书与俱，挈以付之。无涯欣然如获至宝，愿公诸世。

因为此处有"无涯"一名，所以被认为只是袁一人，或袁、杨两人改编刊行了《水浒传》。

可是，即使《樗斋漫錄》是后人伪书，其内容也未必全伪。实际上，根据前次的调查，袁无涯本插增部分的"冯氏语言"较多，几乎没有"非冯氏语言"。这更加强了冯梦龙参与了袁无涯本插增部分之执笔的可能性。

需要指出的是，佐藤氏曾奉劝我们：因为"冯梦龙使用的词汇"只不过"反映明代某时期、某地方的语言特征"的用语，所以"千万不能根据所述语言特征，就将作者不详的作品推断为冯梦龙所作"[18]。特别是袁无涯，是跟冯梦龙同时代、同地方的人，所以冯梦龙使用的词汇当然和袁无涯使用的词汇互相接近，袁无涯的作品中有很多所谓的"冯氏语言"也是很自然的事情。但即使如此，也不能完全否认冯梦龙参与改编《水浒传》的可能性。

---

[16] 根据《樗斋漫錄》的该记载，有些学者已指出冯梦龙与《水浒传》的关系。如龚笃清《冯梦龙新论》（湖南人民出版社，2002）第444页云："（冯梦龙）见到李贽评点的《水浒传》，并与杨定见、袁无涯相与校点付刻。"但还没人提到他"创作"袁无涯本《水浒传》的可能性。另外，关于冯梦龙的思想和文艺活动，参见聂付生《冯梦龙研究》（学林出版社，2002）、陈清辉《李卓吾生平及其思想研究》（文津出版社，1993，台北）第六章《李卓吾对后世之影响》，大木康《明末のはぐれ知識人——馮夢龍と蘇州文化》（讲谈社，1995，日本），阳明学大系编集部编《阳明学入门》（明德出版社，1990新版，日本）《阳明学と明代の文艺》等。

[17] 参见崔《袁无涯刊本〈水浒〉李贽评辨伪》。

[18] 佐藤《〈古今小説〉における馮夢龍の創作（改稿）——言語的特徵からのアプローチ》。

所以接下来，为了证明冯梦龙的确参与改编袁无涯本《水浒传》的事实，我们进一步取冯梦龙编著的《平妖传》与《水浒传》来比较。

现在通行的《平妖传》四十回本，是冯梦龙将罗贯中原作《三遂平妖传》加以增补登场人物的出身传记等改编而成的，又称《新平妖传》[19]。现存最早的《平妖传》是明泰昌元年（1620）《天许斋批点北宋三遂平妖传》刻本，后来崇祯年间（1628－1644）版木被烧掉之后，由嘉会堂再刻《墨憨斋批点北宋三遂平妖传》刊行，二者均有张誉（字无咎）序。

改编的内容如下：《新平妖传》第一回至第十五回与第十七回是冯梦龙创作增补的部分（相当于上述"登场人物的出身传"），其它部分基本上是继承《三遂平妖传》的内容，而多少有所修改。修改地方较少而两者内容大略一致的部分是《新平妖传》第二十六回至第三十一回与《三遂平妖传》第八回至第十三回。[20]

《新平妖传》与《水浒传》相较之下，可以发现《新平妖传》的冯梦龙增补部分与袁无涯本《水浒传》的插增部分，在内容上相同之处很多，以下举些例子。

第一，《新平妖传》第十三回有解说天书"如意宝册"处，与袁无涯本《水浒传》第九十七回的公孙胜台词几乎相同：

> 原来这白云洞法，上等不比诸佛菩萨累劫修来，证入虚空三昧，自在神通；中等不比蓬莱三十六洞真仙，准几十年抽添水火，换髓移筋，方得超形度世，游戏造化。你不过凭着符咒，袭取一时，盗窃天地之精英，假借鬼神之运用。在佛家谓之金刚禅邪法，在仙家谓之幻术。（《平妖传》第十三回）

---

[19] 为与包括二十回本《三遂平妖传》在内的总称区别，下文用《新平妖传》指称四十回本。
[20] 下文引例据《平妖传》（排印本，豫章书社出版，1981），并且参考了天理图书馆善本丛书汉籍之部编集委员会编《三遂平妖傳》（天理图书馆善本丛书汉籍之部 第12卷，影印本，八木书店，1981，日本）。

> 足下这法，上等不比诸佛菩萨累劫修来，证入虚空三昧，自在神通；中等不比蓬莱三十六洞真仙，准几十年抽添水火，换髓移筋，方得超形度世，游戏造化。你不过凭着符咒，袭取一时，盗窃天地之精英，假借鬼神之运用。在佛家谓之金刚禅邪法，在仙家谓之幻术。若认此法便可超凡入圣，岂非毫厘千里之谬！（《水浒传》第九十七回）

第二，《新平妖传》第十七回张鸾和左瘸儿的妖术战斗场面里云：

> 五条龙向空中乱舞，正按着金木水火土五行，互生互克，搅做一团，狂风大起。

此处与袁无涯本《水浒传》第九十六回描写公孙胜和乔道清的妖术战斗场面的文句完全相同。如此相同的文章，其他小说里面未曾看到。

第三，《新平妖传》第三十一回增补的王则出身故事，与袁无涯本《水浒传》第一百零一回的王庆出身故事内容基本上相同，以下分项列举其内容：

1. 他父亲原是当地的一霸，听从算命先生之言骗取他人的坟地。
2. 他从小擅长武艺。
3. 他好色。
4. 他挥金如土。
5. 他担任"副排军"[21]。

以上即是《新平妖传》与袁无涯本《水浒传》的相同内容[22]。这些相同的地方可以推断出什么呢？ 堀诚氏推测：冯梦龙因为参与过刊行袁无涯

---

[21] "副排军"是当时一种军官之名，相当于副中队长。"排"是盾牌的意思。"排军"据《汉语大词典》说明是："原指一手持盾，一手执矛的士卒。后用于泛称军校"。笔者按，此排军有正和副之别，不可能是"泛称"。

[22] 此外，也从"灯花婆婆"、"九天玄女"、"替天行道"等关键词见出两者的共同点。参见堀诚《『平妖傳』に見える『水滸傳』の影——馮夢龍による増補改作をめぐって——》（《中国文学研究》第 8 期，1982，日本）。

本《水浒传》，所以增补改编《平妖传》时"很可能接受了《水浒传》的情节内容，并加以改变，然后把它强烈地投射在新本[23]的改编上面"。换句话说，由于袁无涯本将作者题为"施耐庵集撰 罗贯中纂修"的缘故，当冯梦龙在改编同样题为罗贯中所作的《平妖传》时，为了"抱有不损坏罗贯中这个作家的笔致而创造新情节内容的意识"，所以参考了当时据说是罗贯中所作袁无涯本的插增部分。用现代语言来说，就是《平妖传》的冯梦龙增补部分剽窃了《水浒传》的罗贯中增补部分。[24]

虽然此说不无道理，有着同样内容、使用同样语言的两部作品，一般就认为后者剽窃前者，这也很自然。但是同一个作者，将一部作品中写的内容，在另一部作品中直接应用或稍加修改加以应用，这样的情况古今东西也是很常见的。因此，笔者认为，袁无涯本《水浒传》的插增部分与《新平妖传》的增补部分，两者很可能都是冯梦龙所作的。当然，袁无涯本的插增部分也可能不是冯梦龙一人之所作，袁无涯与杨定见等人也许也参与了创作。但可以说，冯梦龙参与改编《水浒传》，又"创作"袁无涯本即百二十回本《水浒传》的插增二十回部分，据此旁证而可能性更大了。

---

[23] 此"新本"指是《新平妖传》。
[24] 参见堀《『平妖傳』に見える『水滸傳』の影——馮夢龍による増補改作をめぐって——》。

附表

(回)	难道	终不成	相似	一似	险些儿	争些儿	适才	适来	适间	怎般	怎么	恁地	直恁	直恁地	东西	物事
1				2		2						1				
2				1								3	1			2
3												2			2	
4												3			3	
5			1									3			2	
6			1									1				
7																
8		1		1												
9												1				
10						1						1				1
11				1								2				
12												1		1		
13			1													
14																
15		1										2				
16												2		1	1	
17		1		1								1				
18			1									3				
19	1											1				
20					1	1										
21		2		3		1						6		2	1	2
22																
23												2				
24	2			1		1					1	12		2	1	
25												1			2	
26												2				
27						1						3			1	
28		2									1	3			2	
29			1								1	5				
30												3			1	
31				2								2				
32			1		1	1						1			2	
33																
34												1				
35						1		1				1				
36						1					1	3			2	
37			1		1							3	1			
38				2				1		3		2				
39		1			1							1		1		
40					1						1	2		2		
41									1							
42					1							1				
43					1			1				2				
44			1									1			1	1
45		1		1								5				2
46												2				
47			1		1							3				
48			1													
49																
50															1	
51												1		直恁的		1
52										1		1				
53			1	4								3				
54															1	
55												1				
56				1								3			3	
57												1				
58							1			1						
59			1	1												
60												1				
61																
62		2									1	1				
63			1													
64			1													

袁无涯本《水浒传》与冯梦龙（林）

（回）	难道	终不成	相似	一似	险些儿	争些儿	适才	适来	适间	恁般	怎么	恁地	直恁	直恁地	東西	物事
65					1											
66																
67																
68																
69						1										
70																
71			1		1											
72									1							
73												1			1	
74			3	1												
75				1												
76	1															
77			1													
78			2													
79			1													
80			1													
81										2					1	
82																
83			1				1									
84			1									1				
85							1									
86			2													
87			2													
88												1				
89																
90										2		2				
91										2						
92							1			1						
93							3			6	1					
94			1							3						
95	1				2		1			2						
96			1		1		1									
97							1			2						
98							2			1						
99			1				1			2						
100			1							1						
101													1			
102							3			2						
103				1						4		1			1	
104							2			6						
105										1						
106																
107										1						
108										1						
109			1				3			1					1	
110			1												1	
111																
112																
113										1						
114								1								
115										1						
116																
117								1								
118																
119										1						
120									1							
（計）	6	9	33	23	16	12	18	2	8	41	9	119	4	6	36	9

※ 最左边的号码是《水浒传》的回数，其它数字是各回使用各词的次数。
　双线内是同义词；破状线的左侧是"冯氏语言"，右侧是"非冯氏语言"。
　"恁般"中第五十二回"直恁般"和第一百零八回"恁般恁般"都算一次。

113

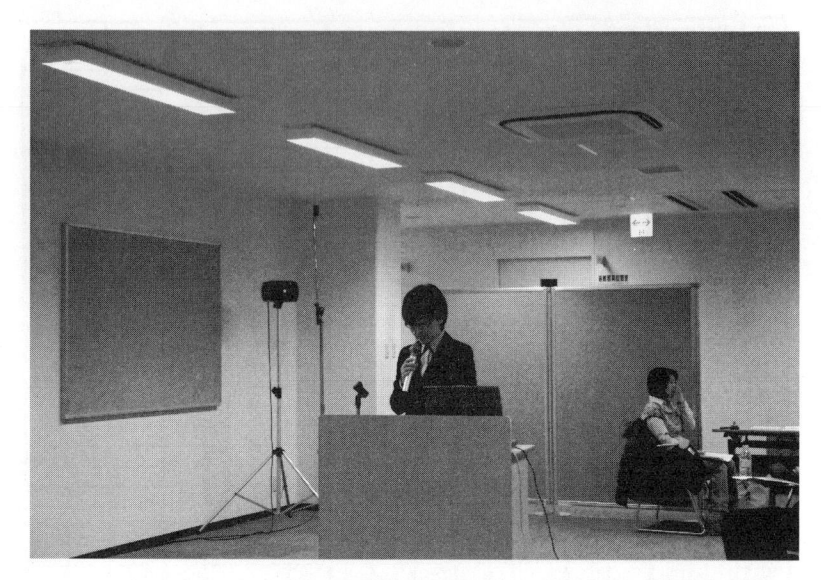

日本分会场发言

日本分会场发言

探讨趋向补语"过来"/"过去"的引申用法

岩田弥生

1. 问题所在

汉语补语丰富多样,动词后边经常带有补语成分。这是汉语非常重要的一个句法特征。其中趋向补语的用法比较复杂。所谓趋向补语就是"由趋向动词来、去、进、出、上、下、回、过、起、开等充任的补语。进来、进去、上来、上去、回来、回去等又可以放在别的动词后头充任趋向补语,我们管这类补语叫复合趋向补语"(朱德熙1982)。语义一般都有从实到虚,从物理空间位移到心理空间位移的变化,语义越抽象越难以掌握,这也是教学中的一个难点。本论文将对趋向补语"过来"/"过去"的语义扩展机制进行考察与分析。在对"过来"/"过去"的语义扩展机制进行考察之前我们有必要对"过"的语义扩展进行考察,经过分析可以知道"过"的核心语义是"界限的超越",从而来说明趋向补语"过来"/"过去"的语义扩展也遵循"过"的语义扩展的规律,在其扩展过程中始终是"过"的核心语义在起作用。

2. 问题的解决方法—隐喻连续统

我们通过日常语言不仅能够理解外部世界的具体事物,而且还能够自如地理解有关难以直接把握的抽象世界的知识。我们之所以会有这种能力是因为,人具有对类似性的认识能力和对近邻性的认识能力。类似性是指某种事物和其他事物之间的相似点,近邻性是指使邻近的两种事物发生关联。这两种对事物的认识能力对理解日常世界起着重要的作用。在使用日常语言表达某种事物,而想要表达的语言不存在时,往往通过隐喻(metaphor)这种手段来表达。隐喻这一认知过程是以对事物间类似性的认识为基础的。在日常语言世界中,根据隐喻这一认知过程词语和句子的意义领域得以扩张,形成各种各样的表现手法。山梨正明(1998,26)把这种意义的扩张关系叫做"隐喻连续统"(metaphor link)。文中有这样一个例子(汉语是笔者所译):

具体　A 鷹が獲物を襲った。　　老鹰捕获了猎物。
　　　B 台風が本州を襲った。　　台风袭击了本州。
抽象　C 不況がその国を襲った。不景气之风袭击了那个国家。

以上三个例句都使用"襲う"这个动词。这个动词的施动者(agent)和受动者(patient)一般是有生的(animate)。例句 A 中的"襲う"是此动词的本意,但是除了例句 A 以外例句 B、C 的施动者和受动者都是非有生的(inanimate),而且例句 C 的施动者是抽象名词,例句 A 到例句 C 通过隐喻连续统逐渐抽象化。这种现象同样在汉语的趋向补语上也能反映出来。一般来说,汉语中的"动词+趋向补语"表示动作或者人和物体通过动作在空间的移动方向。但是汉语里的趋向补语除了表示趋向意义之外,有很多已经虚化,失去表示空间位移的具体的趋向意义,引申为表示状态,结果等意义。笼统的说,趋向补语一般有两种意义:趋向意义和结果意义。例如:

D 请把这枝花插进花瓶去。
この花を花瓶に挿してください。
E 我们正在谈话时,他突然插了进来。
彼は私達が話しをしている途中で割り込んできた。

例句 D 中的"插"表示"长形或片状的东西放进、挤入,刺进,或穿入别的东西里"《现代汉语词典》。"这枝花"通过"插"这个动作移动到"花瓶里","进去"表示受事"花"的移动方向。例句 E 中的"插"已经失去"插"本身的意义,而是"插嘴"的意思。指"他"参与到我们的谈话之中,"进来"并不表示"他"移动的方向。在本文中,例句 D 中的"进去"类的趋向补语所表示的意义叫做具体意义,表示实际空间的移动方向。例句

E 中的"进来"类的趋向补语所表示的意义叫做抽象意义,表示心理空间的移动方向。

以上通过趋向补语"进来"/"进去"来说明它们也有一个从具体到抽象的发展过程,此发展过程形成一个隐喻连续统。同样,趋向补语"过来"/"过去"也分别具有一个从趋向意义向结果意义发展的隐喻连续统。

3. 先行研究

迄今为止对趋向补语"过来"/"过去"的研究已经做了很多。我们对一些具有代表性的研究作一下介绍。

《现代汉语八百词》把"过来"/"过去"列为以下义项:a 表示人或事物随动作从一处到另一处。b 表示物体随动作改变方向。c"过来"表示回到原来的、正常的或较好的状态。d"过去"表示失去正常状态。多用于不好的意思。e"过去"表示事情通过、动作完毕。f 动+得/不+过来 表示能不能周到得完成。g 形+得/不+过+名+去 表示超过。形容词多为表示积极意义的单音词。h 动+过+名(处所)+来(去) 表示人或事物随动作从某处经过。把"说得过去"/"看得过去"等归为习用语。

刘月华在《趋向补语通释》中指出"过" 表示趋向意义和结果意义。其中趋向意义又分为两种:"(一)表示经过某处所,趋进立足点,或离开立足点趋进另一目标。(二)表示人或物体改变方向。"结果意义又分为三种意义:分别表示"度过"、"超过"、"胜过"。刘月华另外还把"买得过"、"去得过"等列为特殊用法,"意思是某事值得一做,或表示做某事不仅不吃亏,一般还有便宜可占"。"信得/不过"和"看不过"列为熟语。"过来"表示两种意义:趋向意义和结果意义。趋向意义表示向立足点趋进或者向立足点的方向转动。结果意义表示度过一段艰难的时期或难关,尽数地完成,恢复或转变到正常,积极的状态等意。除此以外称为熟语。"过去"表示趋向意义和结果意义。其中趋向意义表示离开或远离立足点经过某处或向另一目标趋进。还表示由面向立足点向背离立足点的方向转动。结果意义表示度过,动作状态的完结,失去正常状态,进入不正常状态。还表示胜过、超过。把"说得/不过去"、"看得/不过去"、"听得/不过去"、"住得过去"列为特殊用法。

《现代汉语八百词》和《趋向补语通释》对"过"/"过来"/"过去"仅仅是在语意上进行了分类,并没有在理论上加以解释。它们有时表示趋向意义,有时表示结果意义,这两种意义之间有着什么样的联系,是我们应该考察的问题。这两本大作及其他一些语法书还常常把一些已经根深蒂固的说法归为熟语或特殊用法。笔者认为:对这些所谓的熟语或特殊用法不作一个适当的解释是不利于教学的。在此论文中我们将分别对它们的语意扩展进行描写和分析。经过分析可以知道"过"的核心语义是"界限的超越",趋向补语"过来"/"过去"的语义扩展也遵循"过"的语义扩展的规律,在其扩展过程中始终是"过"的核心语义在起作用。

4. "过"的本意及"过"的语义扩展

4-1. "过"的义项

根据《现代汉语词典》我们可以知道"过"有以下几种意义:

① 动词,从一个地点或时间经过某个空间或时间: ~来 ~去 ~河 ~桥 ~年 ~节
② 动词,从甲方转移到乙方: ~户 ~帐
③ 使经过某种处理: ~滤 ~秤 ~数儿
④ 动词,用眼看或用脑子回忆: ~目 把昨天的事在脑子里~了一遍。
⑤ 动词,超过某个范围或程度: ~期 树长得~了房。
⑥ 分子结构中有过氧基结构的
⑦ 书面语,探望;拜访: ~访
⑧ 方言,动词,去世: 老太太~了好几天了。
⑨ 名词,跟"功"相反: ~错 记~ 勇于改~
⑩ 方言,动词,传染: 这个病~人。

4-2. "过"的语义扩展

"过"通常有两个语义,一是从一个地方向另一个地方移动;一是通过某个地方。以下示为:

甲意: X ⋯>⋯⋯Z

乙意：……Y……>

X、Y、Z 分别是起点、通过点和终点。甲意是从一个地方向另一个地方移动，乙意是通过某个地方。甲意乙意合起来可以看作是从 X 出发经过 Y 到达 Z 的一个空间位移。以下表示为：

X……Y……>Z

对同一事物的观察角度不同，意义也有所不同。如果着眼点是起点和终点的话就是甲意。如果着眼点是通过点的话就是乙意。不言而喻，有通过点必然可以考虑到从哪里移动到哪里，且起点 X 所在空间和终点 Z 所在空间性质不同。不但不同，而且往往是相反的。特别是被虚化时，越虚越明显。Y 是两个空间的界限，这个界线通常是看不见的，存在于人们的意识里。杉村博文（1998,154）就已经指出"过"的基本义项是乙意。请看下面两组例子：
a "过马路" "过桥" "过河"
b "过节" "过生日" "过日子" "走过了不平静的一年"

a 组中的"马路"/"桥"/"河"都是具体事物，可以把它们看作是物理空间移动的界限。b 组中的"年"/"节"/"生日"/"日子"等可以看作是时间位移的界限。它们的共同点就是都表示通过某界限的空间或时间的位移。这个界限的超越就表现在"过"上。

5. "过来"的语义扩展

请看下列一组例句：

（1）他跑过来问我。

彼は走ってきて私に尋ねた。

（2）他一惊，慢慢回过头来，他的眼睛红红的像个醉汉。

彼は驚いて、ゆっくりと振り返った。その目は赤くてまるで酔払いのようであった。

（3）这么多书一两个月看不过来。
こんな沢山の本は一、二ヶ月では読み終えられない。
（4）他一个人忙不过来呀。
彼は一人では手が回らないはずだ。
（5）就这一个娃娃我还顾不过来呢。
子供一人ですら世話しきれていないのに・・・
（6）人们都以为他醒不过来了。
人々は彼が二度と目を覚ますことが出来ないかと思った。
（7）他老人家终于熬过来了。
この年配の人はやっと耐えてきた。
（8）见此光景，胡雪岩便在一旁替李勉林说好话，总算将场面圆过来。
この状況を見ると、胡雪岩がそばで李勉林を庇ったことで、やっと丸く収まった。
（9）他为什么一些不大的弯子自己却转不过来呀。
彼はどうしてあのような問題ですら頭が回らないのだろう。

例句（1）到（9）是"过来"从实到虚，从具体到抽象，从物理空间位移到心理空间位移的一个连续统。其中（1）和（2）是物理空间位移，例句（1）中"他"和"我"之间有一条看不见的界限。例句（2）是他面对说话人时和他不面对说话人时所在的两个不同的空间的位移，"他的头"可以看作是移动的界限。例句（3）（4）（5）表示完成，是心理空间位移，是否完成是这个位移的界限。人们通常状态下是希望得到较好的结果的，因此不能使用"过去"。"看不过去"、"忙过去"虽然可以说，但是语义就不同了。"看不过去"、"看得过去"表示是否符合情理的意思，是心理空间位移。而"忙过去"表示时间的位移。例句（6）表示心理空间位移。这里只能用"过来"，不能用"过去"。这是因为在说话时已经在"生"和"死"之间划了一条界限。当然说话人是站在"生"的角度发言的，以"生"为标准，所以只能用"过来"。相反一般只能说"死过去"不能说"死过来"。说话人以自己所在的阳间为立足点，阴间在说话人来说是不能进入的。当然如果说话人在阴间的话就可以用"死过来"。但是这是不切合实际的。由此看来，由于空间性质的不同和所涉及空间的可进入性，有些动词只能和

"过来"搭配，而有些动词只能和遇有些动词只能和"过去"搭配。例句（7）（8）（9）也表示心理空间位移，我们认为事物发展的最佳状态或者说话人所认为的理想状态为其位移的界限。

从而可以看出：不管是物理空间位移还是心理空间位移都始终是"过"的核心意义在起作用。通常状况下人的意识里有一个衡量事物的标准，或者说在大脑里有一种认为正常状态的标准。那么从标准向非标准发展，从正常状态进入非正常状态时怎样使用"过来"/"过去"呢？一般认为人总是以正常状态为标准判断事物，而且人往往站在标准尺度一边。也就是说，说话人以自己为标准思考问题。因此向自己靠近时用"过来"，这时说话人是终点。离开自己进入非正常状态或者非标准时用"过去"。我们可以表示为：

	过来		过去	
非标准（非正常） →	标准（正常）	→	非标准（非正常）
起点	终点/起点		终点

为了证实这一点再看下面两个句子：

（10）现在的问题是怎么能把这个问题圆过去。
　　今の問題はどうすればこの問題を誤魔化す事が出来るということである。

（11）看来他是很有威望的，而且很能将一些难以圆说的话圆过来。
　　見た所、彼はかなり人望があり、その上うまく話しをまとめることが出来るようだ。

"圆过去"在这里是敷衍的意思，是从标准向非标准发展的一个心理空间位移。因此用"过去"。

"圆过来"与其相反，是把不正当的事情正当化，也就是说从非标准向标准发展。这样不难看出这两个性质不同的空间往往是性质完全相反的两个空间。

6. "过去"的语义扩展

请看下面一组例句：

（12）她跑过去问老师。

彼女は走っていって先生に質問した。

（13）男的朝她把钱递过去。

男の人は彼女にお金を渡した。

（14）你先别急,等我忙过去这阵子再说吧。

焦らないで、私が用事を済ませたらあなたを手伝うよ。

（15）现在的问题是怎么能把这个问题圆过去。

今の問題はどうすればこの問題を誤魔化す事が出来るということである。

（16）他是第一把手，不请他讲话说不过去

彼は最高責任者なので、彼に話しをしてもらわない訳にはいかない。

（17）他已经昏迷过去。

彼は意識不明になった。

例句（12）到（17）是"过去"从实到虚，从具体到抽象，从物理空间位移到心理空间位移的一个连续统。其中（12）和（13）是物理空间位移，"她"和"老师"/"男的"和"她"之间存在着一个看不见的界限。例句（14）表示时间的移动，"这阵子"是位移的界限。例句（15）（16）表示心理空间位移。其位移界限是事态转变的瞬间。例句（17）表示心理空间位移，界限则为昏迷状态和清醒状态之间。下面两个例子也是同样的心理空间位移。

从上面五个例句可以看出：趋向补语"过去"从物理空间位移向心理空间位移扩展中也始终没有离开"过"的核心意义。

7. "过来"/"过去"和动词的搭配情况

7-1. 和"过来"/"过去"都能搭配的动词

我们把和"过来"/"过去"都能搭配的动词分为三类。

A 表示躯体物体运动的动词

走 跑 跳 迈 垮 冲 飞 流 挤 移 飘 打 涌 闪 响 跟 赶 拥 扑

（18）我离开了房间,记者们扑了过来。

私が部屋から出たとたん、記者達は私の方に突き進んできた。

（19）他走过去,在椅子上坐下,起来,又坐下,又起来。

彼は歩いて、椅子に座った。立ち上がって、又座った。そしてまた立ち上がった。

（20）孟明像被匕首刺中一样惨叫一声,瞪打狂怒的眼球,不顾一切地扑了过去。

孟明はナイフに刺されたような悲鳴を上げ、怒りに満ちた目で睨み、すべてを忘れて突き進んだ。

B 表示可使人或物体改变位置方向的动作行为动词

端 搬 拉 扯 推 挑 抢 递 揪 甩 抢 拿 取 带 送 接 吹 开 挪 扫 滩 叫 喊 调 投 盖 压 转 回 掉 扭 背 侧 歪 反 倒 颠 倒

（21）她开了盖,递给他,他接过来,不曾要吸管,便仰头饮起来。

彼女は蓋をはずして彼に渡した。彼はそれを受け取ってストローも使わずに飲み始めた。

（22）我倒了一杯茶水端过去。

私はお茶をついで運んでいった。

（23）满屋子的人都朝说话的方向转过头去。

部屋の中の人たちはみんなその声に振り返った。

C 表示结果意义,"过来"/"过去"的语义不同

C' 感官动词和语言行为动词

看 听 说 圆

"过来"表示完成义时多采用可能补语

（24）书太多了,连书名都看不过来。

本が多すぎて、本のタイトルでさえ全部読むことが出来ない。

（25）孩子太多,连说也说不过来。

子どもが多すぎて叱ろうと思っていても叱りきれない。

"过去"不表示完成,而表示比较符合清理。

（26）你那儿说得过去,头儿那儿可说不过去。

あなたが納得していても、上司は納得させられないよ。

（27）这件衣服的款式还看得过去,就是颜色不好。

この服のデザインはまあまあいけるけど、ただ色がよくない。

C" 表示度过义的动词

熬 挺 忍 闯

（28）这么多年都熬过来了,怎么老了反倒要走这一步。

こんな長い間を耐えてきたのに、なぜ年を取ってからこんな選択をするのだ？！

（29）她终于挺过来,熬过来了,在被人误解中,她反而变得丰厚了。

彼女はずっと我慢して耐えてきた。人々に誤解されてきた中で彼女は却って強くなった。

（30）既然生活是这样的索然无味,就要有办法把它熬过去。

生活がこんなに退屈である以上、それに耐える方法を考えなければならない。

（31）苦点累点,姑娘们咬咬牙都能挺过去,最让她们难以忍受的,是精神压力越来越大。

肉体的な辛さや疲労は彼女達がちょっと我慢すると耐えられるが、彼女達にとって最も耐え難いのは精神的なプレッシャーがますます大きくなってきたことであった。

7-2. 只能和"过来"搭配的动词

A 苏醒类动词

醒 活 缓 救 暖 唤 养

（32）田金定因伤势太重,再也没有醒过来。

田金定は重傷のため、もう二度と目を開けることはなかった。

（33）使桑塔老爷感到大惑不解的是阿笆哈和萨盖尔都奇迹般的活过来了。

桑塔老爺が不思議に思ったのは阿笆哈と萨盖尔が奇跡のように生き返ったことだ。

B 觉悟/改变类动词。从非正常的心理状态与思惟状态向正常的心理状态与思惟状态发展。

（34）她说早就把你忘了,只是情绪还有点儿都转不过来。

彼女はもうとっくにあなたのことを忘れたと言っている、ただちょっと気持ちが元に戻っていないようだ。

（35）说不定这样对你对我都好,我好不容易悟过来了。

ひょっとすると、こうすればあなたにも私にもいいかもしれないということが私にはようやく分かってきた。

（36）她能等五年,心又变过来了,这就应该等。

彼女は五年間待つことが出来て、彼の心が戻るとすれば、彼女は待つべきである。

C 表示在数量上或能力上是否能完成。

看 听 说 圆 忙 顾 做 算 数 吃 玩 分 写 盖 爱 哭 疼

（37）有时忙不过来,他也叫我干一点事。

時々、彼は手が回らない時に私に少し手伝ってくれという。

（38）这么多课听不过来。

こんなに多くの授業をすべて聴講することはできない。

7-3. 只能和"过去"搭配的动词

A 表示动作状态已经完成,由于动词语义不同,有些动词表示超过,这也可以看做完成。

打 说 忙 赛 赶 撑 拧

（39）这些事说过去就算了,不必老放在心上。

この事は口に出して言ってしまえば、それでおしまえだ。。

（40）你先别急,等我这一阵子忙过去,再来帮你。

焦らないで、私が用事を済ませたらあなたを手伝うよ。

B 表示失去正常状态,进入非正常状态。

死 昏 晕 睡 背

（41）公园里有一位晨练的老头昏过去了,你们快帮个忙。

公園にトレーニングしに来ていたおじいさんが倒れたので、ちょっと助けてください！

（42）话未说完又晕了过去。

まだ話し終えていないのに、又気を失った。

C 表示消极的度过,不希望流逝的时间流逝了,或者向消极方向发展,又敷衍之义。

（43）二十多年的时光,眨眼之间在眼前溜过去了。
二十年余りがあっという間に過ぎ去っていった。
（44）只有第二件不好办,如何瞒得过去?
二つ目の事だけが厄介なのだ。どうやって隠すことが出来るというのだ？！

8. 结论

我们知道从物理空间位移引申到心理空间位移要经过一个过程。这个过程是从实到虚，从物理空间经过时间达至心理空间的。我们认为这两种空间位移是直接相关的，在这个语义扩展过程中"过"的原型意义在起决定性作用。在本论文中我们对"过"的语义扩展进行了考察，经过分析可以知道"过"的核心语义是"界限的超越"，从而可以说明趋向补语"过来"/"过去"的语义扩展也遵循"过"的语义扩展的规律，在其扩展过程中始终是"过"的核心语义在起作用。

从根本上说，趋向补语"过来"/"过去"的用法由具体到抽象的引申与发展，隐喻机制在起作用。而隐喻的形成又不是任意的，认知框架是隐喻形成的基础。所谓认知框架是人根据经验建立的概念之间的相对固定的关联模式。对人来说，各种认知框架就是自然的经验类型。（沈家煊 1999）

参考文献

荒川清秀（1982）「日本語と中国語の移動動詞」『愛知大学外語研紀要』
　　No.22

ジョン・R.テイラー（1996）『認知言語学のための 14 章』紀伊国屋書店
　　辻幸男訳

G・レイコフ M・ジョンソン（1996）『レトリックと人生』
　　渡辺昇一、楠瀬淳三、下谷和幸訳　大修館書店

杉村博文（1998）＜现代中国语における「むこう」と「こちら」の

諸相>『日本語と中国語の対照研究論文集』大河内康憲編
　　くろしお出版
ジョージ・レイコフ 1998 年『認知意味論』紀伊国屋書店
　　池上嘉彦・河上誓作訳
杉村博文（1999）「移動動詞 "过" の意味」『中国語』7 月号内山書店
荒川清秀（2005）「"买回来" と "寄回来"」『中国語学』第 252 号
　　日本中国語学会
日中対照言語学会編（2006）『中国語の補語』白帝社
朱德熙（1982）《语法讲义》　商务印书馆
吕叔湘主编（1984）《现代汉语八百词》　商务印书馆
徐枢（1985）《宾语和补语》　黑龙江人民出版社
刘月华（1998）《趋向补语通释》　北京语言文化大学出版社
沈家煊（1999）「认知心理和语法研究」
　　《语法研究入门》吕叔湘等著　马庆株编
王国栓（2005）《趋向问题研究》华夏出版社

例句来源于《北京大学汉语语言学研究中心语料库》
（http://ccl.pku.edu.cn/ccl_corpus/jsearch/index.jsp?dir=xiandai）

日本分会场

北京远程会场

留学生对商务语域中
偏正式双音节名词的词义认知研究

高莹

【内容提要】
　　本文首先采用统计的方法,简单分析了商务语域中的商务词语与普通汉语词语相比较,明显不同的特点;然后,采用探索性实验的方法,分析了留学生对商务语域中偏正式双音节名词的词义认知过程,从而看到词义的透明度对留学生偏正式双音节商务名词的认知方式产生的影响,揭示出在特殊的商务语域中留学生的认知方式共通性问题,也得出商务语域中偏正式双音节名词的语义透明度略低于偏正式双音节普通名词。同时,总结出留学生对偏正式双音节商务名词认知的层次模型,惯用方法,难度梯度以及对教学的启示。

【关键词】 商务语域　　偏正式双音节商务名词　　偏正式双音节普通名词　认知方式共通性　语义透明度　商务汉语教学

1. 引言

　　商务汉语是指人们在商务领域中进行工作和交流时所使用的语言,它是汉语的一部分,它又是具有专门用途的汉语,是汉语在商务语域中的功能变体。语域理论是韩礼德的系统功能语法的重要理论之,是从社会学角度来研究语言变体的。他认为语言是社会行为,是行为潜势,是"能够做的事情"。"能够做的事情"通过语言表现为"能够表达的意义。"而行为在很大程度上受环境的制约。语言形式的选择同样在很大程度上受文化环境的制约。由此可见,语言的使用随着社会场合的变化而变化。根据人们实际使用语言的情况,语言环境的区别可概括为以下三个变项:①实际发生的事;②参与者及其关系;③语言的作用。这三个变项的变化会导致语言的变异,决定语言选择意义的区别和选择形式的范围,形成各种各样的语言情景变体——语域(register),不同的语体要求对应使用不同形式的语言,而不仅仅是合乎语法的句子。同时,韩礼德认为语域要受制于语境,人的社会性决定了它所使用的语言要受制于一定的语言环境。韩礼德将决定语言特征的情景因素归结为:语场(Field)、语旨(Tenor)和语式(Mode)。语境的这三个部分趋向于决定意义系统中的三个组成部分:概念意义、人际意义和语篇意义,这三种意义同时在词汇、语法层上体现出来。语境的三个组成部分中任何一项发生改变都会导致意义的变化,引起语言的变异,由此而产生的不同的语言变体即语域。商务汉语是汉语众多语域中的一部分,商务汉语和普通汉语的关系应该是包含在汉语这个大圆中的两个交叉的小圆,它的词汇、句式、语篇都是特殊的变异形式,带有与普通汉语不同的特点。

  语言理解的第一部是语言感知,即语言的听觉或视觉信号的辨认。语言理解的第二步就是词汇理解,即从长时记忆中提取词的相关信息并与继续展开的上下文相结合,所以Lewis说,词汇学习是语言学习的中心任务。在商务汉语的学习中,留学生对商务词汇的学习和理解也显得尤为重要。商务汉语众多的技能课程中,无论是经贸汉语,经贸口语,经贸视听说还是经贸听说课程都会涉及到商务词语的讲解,也就会涉及到留学生对商务词语的理解。我们姑且把在商务语域中经常出现的具有一定商务含义的词语,称为商务词语,这些词语带有商务语域赋予的特殊的词义和特点。

  那么,商务语域的特殊性是否会对词语认知有影响,是否会影响到认知方式的共通性,留学生在商务词语的理解加工过程中,是倾向于在整体认知一个词还是分解认知?留学生习得一个商务词语的过程究竟是怎样的呢?商务语域的词语对留学生来说是否比普通词语难理解?带着以上的疑问,本文尝试着探讨了在特殊商务语域下,留学生是如何认知偏正式双音节商务名词的词义的。

2. 基于统计的商务词语特点简析及选词过程分析

为了很好的贴近教学，笔者选取了北京外国语大学本科经贸方向的学生使用的六本经贸教材上的1027个商务词语。这六本教材分别是《经理人汉语----商务篇上》《经理人汉语商务篇----下》《经贸听和说》《经贸汉语----上》《经贸汉语---下》《成功之道---中级商务汉语案例教程》，这六本书覆盖了经贸汉语，经贸听说，经贸口语三种课型。经过统计分析，笔者发现，其中三字以下的商务词语是860个，四字以上的商务词语是167个。为了不把研究引向复杂，笔者去掉了四字以上的词语数量，在三字以下的商务词语中进行了词类的归类，并且把结果与邢红兵老师曾经做过的普通词语词类数量统计的结果进行对比，如下表：

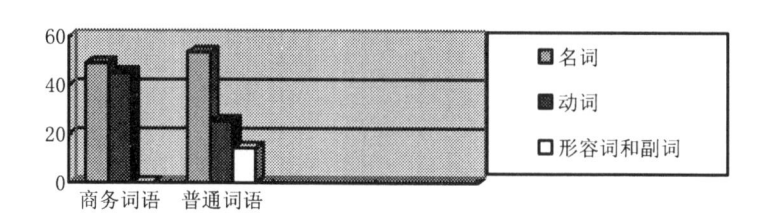

图1

可见，本科留学生学习的商务词语中，名词和动词占绝对的主导地位，形容词和副词比例极少。相比较而言，普通词语中名词占了绝对的主导地位，动词和形容词以及副词比例偏小。笔者认为之所以商务词语中名词和动词所占的比例差不多，是因为在商务汉语中固定的名词通常与固定的动词搭配，比如瞄准一般就会搭配市场，所以名词和动词的数量相差不大，而形容词和副词在商务词语中占的比例极小的原因，主要是在商务中使用的形容词或者副词多表示程度并且都比较正式，很少用到表示描述性的形容词或者副词。

如：

急剧提高　明显增长　广泛关注　日趋下降　等

为了不把研究引向复杂，笔者又在 422 个商务名词中，去掉了三音节的偏正式商务名词 137 个，对 285 个双音节商务名词的结构进行了统计，与朱志平老师的对双音词结构的语素构成方式进行的统计归类做了比较，得出下表：

图 2

[图表：双音节商务名词与双音节普通名词中偏正式、联合式、其他结构的比例柱状图]

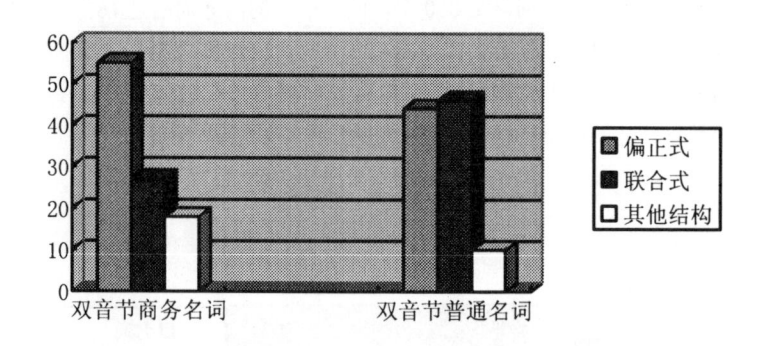

页就是说，在所有双音节名词中，偏正式双音节商务名词的比例达到 55%，而在普通词语中，并列结构的比例是最高的。所以，本文选取了偏正式双音节商务名词作为分析对象。

3. 实验研究

实验一（偏正式双音节商务名词的认知方式研究）

1、被试：　　北京外国语大学本科三年级学生 21 人，其中男 12 人，女 9 人，年龄在 17 岁—28 岁之间，HSK 的平均水平为 6 级，全部为日韩学生，只学习了两个月的商务汉语。

2、实验方法：　根据相对透明度高低给出偏正式双音节商务名词 60

个,让他们标注拼音及解释词义。60 个词中,30 个为词义相对透明的词,如半价等;30 个为词义相对不透明的词,如战略等。其中两个为故意放上去的错词。实验时间为 50 分钟。

3、实验结果:

表一:

词语类型	语义相对透明的词	语义相对不透明的词
正确的词次	277 次	139 次
正确的比率	44%	22%

*正确的词次为被试在测试词中的正确项目累计。

*正确比率等于正确的词次与总词次的比率,语义相对透明的词正确的比率=277/630*100%

语义相对不透明的词的正确比率=139/630*100%

表二:

词语类型	语义相对透明的词	语义相对不透明的词
分解理解词次	298 次	120 次
整体理解词次	130 次	122 次
分解理解所占比例	47%	19%
整体理解所占比例	20%	19.1%

*语义相对透明的词分解理解所占比例=分解理解词次/语义相对透明的总词次 *100%

*语义相对不透明的词分解理解所占的比例=分解理解词次/语义相对不透明的总词次*100%

*语义相对透明的词整体理解所占的比例=整体理解词次/语义相对透明的总词次*100%

*语义相对不透明的词整体理解所占的比例=整体理解词次/语义不透明的总词次*100%

表三：

总词数	正确项目	错误项目	未作答项目
1260	416	238	606
100%	33%	18%	48%

* 正确项目为累计的正确释义项目，错误项目为累计的错误释义项目，未作答项目为留学生未给出答案的项目。其比率为 416/1260*100%=33%。以此类推。

实验二（透明度的评定）

1、被试： 北京外国语大学国际交流学院研究生群体，共 30 人。年龄为 20—25 岁之间。

2、实验方法： 给出偏正式双音节商务词语 25 个，偏正式双音节普通词语 33 个，然后请北京外国语大学国际交流学院研究生群体在 9 点量表上对这些词语进行透明度评定。要求他们评定每个合成词中第一语素，第二语素与整词在意义上的关联程度（比如"半"与"半价""价"与"半价"之间的语义关联程度），并按关联程度不同进行打分。关联程度从最低到最高一共分为 9 个等级，分别为 0，1，2，3，4，5，6，7，8。根据调查结果，取第一个字和第二个字的平均值作为整词的语义透明度得分，然后取 30 个相同词的透明度的平均值。

3、实验结果： 选出透明度相同的商务词语和普通词语各十个。

实验三：（留学生对相同语义透明度的偏正式双音节商务词和偏正式双音节普通名词的难易评定）

1、被试： 北京外国语大学本科经贸方向三年级，共 30 人。年龄平均在 17 岁—28 岁之间，以日韩学生为主。只学习经贸汉语 2 个月的时间。同时，还有 17 名四年级经贸汉语方向留学生作为参考。

2、实验方法： 取语义透明度相同的偏正式双音节商务名词和偏正式双音节普通名词 10 对，请留学生给这些名词注音并打分。最容易明白意思的为 5 分，很容易明白的为 4 分，有点容易明白意思的为 3 分，有点难明白意思的为 2 分，很难明白意思的为 1 分，最难明白意思的为 0 分。根据调查结果取双音节偏正式商务名词和双音节偏正式普通名词的平均得分进行比较。从而判定留学生加工词义时商务名词词的透明度是否高于普通名词。

3、实验结果：偏正式双音节商务名词的平均透明度为 3.56994 略低于偏正式双音节普通名词的平均透明度 3.71919。而四年级的参考值也和这个结果接近，四年级偏正式双音节商务名词的平均透明度为 3.39410；略低于偏正式双音节普通名词的平均透明度 3.6581。

4. 结论分析

4-1. 语义透明度对商务语域中的偏正式双音节名词认知的影响

（1）通过实验一，我们可以得出这样的结论：商务语域中的偏正式双音节名词，语义透明的词，留学生倾向于分解认知；而语义不透明的词留学生倾向于整体认知。但是语义的特殊性会不会影响商务词语的语义透明度呢？

（2）通过实验二、三，我们可以看出从留学生词语习得的角度来说，商务语域中的偏正式双音节名词语义透明度略低于普通偏正式双音节名词。也就是说语域对语义透明度还是有一定的影响的。那么为什么会有这样的结果呢？我们认为这首先是由于很多商务领域的常用语素是留学生日常接触不到的，对于本科经贸方向的留学生而言，没有实际经贸工作经验，所以，对词语的理解只停留在课堂老师介绍的层面上，接触经贸词语的时间有限；其次，因为商务词语的背后蕴藏着深奥的商务知识，所以，对他们而言，想透彻的理解一个词十分困难。这就需要我们教师采取适当的教学方法，来帮助留学生克服商务词语学习中的难度问题。

（3）虽然商务语域中的偏正式双音节商务名词语义透明度相对较低，但是留学生并没有意识到这个问题，所以，依然是用分解认知普通词语的方法，很容易将倾向于拆分理解，这样实际上容易产生大量的拆分理解词语的偏误。比如"大盘"理解成"大的盘子"，这就需要我们教师在教学中，给学生一定的提示，帮助他们记住特殊的商务词义。

4-2. 语域的特殊性与认知方式的共通性探讨

商务名词属于特殊语域的词语，语域的特殊性决定了商务名词专业性的特点。作为一个以汉语为母语的人，面对商务词语会有难以理解的感觉，因为词语的背后蕴藏着大量的商务背景知识。因此，很多经贸方向的对外汉语教师在讲解词的时候，过多的涉及了商务知识，认为理解一个商务词最重要的就是商务知识。通过实验一，我们可以得到一个结论就是留学生对商务领域的词语的认知方式与普通词语是相似的。都是透明度的差异决定分解理解一个词语还是整体理解一个词语，而且拆分理解的情况偏多，所以，商务词语的讲解应该是主要从语言出发，而不是从经贸知识出发，这样才与学生词汇加工的过程相一致。

4-3. 留学生对商务语域中偏正式双音节商务名词语义理解三层次模型

通过实验一，我们还可以得到这样的结论，留学生在遇到一个陌生商务名词的时候，首先，他会通过分解语素的方法来猜测词语的意思，然后再进入整体理解词语的意思，最后是进入动态的语用功能概念义的理解。所以，笔者总结了留学生理解偏正式双音节商务名词的模型：

静态分解概念义 → 静态整体概念义 → 动态语域功能概念义

得出这样的递进模型是因为笔者在进行第一个实验的时候，设置了两个错误词"股量"和"年率"，结果留学生的答案中大部分的人都答为"股票的量"和"一年的比率",实际上,因为这两个词不存在,他们不可能知道这个词的意思,而他们在遇到一个生词的时候首先采取的方法就是拆分。另外,在"牛市"这个词的理解过程中,大部分的人解释为"卖牛的市场",实际上是指股票市场的形势。在解释"龙头"这个词的时候,大部分的人解释为"龙的头",
"工龄"解释为"工作的年龄","原油"解释为"原来的油"。可见,对于相对难理解的偏正式双音节商务名词,留学生会倾向于首先从静态分解概念义来入手;那么,当留学生熟悉一个商务词之后,他会整体去记忆一个词,比如"赠品"很多留学生解释为"礼物"而不是"赠送的商品";最后,阶段留学生学会运用个商务词语的时候,他开始系统地理解语域内词语应用的商务语境和内涵,并以此作为这个词的意思长久储存在大脑中,比如"关税"这个词很多学生会解释为"一个商品进口的时候要加的费用",或者是"从国外进口东西施交的税"。进入动态语域功能概念义的时候,留学生应该是长时间记忆住这个商务词语的意思了。

这个实验给商贸领域的对外汉语教师的启示是,要了解留学生词汇加工的流程,很多商务汉语教师会不考虑商务词汇语素特性,而直接给出动态语域功能概念义,比如"资本回报率"这个词,在讲解的时候,很多老师会首先告诉学生资本回报率如何计算,是利润和资本的比率,而实际上,留学生还没有理解这个词的静态概念义,所以,会造成学生记忆的负担,产生商务词语很难的情绪。

4-4. 偏正式双音节商务名词的难度梯度

从实验一,学生释义的情况看,偏正式双音节商务名词存在一定的难度梯度。首先最容易的应该是语义透明度较高而且语义自由度较低的语素组成的偏正式双音节名词,这里的自由度不是指自由语素的自由,而是容易产生其他语义的程度,如"股市、产量、巨额"等,难度系数较小;难度系数大一点的就是相对语义透明度低,而且语义自由度比较高的词,如"原油、小康、卖点、大户"。难度最大的应该是带有文化民族内涵的隐喻词。比如"龙头、淡季、旗手"等。

4-5. 留学生理解偏正式双音节商务名词词义的惯用方法

从实验一，我们还可以看出留学生理解词义的一些惯用方法。
(1) 同义词和反义词语义场。如"配件"这个词很多人解释成"零件"。"战略"有人解释成"策略"等。"期货"和"正版"这个词很多人解释成"现货"和"盗版"的反义词。
(2) 同语素语义场：在给"利率"这个词的时候，很多人用了"利息""利润""利益"，说明留学生在记忆"利率"这个词的时候运用了同语素语义场。
(3) 语境提示法：一般对于透明度较低的词，留学生会采取这种方法认知。如"尾盘"很多留学生的解释是"在股市上结束交易""房地产商结束卖房"等。
(4) 案例法：如"快件"这个词在解释意思的时候有人解释为"EMS"。

5. 本研究对商务汉语教学的启示

5-1. 利用透明度区分词汇讲解方法

商务汉语的教学中，离不开词语的教学。本研究提示商务汉语教师，不要因为语域的特殊性而忽略了汉语认知方式的共同性。不能只片面地强调商务知识的讲解，也不能只是机械的讲解词的意思，三年级的留学生已经具有了语素的意识，应该善于运用语素教学法，培养出留学生对商务语素独特的语感，要帮助学生总结同语素词，同义、反义义场的词，对透明度高的词，要用静态拆分语素法来讲解，然后再结合语境来讲解词义，会得到更好的效果。对于透明度低的词，尤其是那些有特定文化内涵的商务词，要帮助学生克服拆分理解的偏误，正确的引导他们理解词义。

5-2.克服商务词语难的心理,利用小语域义场及同语素义场的方法扩展词汇

既然在留学生眼里，商务词语透明度低于普通词语，那么，学生必然觉得商务词语难学。我们要想办法在教学中帮助他们克服这种心理。实际上，商务词语的语素与普通词语相比，专用性较强，在提取语素义的时候，可以不考虑从很多语素义中提取对应的语素义，所以，留学生刚开始接触商务词语的时候，我们应该努力培养他们记住固定的一些商务语素，形成

一定的商务语素体系,这样,就可以帮助他们减小未来学习中的难度。那么,如何构建这个商务语素体系?我们可以通过小语域义场的方法和同语素义场的方法来扩展词汇。前者就是把商务语域细化,例如,把用于股票市场的词语给学生做总结,这样就可以帮助学生有效构建小语域体系;后者就是利用同语素方法扩展词语。如"股票、股息、股本、股份"等,这样实际帮助学生建立同语素义场体系。这两种方法非常有助于学生提高对商务词语的理解和习得效率。

5-3. 商务教材词语的编写与释义及练习的漏洞

　　由于商务汉语基础性研究的欠缺,导致了商务类教材编写的一些漏洞。从词语设置方面看,每一课的词语出现并没有考虑学生词语习得难易度及循环式上升的原则,比如金融,债券这种难度较大的词会在第一课生词中出现,词语设置编排很大程度上是随意的;另外,在教材的生词表中,我们除了能看到拼音和英文以外,基本很少看到汉语释义。所以,教材商务词语的释义问题亟待我们解决。学生看到一个词,如果没有老师,只能依靠词典,而词典往往带来对译方面的偏误。我们认为,商务词语的释义应该遵循先语言后商务知识的原则,应该从语言入手弱化商务词语的难度,把商务知识用浅显简单的语言解释出来,并且重点词语要结合例句进行讲解,例句的选取也是很重要的一环,笔者在教学中,尝试着尽量把案例加入例句中,能够提高学习者的学习兴趣,并加深记忆。同时,还有另一个问题值得注意,就是教材上词语练习的编写过于重视词语的用法及搭配,结合语境的讲解太多,很少考虑到学习者理解词语的第一层即语素的帮助,也很少有教材设置复现同语素词语的练习内容。我们完全把商务汉语看成商务重于汉语的举动,给学习者词语的积累带来极大的不便。

5-4. 商务词典的编写是急需解决的问题

　　留学生学习商务词语需要依据,这对留学生商务词语的习得起关键作用,教师只是引导者,学生才是学习的主体。我们需要共同努力为留学生编写一部简单易懂的商务词语词典,在释义中,把握好语言和商务的结合点。

参考文献：

符淮青（2005.7）《词义的分析和描写》外语教学与研究出版社

赵金铭（2005.5）《对外汉语研究的跨学科探索》《汉语学习与认知国际学术研讨会论文集》北京语言大学出版社

樊莉（2005）《对外汉语词汇习得研究及其在教学中的启发》《安阳工学院学报》2005年第5期

曾学慧（2006）《对外商务汉语与基础性对外汉语衔接问题探讨》《边疆经济与文化》2006年第6期

徐子亮（2001.8）《汉语作为外语教学的认知理论研究.华语教学出版社

王建勤（2006.7）《汉语作为第二语言的学习者与汉语认知研究》商务印书馆

刘叔新《汉语描写词汇学》商务印书馆（2005.10）

邢红兵《汉语字词研究》语文出版社（2005.6）

郭胜春（2004）《汉语语素义在留学生词义获得中的作用》《语言教学与研究》2004年第6期

孙文、.王录（1998.6）《略论韩礼德的语域理论》河南职技师院学报

张晓慧《试论商务汉语教学的定性、定位、定量问题》北京外国语大学国际交流学院

杜诗春（2004.3）《新编心理语言学》上海外语教育出版社

董燕萍（2005.11）《心里语言学与外语教学》外语教学与研究出版社

胡壮麟（2005.5）《系统功能语言学概论》北京大学出版社

符淮青（2005.8）《现代汉语词汇》北京大学

黄伯荣（2003）《廖旭东.现代汉语.下册》高等教育出版社

刘润清（1998）《外语教学中的科研方法》外语教学与研究出版社

刘伟（2004）《语义透明度对留学生双音节合成词词汇通达的影响》北京语言大学硕士生毕业论文

何安平（2004.10）《语料库语言学与英语教学》外语教学与研究出版社

文秋芳（2004.11）《应用语言学研究方法与论文写作》外语教学与研究出版社

程晓堂（2005.2）《英语教材分析与设计》外语教学与研究出版社

董燕萍（2001.10）《中国语言学研究与应用》上海外语教学出版社

Mark Ellis（2002.11）
《Christine Johnson.Teaching Business Chinese》
上海外语教育出版社

Tom Hutchinson & Alan Waters《English for Specific Purposes》
上海外语教育出版社

Rod Ellis（1985）《Understanding Second Language Acquisition.》
上海外语教学出版社

日本分会场

会议发言

现代汉语比较句"X 不比 YW"句式的语义、语用分析

刘畅

【内容提要】

现代汉语比较句"X 不比 YW"句式是对外汉语教学语法中深有难度、尚未定论的结构。本文尝试用语义学、语义认知观点和语用学的理论来分析该语法格式,总结出四种语义类型:[X>Y. W]、[X ＜ Y.W]、[X= — W_0]、[X≈Y.(-W)];断定之所以不直接说"Y 比 X（-W）"的是:交际中的礼貌原则和面子原则以及修辞原则等原则在起作用。"不比"句式其实是反驳或否定的一种委婉的表达方式。

【关键词】 比较句　X 不比 YW　语义　语用　认知

1. 前言

根据周小兵和陈珺 2005 年对中山大学部分留学生约 11 万字作文中 17 类比较句式的出现频率和正确使用相对频率的统计结果显示:留学生使用"不比句"的频率仅仅为 0.09;而且,在 17 类比较句式中,"不比句"是除了"有……这么/那么……"（eg.你有他那么聪明吗？）之外使用频率最低的结构,是所有句式中难度最高的一个句式。为了最终验证留学生是否因为难度原因故意"回避"这一句式,他们专门做了一次问卷调查。设计

8个用否定比较句的语言环境，给出比较双方，要求完成句子。共收回有效试卷63份，其中中国人8份，留学生55份。结果如下：

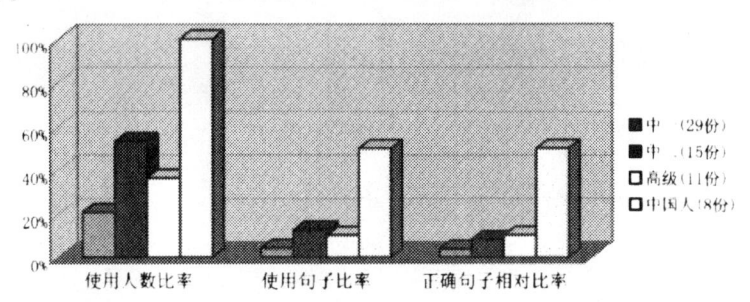

图1

从使用人数、句子以及正确率的情况来看，留学生远远少于中国人。8道题每题使用"不比"的比率统计显示：

图2

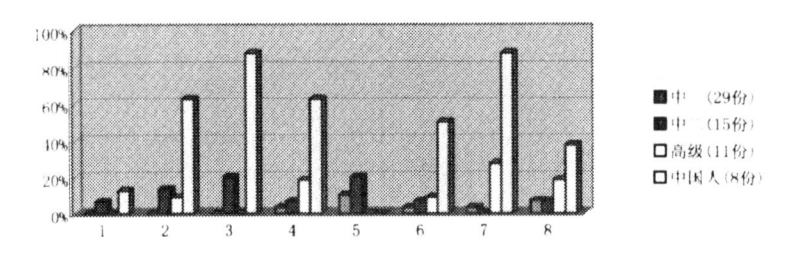

也就是说，比较来看，中国人觉得最应该应用"不比"的语言环境，外国留学生的使用率非常低。而在中国人未用"不比"的题目中，却有不少留学生使用了。最后，他们得出结论，"不比"句难度比一般"比字句"和其他差比否定式高得多。最后综合难易程度建议教材语法项目编排的时候将将其放在最后。

总之，"X 不比 YW"句式是留学生汉语语法学习过程中面临的一个难题。笔者尝试从句法、语义和语用的角度对其进行解析和阐释，希望能够对对外汉语语法教学有所帮助。

2. "X不比YW"句式的研究成果和评价

2-1. 学术界对"X不比YW"句式的观点

目前学术界对于"X不比YW"句式的语义判断,主要存在以下几种不同的看法。吕叔湘(1980)《现代汉语八百词》中提到:"不比……"的意思就是"差不多"。例如:他不比我高(=他跟我差不多高)。跟"没[有]……"不同。例如:他没[有]我高(=他比我矮)。刘月华等(1983)《实用现代汉语语法》认为该句式可以有两种意思:(1)相当于"X没有Y……"或者"X不如Y……";(2)相当于"A跟B一样……"。相原茂(1992)认为:"X不比YW"句式的语义是:Y不W,X不W,所以关于不W,X和Y是同一类。也就是说"不比"型比较句所表示的中心意思是X、Y之间没有什么差别。吕叔湘(1995)在《现代汉语八百词》(增订版)中又认为:"'不比'用于对比,前后两项不一定谁强谁弱、谁好谁坏,只强调有差异。"徐燕青(1996)将该句式归纳出大致六种语义:(1)X跟Y一样W;(2)X跟Y一样W,甚至比Y更(-W);(3)X没有/不如Y(-W)和X比Y(-W);(4)X比Y(-W)("不比"句为反问句);(5)X跟Y差不多X;(6)X跟Y不一样。刘月华等(2001)后来对自己的观点作了一些修订,认为:"X不比YW"句式的基本语义是"X跟Y差不多,既两者相差不明显;既然两者差不多,那就有可能向正面偏移(超过)或向负面偏移(不足),也可能所比两者基本一样。刘焱(2004)将"X不比YW"句式分为三种不同的语义类型:(1)X>Y;(2)X<Y;(3)对 X<Y这一客观事实或者常规认知心理进行委婉的否定或委婉的反驳,以显示X、Y的类同。谢仁友(2006)年根据对汉语比较句演变历史的研究,提出该剧是包括三种语义类型:(1)陈述差异(X≠Y);(2)陈述差距(X<Y);(3)否定差距(X≈Y)。为简明起见。兹列表如下:

	X没有YW	X跟Y不一样	X跟Y一样不W	X跟Y差不多W	X跟Y差不多(W或不W)	X跟Y一样W	X跟Y一样W,甚至比YW	X比YW
吕叔湘				+				
刘月华1	+					+		
相原茂			+					
吕叔湘2		+						
徐燕青	+	+		+		+	+	+
刘月华2					+			
刘焱	+				+			+
谢仁友	+	+			+			

2-2. 对这些观点的评价。

"X不比YW"句式是一个看似简单实则复杂的问题,前辈们对于这个句式的探讨在学术界虽然不多,但已随着略有涉及朝更加深入思考的方向发展。他们的说法有可借鉴之处,也有纰漏之点。产生这些不同的看法的原因主要有两点:一时没有认识清楚"不比"结构的句法、语义特点,而把形式上相似、实际上不同的句子混为一谈;二是没有准确、有层次地把握此格式的语用意义。

其实，该句式在认知上具有主观视点与客观视点[1]的区别。从客观视点的角度，X 与 Y 之间是有差异的，然而从说话人的主观视点来看，这种差异是微不足道的。"不比"句式主要体现了这种主观视点。此格式的目的不在于说明比较项 X 与 Y，其着眼点主要是为了反驳"X 比 YW"这一论断。而这种反驳根据说话人的意思语气上有强弱，语义上有区别，更是礼貌原则和面子原则以及修辞原则等语用原则在起作用下反驳或否定的一种委婉的表达方式。

3. "X 不比 YW"句式的分类和语义、语用分析

3-1. "X 不比 YW"句式的分类

通过对符合"X 不比 YW"句式的句子进行分析，总结出三种不同的句法结构。请看例句：

A（1）大家伙平平安安地过日子，不比拿刀动枪的强？（老舍《四世同堂》）

B（2）这是他们第二回合见面，丁强不似第一回那样拘谨，欧阳云也不比第一回矜持，冷若冰霜。[2]

C（3）别看她一个女流之辈，见识可不比你们男人低！

以上三个句子从表面上看格式是相同的：都是两个比较项，都含有"不比"二字。因此人们把这种句子叫做"不比"型比较句。实际上，这三个句子的结构层次是不同的，并非同属一种句式，而是三种不同的句式。我们用"能否去掉否定词"、"能否用'不像……那样'替换、"X 和 Y 比起

---

[1] 主观视点和客观视点：认知语言学术语。源自人类学：人类学家在研究其他国家、其他民族的社会文化时，在著名的人类学家格尔茨提出的"从本地人的观点出发"，解释本地人（被研究者）的文化的基础上，提出了 emic perspective（主观视点）和 etic perspective（客观视点）的观察方法。主观视点指的是被研究者内部的人对自身文化的看法，客观视点则是指外部的人对该文化的解释。语言学家将主观视点和客观视点的概念运用到语言的研究中，把立足于言语发出者本身要表达的意义的认知角度称之为主观视点，把立足于言语本身意义的认知角度称之为客观视点。邢福义在《邢福义自选集》（河南教育出版社,1993.）也有此类论述。

[2] 本文中未注明出处的语料均出自北京大学 CCL 语料库（网络版）

来,并不W"来进行替换,就会发现它们之间的不同。

3-1-1. 能否去掉否定词

A 可以去掉;B、C 则不能。

(4) 大家伙平平安安地过日子,比拿刀动枪的强。

(5) *这是他们第二回合见面,丁强不似第一回那样拘谨,欧阳云也比第一回矜持,冷若冰霜。

(6) *别看她一个女流之辈,见识可比你们男人低!

A 去掉否定词后,句子仍然成立;B、C 去掉否定词后,句义就完全相反了。

3-1-2. 能否用"不像……那样"替换(在刘焱的书里,采取用"不像"来替换,实际上在她举出的很多例句里也是行不通的。)

B 能够,A、C 不能。

(7) *大家伙平平安安地过日子,不像拿刀动枪的强?

(8) 这是他们第二回合见面,丁强不似第一回那样拘谨,欧阳云也不像第一回那样矜持,冷若冰霜。

(9) *别看她一个女流之辈,见识可不像你们男人那样低。

B 可以替换,语义上没有改变。A 完全改变的语义,C 原意中没有"你们男人见识低"的含义,改变后加上了这个语义;而且不符合现实社会中常规的"女人的见识低"的认知观念。

3-1-3. 能否转换为"X 和 Y 比起来,并不 W"

A、B 不能够,C 能够。

(10) *大家伙平平安安地过日子,和拿刀动枪比起来,并不强。

(11) *这是他们第二回合见面,丁强不似第一回那样拘谨,欧阳云也和第一回比起来,不矜持,冷若冰霜。

(12) 别看她一个女流之辈,见识和你们男人比起来,并不低!

A 替换后语义变得正巧相反;B 转换后句子很难让人接受;C 可以自由替换,替换后语法语义语用三个平面都没有变化。

现代汉语比较句"X不比YW"句式的语义、语用分析（刘畅）

这三种句式的替换结果可以表示如下：

	能否去掉否定词	能否用"不像……那样"替换	能否转换为"X和Y比起来，并不W"
A	+	-	-
B	-	+	-
C	-	-	+

3-2. 三种格式的语义、语用分析

3-2-1. A类句式其实是反问句，这种反问句其实是"比"字句加上"不"恰巧构成的。反问句造成的否定作用是由于"不"加上"？"而表达出肯定的意思。吕叔湘先生说过："反诘实际是一种否定方式。反诘句里没有否定词，这句话的的用意就是否定；反诘句里有否定词，这句话的用意就在肯定。" 反问句表示反驳，这种句式的显性作用也是"X不比YW"句式表示反驳的一种明显体现。所有的反问"不比"句都可以去掉"不"，但是句子改为陈述语气。 例如：

（13）等您发了大财，拿出十万八万，用红带扎上，单腿儿一跪，把它们当面交给云芳，（不）比你现在藏着掖着强？（。）(刘恒《贫嘴张大民的幸福生活》)

（14）那无法无天四处闯祸的孩子哪个不是因为有个戳着仗着的？一走单（不）比谁都胆小？（。）

在这种句式里，"X不比YW"句式只是否定副词"不"和介词"比"的一种临时组合，一旦反问的语气消失，组合立即宣告解放。笔者暂称此种句式为"不比$_1$"句，语义可以概括为：[X>Y·W]。

3-2-2. B类句式暂称为"不比$_2$" 句。

3-2-2-1. "X不比$_2$YW"句式语义、语用分析

这里的"不比"由否定副词"不"和动词"比"组成，实际上是动词性比较句。语义上具有[X＜Y·W]的性质，也就是说在具有W的性质方面，[X＜Y]。例如：

(15) 今年买这些物品的顾客并不比往常多。

[今年＜往常・数量多]

(16) 现在的青年人的健康状况不比上一代人好。

[现在年轻人的健康状况＜上一代人・好]

(17) 当年莎士比亚剧本才上演时不比王尔德的《少奶奶的扇子》(改编本) 叫座。

[莎翁剧本刚开始上演时的效果＜王尔德的《少奶奶的扇子》・叫座]

而且，虽然这些句子虽然不像反问句的反驳意味那么明显，但是从说话者的口气里，我们还是可以读出几分反驳的味道。(15) 是反驳否定今年买这些物品的顾客比往年可能多的状况；(16) 可能是为了反驳普遍认为的随着生活水平的提高，现在年轻人的健康状况要比上一代好的观点；(17) 可能是为了反驳莎士比亚的剧作刚刚开始上演就比别的剧作效果要好的观点。

3-2-2-2. "X 不比$_2$Y" 句式语义、语用分析

省略了 W 的 "X 不比$_2$Y" 句式和 "X 不比$_2$YW" 句式的语义并不相同。后者的语义特征是[X ＜ Y・W]；前者的语义特征[X 和 Y 不能相比]，它们之间存在着很大差别。这种差别可能是正向的，即[X ＜ Y]，也可能是反向的，即[X ＞ Y]。从主观视点的角度来看，是对既有心理认知的委婉否定。

a. [X ＜ Y]

也就是说，比较前项 X 的程度量值低于比较后项 Y。例如：

(18) 就只舍间局促得很，不比表姐家的大花园洋房。(钱钟书《围城》)

(19) 方豚翁逃难到上海，景况不比从前，多少爱惜小费，不肯为二孙子用乳母。(钱钟书《围城》)

这两句子，一个是说不能和表姐家的大花园洋房相比，没有表姐家的大，即[舍间＜洋房]；另一个是说方豚翁的境况不能跟从前比，没有以前景况好，即[现在＜以前]。

b. [X ＞ Y]

也就是说，比较前项 X 的程度量值高于比较后项 Y。例如：

（20）并且这东西不比书画。买书画买了假的，一文不值，只等于 waste paper。瓷器是假的，至少还可以盛饭。（钱钟书《围城》）

（21）别不信，挣钱的机会会有的。上海不比你家居住的小镇。

这两句子，一个是说"这东西"不能跟书画相比，它比书画值得买，即在值不值得方面，[瓷器＞书画]。另一个是说上海不能跟小镇相比，那里的机会比小镇的要多，即在机会多少方面，[上海＞小镇]。

"X 不比 $_2$ Y"这一种格式具有两种不同的语义取向，究其原因，在于比较后项 Y 在人们常规心理中的体现或者作者对 Y 的固定评价（暂称为潜在的 W，记作 W_0）。因为 X 的性状随 Y 的不同而不同，如果 Y 的性状是此，X 的性状就是彼；如果 Y 的性状是彼，X 的性状就是此。所以也可以这样说："X 不比 $_2$ Y"的语义特征就是[X＝ —W_0]。

3-2-3. C 类句式暂称为"不比 $_3$" 句。

3-2-3-1. "X 不比 $_3$YW" 句的语义分析

在此类句式中，"比"是介词。基本语义是[X 类同于 Y]或者说[X 跟 Y 差不多]，在这里记作[X≈Y (-W)]。是对常规心理的委婉反驳或否定，或者通过对常规心理的反驳或否定，来表现比较前项 X 的特点。因为就客观存在的人们的常规心理来说，比较项 X 和 Y 之间是存在程度差异的，而且是在（-W）方面，X＜Y。但是，从说话人的主观认识或者主观心理角度来说，并非在强调比较项 X 和 Y 之间的差别。例如：

（22）老婆设的这道关卡，其实不比局子、抢犯设的那些易通过。

（23）要当好一个小学教师，付出的劳动不比一个大学老师少，因此小学老师同大学老师一样光荣。

（24）这充分说明了，在艺术领域，女人不比男人差，她们同样具有创作力。

以上三个例子无不证明了此。从客观视点出发，"自己老婆"柔柔弱弱，自然不比拿刀带枪的"局子、抢犯"凶恶，"老婆"的关卡自然要比"局子、抢犯"的易于通过；"小学教师"教的是小学生，没有"大学教师"传授的知识高深，在一般人的常规心理中认为"小学教师"付出的劳动不能和"大学老师"相提并论；长期以来男尊女卑的观念下，一般认为是弱者，所谓"头发长见识短"，女人肯定比男人差。实际上，从说话者的主观视点来看，这种差别是微不足道的，他并非意在强调两者的差别。因为在丈夫的眼里，一个精明的妻子的耍心眼用的招数跟"局子、抢犯"的也差不多少；在了解小学教师艰辛劳动的说话人的心里，"一个小学教师"所付出的劳动跟"大学老师"的不相上下；第（23）（24）的后半句"因此小学教师同大学教师一样光荣"和"同样具有创作力"也再一次印证了笔者的论断。

3-2-3-2. "X 不比 $_3$YW" 句的语用基础

"X 不比 $_3$YW"的句式表达"类同、差不多"的语义，是利奇"礼貌原则"和布朗、莱文森"面子保全论"以及修辞原则在会话中的体现。从会话的"礼貌"原则和汉族人民特有的"谦虚"心理角度讲，汉族人一般不直接说出可能伤及他人脸面的话，往往采用比较委婉的方式，表现自己的真实想法，保护别人的"面子"。或者是如例（22）一样，是作为丈夫的说话人为了取得夸张的幽默的语言效果，而故意将老婆的招数和局子等的招数相提并论。

4. 总结

句法结构不是一个自足的形式系统，研究一个语法结构，不能单单从句法结构的角度研究，而且要重视人的主观认知、语用功能等对其产生的影响。现代汉语比较句"X 不比 YW" 句式是学者研究、教师教学和留学生学习过程中共同面临的难题。本文尝试把语义和语用学理论和此语法结构结合起来，从主观视点和客观视点的区别入手，对其进行了分类和研究。最后发现："X 不比 YW"句式的目的不在于说明比较项 X 与 Y，其着眼点主要是为了反驳"X 比 YW"这一论断。而这种反驳根据说话人的意思语气上有强弱之分，语义上有[X>Y.W]、[X ＜ Y.W]、[X= —W_0]、[X ≈Y.(-W)]之分（如图所示）；

句式类型	"X 不比$_1$YW"	X 不比$_2$YW		X 不比$_3$YW
		X 不比$_2$YW	X 不比$_2$Y	
语义特征	[X>Y·W]	[X＜Y·W]	[X=—W$_0$]	[X≈Y·(-W)]

之所以不直接说"Y 比 X (-W)"的深层原因则是：交际中的礼貌原则和面子原则以及修辞原则在起作用。"不比"句式其实是反驳或否定的一种委婉的表达方式。

参考文献

吕叔湘（1980）《现代汉语八百词》商务印书馆 1980 又，1995 年增订本.
刘月华、潘文娱等（1983）《实用现代汉语语法》外语教学与研究出版社
    1983，又，2001.年增订本.
刘焱 （2004）《现代汉语比较范畴的语义认知基础》学林出版社
陈珺、周小兵（2005）《比较句语法项目的选取和排序》《语言教学与研究》
徐燕青 （1996）《"不比"型比较句的语义类型》《语言教学与研究》
相原茂 （1992）《汉语比较句的两种否定形式《语言教学与研究》
谢仁友 （2006）《现代汉语歧义句式"X 不比 Y．Z"的语义类型》
    《语文研究》
贺又宁 （2001）《现代汉语比较句的结构特色与语用制约试析》
    《贵州大学学报》
    陈玉洁（2003）《"X 不比 YA"句的功能和价值》《天中学刊》

会议发言

会议发言

寓言与芥川龙之介
——从话语态度看芥川龙之介作品的寓言性

崔焕伟

【内容提要】
芥川龙之介作为日本近代文学史上一位著名作家,在短暂的创作生涯中留下了一百多篇珠玉般的作品。本文试图从寓言这一角度入手,以《竹林中》为重点来分析芥川作品中的寓言倾向,以求凸现其创作中的寓言特点。同时,试图从其作品所体现的语言态度来理解芥川的内心世界。

【关键词】 寓言　芥川龙之介　《竹林中》　话语　他者　个体

寓言(1),这个由本雅明重新发现活力的词,被卢卡契和阿多尔诺称为理解现代主义的钥匙。它是对现代文学的最好定位。与传统文学的自足自律相反,寓言提供了一种使其意义处于自身之外的话语范例。它不像传统文学,创造一个完整的"幻觉型"世界,把这个世界的一草一木、一人一事都精雕细琢;相反,它只是勾勒,只是以最简单的语词指涉着文本以外的世界,使寓言返回到生产寓言的环境中。它不但不抵抗外在力量对其的侵害,反而表现这种侵害,并自甘于自身的受压迫,以此来指涉他物。

寓言的话语是用来指涉寓言之外的某种事件的,因此,对寓言的理解无法从字面意义上进行。寓言可以言说一件具体的事,但它又并非限定在指涉这一事件中这里,寓言是飘浮不定的。它在产生之时决定了它的"非真"本性,决定了它只是做为一种指涉的手段而存在。这种叙事话语与传统小说自足自律、限定指涉的叙述话语呈鲜明对比。前者指明自身仅是一个面具，后者则力图证明自身的真实。而寓言用"仿真"的虚构来抓住此在的"本质"以证明"本质"的非唯一和可移位的性质。因此，列宁能以寓言的方法读出托尔斯泰作品中政治革命的主题和作用，巴特仍能从巴尔扎克"有机"的、"完整"的小说中读出分散和残缺。"仿真"的能指与"本质"的所指的分离使文本具有多层指涉意义，寓言也由此得以建构。

与传统文学的单一逻辑不同，寓言中存在着多种逻辑。它可以汇集个人、男女、政治、历史、现实、形而上、形而下、希望、绝望、彷徨、决断等各种元素和事件，并将各项之间互为侵害、互为抵触又相关联的复杂关系呈现出来，建立起相互交涉的话语模式。多种异质并存和组合的特点使寓言保持了活力。因为它没有提供答案，而只是将问题不断扩展，引起人们的思考。每个人读的时候都会从中得出与别人不同的认识。

寓言的不确定性使它具有与浪漫主义和感觉论相似的地方。浪漫主义追求美受挫时的复杂心理、感觉的不可捉摸使作家在写作时多采用寓言的形式。然而，这并不是说寓言不可以容纳理性的思想。只是这种理性的思维系统在进入文本时要遇到寓言所具有的独特的话语模式的消解，被寓言变形、延长、隐藏在其它符号中。由此，思想由体系而解放为多样化、分散化的状态。然而，从变形的符号中依然会显示出其背后思想的相似性，并且由于理性思想与异质符号的重迭，使文本产生出除理性思想之外的新的意义。这是对理性思想的直接表述所无法达到的盲点与空白，它使人永远迷惑并在这种迷惑中反思。

这种加入了理性思维后的独特的寓言话语，产生于自我意识分裂后，产生于对一个分崩离析的世界的异质组合中。"寓言家一会儿在这，一会儿在那，从混乱的、供其知识支配的基础中捡出一部分来，将它们并列起来，看它们是否彼此互相适应而形成图景的意义或意义的图景。"(2)芥川的叙述方式，无疑具有寓言家的特点。

芥川所处的时代，正是一个分裂动荡的时代，是"一个新时期的降生和过渡的时代"，"人的精神已经跟他旧日的生活与观念世界彻底决裂，正将旧日的一切葬入过去而着手进行他的自我改造。"(3)由于这个打破旧世界、创造新世界的举动尚无前例，人们没有规矩束缚，可以随心所欲，因此，在这个过程中，人性的缺陷暴露无疑。如同所有的思想敏锐者一样，芥川感受到了这一点。而芥川对人性的深刻认识，对世界的透彻的、冷静的怀疑，又使他能够理智地对待这个时代。他没有被这个嘈乱的时代所迷惑，而是站在旁观者(虽然芥川曾在其小说中批判过旁观者主义。然而，戏剧性的是，他自己就是一个旁观者，旁观着在动荡时代中所表现出的人性的丑恶。)的立场上正视世界的破碎，并且超越时空与地域的界限，选取种种碎片，在自己文本中进行并存和组合，使之产生寓言式的关联。而他在创作过程中，既要抵抗寓言话语对他的思想的过分消解，使其主题不能明确显现。又由于其独特的创作方式，使其作品自然而然地带上了寓言的特点。本文所主要论述的，便是芥川作品中所存在的这样一种独特的寓言话语。

1. 关于话语的寓言：《竹林中》

由于寓言中能指与所指的脱钩，使寓言成为一种能够自觉于词与物断裂的境况之中，指明话语自身与实在状况非一致的话语方式。寓言是一种关于话语的话语。它在言说，但言说自身又有另一套话语进行检验，用以打破言说对事物所占有的绝对性和稳定性，也用以揭示言说的残缺性和不准确性。在言说能力上，寓言并不比一般的叙述失去多少，而只是在以前的叙述上增加多层关于叙述的叙述。这样，它阻隔了言与意的稳定与透明关系，否定了寻求确定答案的可能，而是将确定的言语打碎、扭曲，并使之遭遇到不同的冲击，从而使我们发现话语在对事物的真实描述中，如何建立起某种非真实的想象性关系，真实如何转化为神话，运用话语如何无意识地被话语运用。不判定叙述话语的真实性而只是提供多种叙述语言，在一种图象真实之外提供另一种图象真实，由此出现了话语的寓言。

在这个意义上看，芥川龙之介的《竹林中》可以说是一篇典型的关于话语的寓言。故事由七段口供连缀而成。在这七段口供中，樵夫、云游僧、捕役、老媪的供词很大程度上是在提供一种真实性较多的话语叙述，是在印证真相。而话语的极大冲突，则体现在三个事故当事人的供词中。一个是强盗，一个是被侮辱的女性，一个是被绑在树上的受侮辱者的丈夫，也就是后来的被杀者。强盗说．是他在同被杀者的公平决斗中杀了对方。因为被侮辱者要求在他们两个男性之间只能有一个人活着，于是强盗放开了她的丈夫，并给了他长刀，两个人开始决斗；那位女性说，是她在恍惚中杀了自己的丈夫。因为在强盗离开之后，她从她丈夫的眼中看到了对她的轻视。于是，她拿起了那把短刀，想把丈夫杀死后自己再随他而去。然而，她却在丈夫的身边晕了过去。当她醒来之后，她发现自己再也没有勇气自杀；被杀者通过巫婆之口说，是他自己杀了自己。因为事变之后的她意欲跟强盗走，并怂恿强盗杀了他，强盗听到这话后大吃一惊，反而把她交到了他的手中，让他来决定对她的处置。这时她却趁机跑掉了，他自己认为自己最后的出路就是自杀。三个人的口供，人话和鬼话各不相同。在这里，故事的真实性被打破了，主体退居次要地位，话语则占据了统治地位，成了唯一的叙述方式。与其说是三个人在运用不同的话语，不如说是话语在讲述这三个当事人，在重新命名他们。

《竹林中》的三个当事人在经过这场事故之后，已失去了原来自我的价值存在。强盗不再成为强盗，而由于摔下马被官府抓到，成了阶下囚；本来娇惠可人、性格刚强的妻子则成了一个背叛丈夫的女人，在丈夫死后没有勇气自杀，现在无所依靠、流落在外；武士以为自己是强者，可是却在决斗中败给了强盗而被杀死。一场事故，摧毁了这些人原有的生活方式，三个当事人处在自我迷失的境地。由此，他们感到焦虑不安，试图为自己现在的生存方式寻找藉口。审判在这里的目的并不是言说真相，而只是为这些人提供一个言说环境。三个人在这里津津乐道的，是自己在这个事故中所处的地位，而并非事故真相本身。他们有意绕过了真相，而言说的是一种自我肯定的镜像与幻觉（显然，这不是真的）。在某种程度上，他们认可这种言说并把它作为自己处于现存境况的理由。话语只是在虚构自我，而真实的自我则被隐匿了。

在这里，寓言确认了话语的虚构性，关于话语的话语带来的就是一种自我否定的言说方式。但这种否定并不否定真实的存在。《竹林中》在标明事故真相不可知的同时，已暗示了真相的一角（强盗的话真实性较强）。然而，真相在这里已无实际意义，重要的是面对真相人们的反应。芥川在这里有意地抽出真相，并把真相打碎，融进不同的言说者当中，从而大大加强了话语的不确定性，造成了一种间离的效果，使文本走向寓言，引起人们反思。而统治着这种多重话语的,就是人性的丑恶,人类在原初之时便有的无形的罪性。自从亚当偷吃善恶之果并被逐出伊甸园后,人类便背负上了原始的罪名。人类的原罪打破了宁静的原始圣洁,统治世界的"生命之树"被"知识之树"所取代,话语的不确定性就产生了。人类在申辩自己的清白时已暴露了自己本性的丑恶,话语成了直接载体。人性的原初的丑恶,这就是芥川所要表达的主题。

让读者在审判供词中直接体验到词与物的分裂,并且关联到话语之外的无法言说的深刻涵义,这是芥川《竹林中》的用意所在。而间离技巧(4)的运用,多重话语的出现,却使文本走向费解,具有了寓言的鲜明特色,这是芥川所没有想到的。这也从一个侧面反映出了当理性思维输入到寓言文本中时,寓言话语对其进行消解的力量之大。

2. 寻求话语的独立性:他者对个体的压迫

芥川对话语不确定性的怀疑,多次出现在他的小说中。《水虎》中,他甚而自创了一种水虎语言,并且对其怀有极大的好感。他在逃避人类的话语。这不仅是他对于日常话语的态度,也是他对于文学话语的态度。在芥川的小说创作中有一个特色,那就是几乎全为短篇,并且用语洗练、字字珠玑,丝毫不肯浪费一笔一墨,不仅没有带着作者个人主观色彩的话语,就连人物话语也很少。这一方面是由作者的创作风格所决定的,另一方面,则体现了他对文学话语的怀疑。因为文学话语难免要受到日常话语的影响而丧失独立性。在芥川看来,保持话语的独立性,创造个性话语,是作家的首要任务。他所寻求的,是一种至真至纯的语言。这无疑是极难办到的,这也是他成为艺术至上主义者的一个原因。

同时,与个性话语相配置的,是从世界中把握一个相对独立的主体活动空间,这对于一个处于重重社会空间压迫中的人来说,是极其难的。芥川在做着这样的努力,芥川小说中的人物也在做着这样的努力。在把现代意蕴输入到文本的过程中,芥川与他小说中的人物产生了关联。

《鼻子》中的禅智内供,拥有一个特殊的长鼻子,这是个体独立的标志。然而,他却因此而受旁人讥笑。于是,他想方设法把自己的鼻子弄短,却因此而招来旁人更露骨的讥笑。他不得不又一次把鼻子变长。这里，主体的选择必须服从他者的严格干涉。因此，主体和个性话语没有独立的生存空间，这就注定了文本的叙事话语在言说能力上的弱化。它不能跟踪主体去创造一个完整有机的历史社会，展现丰富的人物形象，而只能从历史世界中截取某些碎片来描写，用历史背景弥补言说能力的缺陷，以此来使自己的思想得以表达。正如芥川《澄江堂日记》第三十一节《昔》中所谈到的那样，他在谈自己"采用过去身时的态度"时说，当他抓到一个却有新意或深邃的题目时，为了把它表现的极富于艺术性，常选用某些异常的事件。这种异常事件如果作为当前的事来写，容易使人觉得不正常、不自然。他说："我采用过去材料写小说，大都是从这一点考虑的，是为了避免使人产生不自然的感觉，而把过去作为背景。"(5)正因为现实社会与他作品中异常主题的抵抗冲突，现实社会对他创作的限制，他才采用旧材料来写小说的。

于此，我们在芥川小说中读到的，是处于宾格的主体，无时无刻不受到外部力量的压迫(这种外部力量或来自于巨大的不明之物，或来自于自然灾害，或来自于人类社会)。人性在这种情况下暴露出了"恶"的一面，并且难以用忏悔的话语来表达和阐明，用担当责任勇气来对待。《疑惑》杀死妻子的中村玄道无法解释自己为何会有这样残忍的行为。而当他终于喊出"我杀了人，我罪该万死"时，却被人唤作疯子来了此余生，他的话语的忏悔力量也由此被消解了。这就是个性话语的命运，也是追求人格独立的主体的命运。

芥川一直试图由主体与他者的冲突而造成的话语尴尬中寻找一种能使叙述真实、明了的话语。他制定了自己的叙述策略，用一种冷静的、客观的零度情感叙述贯穿他的全部作品，从而成就了他"消除庸俗气味的艺术文体"(6)。这种客观地叙述主体与他者的关系、叙述主体在他者世界中的异常行为的为文方式，一定程度上容纳了他者，使他者的入侵成为一种客观存在而得以表现，由此避开了主体与他者之间的冲突撕毁文本。

这种叙述方式，把对他者的表达及主体在他者压迫下临近分裂的边缘状态稳定在文本中，实是他者对主体的妥协。他者允许把自己放到一定的历史背景中表达，这就弱化了他者对主体进行真实入侵时的力量。主体没有在压迫下消失而尚处于分裂状态,这是对主体占有一定空间的肯定。在这种叙述中,芥川带有一种无意识目的即通过写作来拯救在现实中受巨大压迫的自我。他还有希望。所以,他的作品中才会多次出现"火"的意象。《戏作三昧》中,马琴的脑海里闪烁的"微光般的星星之火";《某傻子的一生》中,"他"想不惜以生命为代价去换取的"架空线上的紫色火花";《信徒之死》的结尾部分,那场"直欲煅夜间之繁星","令长崎市一夜之间几乎化为焦土的大火";《地狱图》里,那好像"太阳落山,天火爆裂的大火"。"火"在这里,成了希望的象征,成了美的化身。它所成就的,是每个主人公那最美丽的瞬间,是"夫人生之尊严,实已及与此刹那之铭感"所折射出的"生命之意义"。(《信徒之死》)

3. 结语

独特的创作方式和个性的叙述策略,使芥川的作品具有鲜明的寓言性。芥川所采用的叙述方式,含着他尚存的希望。艺术至上主义者的芥川龙之介,实则是一位以生命来写作的作家,一位忧郁的寓言家。他把生命贯注在了他的寓言中,但他最终却不能在现实社会中生活下去,他太敏感了,太脆弱了。理智之光给他的人工翼没能载着他飞向太阳。他承受不了生命的重负,注定要为希望陨身大海。

一九二七年七月二十四日凌晨,芥川仅留下"感到模模糊糊的不安"一语,在自己的宅室吞服大量的安眠药后自杀。年仅三十五岁的芥川,就这样为自己的生命划上了句号。

上帝给人最大的惩罚就是让人有所企盼而实现不了企盼。芥川,是个悲剧,他的寓言,他的人生,都是。我们所能做的,只能是遥祭那位在大正时期的日本孤独挣扎着的寓言家,那个忧郁清澈的灵魂。

注释:
(1) 寓言(Allegorie),是本雅明《德国悲剧的起源》一书的中心概念,也是本雅明最基本的理论思想。本雅明的寓言不是我们通常所说的以道德教训为隐义的故事，而是指现代艺术走向费解这一特点。在寓言结构中，意义游离于形式之外，作品是一个四散的、不确定的碎片。

引自《西方著名美学家评传》之《本雅明》篇。

(2) 转引自薛毅著《无词的言语》之《寓言的诞生》。

(3) 转引自程麻著《沟通与更新——鲁迅与日本文学关系发微》。原文出自黑格尔《精神现象学》，商务印书馆 1962 年版，第 6 页。

(4) 引自《西方著名美学家评传》之《本雅明》篇。

"间离"是布莱希特叙事剧理论的主要内容。要求戏剧通过对间离技巧 (Verfremdungs-technik) 的运用，达到一种间离效果 (Verfremdungs-effekt)。间离就是与现实相异，由此使观赏者对戏剧采取一种积极探讨的态度，这是通过抽掉一个过程或一个人物形象的理所当然、众所周知并明白无误的因素来实现的。程麻先生在《沟通与更新——鲁迅与日本文学关系发微》中谈到芥川龙之介的历史小说时认为芥川的小说与布莱希特的叙事剧有某些相似之处。

(5) 转引自程麻著《沟通与更新——鲁迅与日本文学关系发微》。
原文引自《芥川龙之介研究》，日本河出书房 1942 年版，第 162 页。

(6) 引自文洁若为芥川龙之介短篇小说集《罗生门》中译本所写的前言。
原文引自《芥川龙之介集》，讲谈社 1960 年版，第 481 页。
日本评论家中村真一郎认为："他(芥川龙之介)有意识地创造了文体——不是司空见惯的文体，而是消除了庸俗气味的艺术文体。"

(7) 引自文洁若为芥川龙之介短篇小说集《罗生门》中译本所写的前言。
原文出自《小林多喜二传》，东京筑摩书房 1958 年版，有卞立强的中译本，作家出版社 1963 年版，第 142 页。

(8) 引自文洁若为芥川龙之介短篇小说集《罗生门》中译本所写的前言。
原文出自森本修著《芥川龙之介》，近代文学资料(五)，樱桃社 1974 年版，第 58 页。
这里的"社会主义"指英国的改良主义。

(9) 引自文洁若为芥川龙之介短篇小说集《罗生门》中译本所写的前言。
芥川龙之介在《文艺的，过于文艺的》一文中写道："从各方面来说，我们大家都生活在激越的过渡时代，从而矛盾重重。……我们不可能超越时代，而且也不可能超越阶级。……我们的灵魂上都打着阶级的烙印。"

参考文献：

程麻（1990）《沟通与更新——鲁迅与日本文学关系发微》
中国社会科学出版社

(德）瓦尔特·本雅明著，张旭东、魏文生译（1989.3）《发达资本主义时代的抒情诗人》生活·读书·新知三联书店

(日）芥川龙之介著，文洁若等译（1999）《罗生门》外国文学出版社

吴富恒主编（1990）《外国著名文学家评传》第四卷　山东教育出版社

薛毅（1996）《无词的言语》学林出版社

阎国忠主编（1991）《西方著名美学家评传》下卷　安徽教育出版社

杨小滨（1999）《否定的美学——法兰克福学派的文艺理论和文化批评》
上海三联书店

会议发言

会议发言

从妙峰山碧霞元君祠内部建置流变看北京民间信仰的特点

李英

【内容提要】

碧霞元君是中国历史上一位重要的女神,时至今日,她的影响力仍广泛深远。对于北京妙峰山碧霞元君信仰,前人已从香会、香客、统治政策、村落组织等角度做了深入研究。但是妙峰山碧霞元君庙的建制在历史流变中,几经沉浮,它与北京地区民间信仰的演变亦有强大的互动关系,在前人研究中,虽有涉及,但未有系统梳理,本文以北京妙峰山的田野调查以及前人的调查研究为依托,拟从社会信仰空间与民间信仰关系的角度,通过对妙峰山上碧霞元君庙宇建制流变的描述与解释,以期了解北京地区碧霞元君信仰的变化、这个过程所反映的社会变动的若干侧面以及现代北京碧霞元君信仰的若干特点。

【关键词】 寺庙建筑　民间信仰　妙峰山　碧霞元君

1. 引言

民间传统信仰在我国有着悠久的历史渊源和深厚的社会基础,它根植于普通百姓一代一代的日常生活之中,其仪式和活动成为人们生活的一部分,并融入各种行为和规范里。尽管历经古代朝廷、地方官府的打压,近代以来的多次革命风暴,民间的庙宇和仪式总是很快得到恢复并传承不息。

其后，历经五四的启蒙，马克思主义的传播，民间信仰一直被视为愚昧落后的封建迷信而遭到批判，并一度被禁止。20 世纪 80 年代后，民间信仰出现复兴的热潮，显示出顽强的生命力。作为一种民俗事象，民间信仰有着丰富的文化内涵，是中国传统文化的组成部分，它完整地保存着其演变过程中所积淀的社会文化内容。对民间信仰的研究不仅可以理解现实生活中民众的生活和思维方式，还可以了解它所蕴涵的历史和传统文化内涵。民间信仰内容丰富，有精华也有糟粕，如何正确地看待它，考察它的演变动向，研究相关的应对方略，这对正确引导民间信仰，确保文化的多样性，维护社会稳定，推动社会发展都有着积极的现实意义。

本文以北京妙峰山的田野调查以及前人的调查研究为依托，拟从社会信仰空间与民间信仰关系的角度，通过对妙峰山上对碧霞元君庙宇建制流变的描述与解释，分析北京地区碧霞元君民间信仰的变化、这个变化过程所反映的社会变动的若干侧面以及现代北京碧霞元君民间信仰的若干特点。

2. 文献综述

清末民初奉宽的《妙峰山琐记》对妙峰山做了最早的记录，这本著作以对妙峰山自然人文古迹的记录见长，后有 20 年代中期金勋的《妙峰山志》，主要记录文武香会的情况，十分详细。这两部书至今仍然是后人妙峰山研究资料的重要来源。

对妙峰山最早的科学研究始自 1925 年，1925 年 4 月 30 日，北京大学国学门顾颉刚、孙伏园、容肇祖、庄严等人在这年庙会期间对妙峰山进行了为期 3 天的调查研究，调查之后，五位学者分别从自己所关注的角度，写成了对妙峰山庙会民俗的调查文章，并在《京报》副刊连续六期发表。主要内容涉及妙峰山的香会、妙峰山碧霞元君庙考、妙峰山进香者的心理以及关于进香的一些田野日志。京报《妙峰山进香专号》的发表在整个学术界引起了巨大的震动，后人评价"此次调查开创了中国现代民俗学有目的、有组织、有计划的田野调查先河"。这次调查也给与我很多启发，本篇论文很多材料都来源于这次调查，包括妙峰山碧霞元君庙的来源及民国时期妙峰山的庙宇建置。

从妙峰山碧霞元君祠内部建置流变看北京民间信仰的特点（李英）

与此同时，另一位社会学家李景汉也在妙峰山上从社会学的角度，对妙峰上的会启、庙会场面等作了记录。他的这次调查发表在当时学术刊物《社会学杂志》上，所以没有像顾颉刚的《妙峰山》一样产生如此的社会效应，但依然是有价值的研究资料，他的调查与顾颉刚所记录的互为补充，使我对民国时妙峰山碧霞元君庙的建置了解地更为全面一些。

以上研究是对妙峰山研究的肇始。同一时期的研究比较著名的还有容庚的《碧霞元君庙考》，主要研究碧霞元君及庙宇起源；罗香林的《碧霞元君》考察了碧霞元君的起源、功能、迷信原因、泰山碧霞元君与妙峰山碧霞元君的区别，是一篇全面研究碧霞元君的文章。周振鹤的《王三奶奶》对王三奶奶信仰的产生、王三奶奶殿宇设置等 9 个问题作了全面回答。可以看出，20 世纪 20、30 年代对妙峰山的研究着眼点、研究主要方式仍然是传统的文史研究方式，同时加入了田野调查的现实材料证据。这是具有突破性的。

抗日战争、内战时期，中国民俗学研究偏重南方，对妙峰山的研究暂时陷入低潮。解放后，政治上"左"的思想路线和学术上的教条主义，给民俗学带来毁灭性的灾难，民俗学研究民众的民俗生活，特别是民间信仰等民间精神文化的任务与功能，彻底被取消。而这一取消长达 30 年。

20 世纪 80 年代以后，在老一辈民俗学者的呼吁下，再加上民间信仰的再次复兴，民间信仰再次引起了人们的关注，民俗学、历史学、文化人类学、宗教学、民族学等学科纷纷对它展开研究。妙峰山又一次引起了学者们的关注。

这个时期，对妙峰山碧霞元君信仰的研究以北京师范大学吴效群博士和王晓莉的研究比较突出。吴效群在《妙峰山：北京民间社会的历史变迁》中提到："王晓莉论文的重点在碧霞元君信仰上，吴效群论文的重点在香会组织，两人的论文实际上形成互补之势。若把他们的论文结合起来看，对妙峰山的当代学术观察就较为全面了。"[1]吴效群研究文章结集《妙峰山：北京民间社会的历史变迁》一书，书中，他指出了碧霞元君信仰生殖女神

---

[1]吴效群著《妙峰山：北京民间社会的历史变迁》，北京：人民出版社 2006 年 5 月第一版，第 343 页。

崇拜的性质；分析了人类春季生殖活动的共通性；探讨了碧霞元君信仰在北京的生成过程，对于北京城所具有的重要意义；探讨了妙峰山夺得其他各处香火，成为信仰中心的过程和原因。总结了北京香会组织的生成、分类、内部结构、与妙峰山碧霞元君信仰的关系、依据的哲学原理、文武各会之间的关系及它们所具有的重要象征意义、所追求的目标；认为象征是香会组织妙峰山行香走会活动的主要表现方式。

王晓莉在前人的基础上，从多个角度对碧霞元君的形象进行了深入梳理。她的《碧霞元君信仰与妙峰山香客村落活动的研究——以北京地区与涧沟村的香客活动为个案》一文中，重点对普通香客在山上的进香活动和香客的村落活动进行调查研究，以此反映百年来普通民众碧霞元君信仰的变化。

除了以上两位学者之外，国内其他学者也从各个方面关注妙峰山。比如罗明诚的《妙峰山庙会的世俗价值》、袁树森的《妙峰山上道"虔诚"》、常华的《漫话妙峰山文化》、张鸣的《爬上妙峰山看"村民自治"》以及赵世瑜的《国家正祀与民间信仰的互动》。

国外的学者对妙峰山这一清末北京重要的社会宗教活动表现出极大兴趣。突出代表是美国普林斯顿大学历史系教授韩书瑞（Susan Naquin），她的论文《北京妙峰山的进香之旅：宗教组织与圣地》就清末北京妙峰山的进香活动进行了深入的研究。

综上所述，前人对妙峰山碧霞元君信仰的研究有很多成果，可以看到学者们对妙峰山的研究主要集中在对香会组织和碧霞元君信仰的考察与分析，赵世瑜指出："研究中国的民间信仰火民间崇拜的极端重要性已易为人明了，但是，我们不从该信仰直接入手，而从作为一种文化景观的寺庙入手，具有特别的原因。首先……其次，从景观入手别是一种观察角度。判断某种民间崇拜的起源、传播、分布状况，应从寺庙入手为便；从庙宇偶像的神态、装束、色彩等亦可判断崇拜者的某种心理；庙宇的位置、建筑格局、风格、繁陋等也可体现出该种信仰的程度及兴废。"[2]这种观点给了我很大启发，本文拟在前人的基础上，从庙宇布局建置角度入手，分析妙

---

[2]赵世瑜《明清时期中国民间寺庙文化初识》

从妙峰山碧霞元君祠内部建置流变看北京民间信仰的特点（李英）

峰山民间信仰的流变，以期从一个新的视角深入探讨妙峰山的信仰状况。

3. 北京地区碧霞元君信仰源起

碧霞元君为道教女神，初时产生于泰山，传为东岳大帝之女，主管生育。"碧霞元君"这一称号产生于宋代，真宗皇帝崇信道教，大中祥符元年六月六日"天书"降于泰山，于是真宗封禅"谢天书"。据《蒿庵闲话》载："宋真宗东封还次御帐，涤手池（玉女池）内，一石人浮出水面，出而涤之，玉女也。命有司建祠奉之，号为圣帝之女，封天仙玉女碧霞元君。"

元代统治者自丘真人西行讲法后，崇信道教，北京城内有白云观、东岳庙等为证，学者认为，碧霞元君极可能在此时受到民众祭祀。

明清时代，封建社会进入末期，各种社会矛盾潜涌，民间宗教盛行，道教走向民间化、世俗化，明代中后期，民间普遍流传"无生老母"这个民间信仰形象，大量兴建碧霞元君庙。

明代已有"五顶"之称，可见妙峰山当时很可能有了承载碧霞元君信仰的建筑形态。

妙峰山碧霞元君信仰始自明末，清中期以后，妙峰山香火逐渐旺盛，晚清时夺得了京城内外其他各处的香火，成为民众信仰的中心，获得了金顶的称号。时人有 "政权中心在北京，信仰中心在妙峰山" 甚至 "北京城盛衰以妙峰山香火为转移，香火盛则国运盛，香火衰则国运亦衰，人心世道亦堕落矣"的说法。

4. 从妙峰山碧霞元君祠庙宇建置的演变
看妙峰山民间信仰的流变

妙峰山碧霞元君祠经过四百余年的历史的冲刷洗礼，无论是布局还是信仰情况，从小到大，从无到有，发展成为现在的样子，这种深深植根于北京民间信仰的建筑形式能给予我们怎样的启发呢？

我们将碧霞元君庙的建筑流变分为四个阶段，来分析每一个阶段中，碧霞元君信仰以及其附属信仰所反映的京城民众的信仰状况。这四个阶段的划分是以妙峰山碧霞元君庙兴废为标准的，依次是庙宇初建时（清代敕建之前）、庙宇扩修时（敕建之后至清末）、庙宇鼎盛时（民国时期）和当代庙宇。

4-1. 第一阶段——庙宇初建时

关于妙峰山碧霞元君庙的记载最早见于康熙二十三年《宛平县志·卷六》，有邑人张献作妙峰山香会序，云："己巳春三月，里人杨明等卜吉共进木者币于妙峰山天仙圣母之前……"己巳为崇祯二年，得知明代妙峰山已建有碧霞元君庙。

这一阶段的历史比较长久，可以从明代初建延续至清代康乾年间。这一时期，妙峰山碧霞元君庙还只是京城众多碧霞元君庙之一[3]，从搜集的材料可以看出，当时妙峰山的碧霞元君庙影响范围比较小，主持人员时有更替，建筑形式较为简陋。故历史记载不多。

4-2. 二阶段——庙宇扩修时

妙峰山碧霞元君庙默默无闻的情况到了清朝大为改观。清朝建立以后，满族统治者为了维护自己的政权，对宗教的控制尤为严密。清代大力提倡藏传佛教，对各种民间宗教采取了严厉的措施进行打击，但同时也注意吸收、扶助一些神祇，加强自己的统治，如对关公信仰的大力提倡。道教虽受清廷冷落，但它的一些神祇却也得到了清朝的重视，其寺庙得到重建或新建，道教女神碧霞元君就是一个例证。

碧霞元君主生泰山，泰山属阴阳交合之地，碧霞元君在民间看来，是

---

[3] 据王晓莉的考证，当时比较大的碧霞元君庙为"西直门外高粱桥娘娘庙；涿州娘娘庙；东直门外碧霞元君庙，又称东顶；海淀蓝靛厂长春桥畔"护国洪慈宫"，旧称西顶；该西顶往西约三里，在缠脚湾村有一个娘娘庙称旧西顶；永定门外南顶村碧霞元君庙，俗称小南顶；马驹桥娘娘庙，俗称大南顶；德胜门外土城东北的北顶碧霞元君庙；右安门外十里草桥"普济宫"，又称中顶碧霞元君庙；阜成门外十里亦建有碧霞元君庙；石景山碧霞元君庙；朝阳区东部的东坝娘娘庙；内二区南闹市口南天仙庵；木厂胡同路西东兴隆街39号天仙庵；西直门外高粱桥石道北天仙庙；外三蒜市口泰山行宫；平谷丫髻山碧霞元君庙等17座娘娘庙。

从妙峰山碧霞元君祠内部建置流变看北京民间信仰的特点(李英)

主宰生儿育女、子孙平安的女神,故《岱史》有云:"泰山谓东土,秉木德,而玉女坤质为水,助生成之功。"[4]由于对子嗣的重视,故清代的北京人最重视碧霞元君,统治者也未加阻挠。据许道龄《北平庙宇通检》载,清代北京内外碧霞元君庙有27座。如果加上丫髻山与妙峰山碧霞元君庙,清代有记载可查的共28座。其中内城8座,外城20座。

在众多碧霞元君庙中,妙峰山逐渐显露出它的独特。1662年(康熙),一个和尚、一个道士、一个普通人建起了碧霞元君庙。"康熙十二年称'北顶天仙庙'"[5],获得了"北顶"的称号。康熙二十八年后,由于佛教势力上升,改由僧人主持,香火逐渐兴盛。1712年西顶在国家支持下重修,此时其他各"顶"也同样受重视。1734年(雍正年),妙峰山碧霞庙又住进几个和尚。问世于1758年(乾隆在位)的《燕京岁时纪胜》只称"妙峰",还没有被称为"碧霞庙",而18世纪的《京城古迹考》对碧霞庙多有提及,但对妙峰山没有记述。后来《北京名胜古迹辞典》记录,在"乾隆二十六年重建后"碧霞元君庙便"改称灵感宫"了。

对妙峰山庙宇建置做较早详细记载的是清人富蔡敦崇,他写于光绪二十六年的《燕京岁时记》,其中有言:"庙在万山中,孤峰矗立,盘旋而上,势如绕螺。前者可践后者之顶,后者可见前者之足。自始迄终,继昼以夜,人无停趾,香无断烟。奇观哉!庙南向,为山门,为正殿,为后殿。后殿之前,有石凸起,似是妙峰之巅。石有古柏三四株,亦似百年之物。庙东有喜神殿,观音殿,伏魔殿。庙北有回香亭。庙无碑碣,其原无可考。自康乾以来即有之,惜无记之者耳。"

---

[4] 转引自范恩君《论碧霞元君信仰》
[5] 转引自《北京名胜古迹辞典》

图 1. 光绪二十六年碧霞元君庙宇图（根据富蔡敦崇记录绘制）

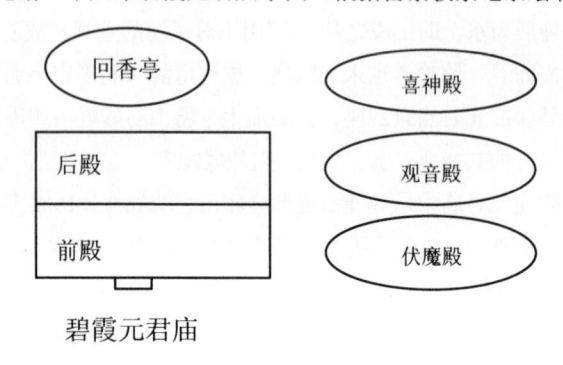

```
    回香亭              喜神殿

    后殿                观音殿

    前殿                伏魔殿

  碧霞元君庙
```

据他的记录，妙峰山碧霞元君庙的雏形至少在光绪时期已经初见端倪，甚至香烟缭绕了。从图中可以看到，这一时期，人们主嗣的喜神、观音、伏魔以及碧霞元君。

观音和碧霞元君，一佛一道，共同主持着人们生育的传统，因此在妙峰山上得到人们的顶礼膜拜。那么喜神和伏魔为什么被特别建筑呢？

这是因为喜神和伏魔与清代满族的生育习俗息息相关。满族妇女一旦怀孕，被全家视为吉事，也伴随着很多禁忌，如不准坐锅台、窗台、磨台，不准说难产之类。婴儿"落草"后，如是男孩悬弓于门左，如是女孩设帨于右。孩子在命名时不起小名，说是月子里妖魔常来，起了名字容易被妖魔叫去或抓去，所以一般满月才命名。满汉杂居，习俗相揉。满族婴儿满月也"吃满月酒"，抓"百岁钱"，至一周岁，有"抓阄"之俗。孩子五岁前必须举行一次家祭，谓之"跳喜神"，不杀猪，只做糕，杀鸡，祭祀祖先，谢祖先送子之恩。

由此可以看出，喜神殿和伏魔殿的建筑事实上也是与民间求子、送子习俗息息相关的。此时的妙峰山碧霞元君庙虽佛道混杂，但主旨就是求子育嗣，功能还是单一的。

到了 19 世纪 80 年代，慈禧捐助给庙里几口大钟还有几块精美匾额。这表明统治者已经开始重视妙峰山。相对于妙峰山，清朝统治者一直对与妙峰山毗邻的丫髻山颇多重视，对妙峰山并无特别优待。这时慈禧的捐助无疑是一个信号，朝廷开始将妙峰山纳入国家轨道之中，这时妙峰山的优势迸发了出来，它不像其他"顶"那样处于权力中心，国家势力完全占据，它远离京城，可以不受干扰地在地方势力捐助下生存，皇家和民间的支持使妙峰山一跃而成为"金顶"，据各顶之首，香火更加繁盛。

1896年奉宽首次朝觐妙峰山，写下《妙峰山琐记》，1914年后更连年上山，所记如下：

"灵官殿上行，乱石委积，林木高低。至极峰，则灵感宫矣。宫东南向，院两进，若与京城遥相拱映者。有灵感宫小石额，题西直门呈献，乾隆二十五年四月立。门旁有光绪丙子北坞村净道会小石二。进香者，由宫后循东垣绕至前。入山门为香池。正殿三楹，奉碧霞、眼光、子孙、斑疹、送生五元君，女官卫士十六。外檐悬慈禧皇太后御书"慈光普照"，"功侔富媪""泰云垂荫"三额。殿内供张，极堂皇伟力之观；有烧百斤橡烛者，有燃灯塔高及丈者，瓷香鼎为同治壬申年裕彰献。阶下短碑二十四，东西庑各一……

正殿两旁，曰地藏殿，曰药王殿。东厢广生殿。西厢财神殿。广生之北，五圣殿。财神之北，王奶奶殿。西有闲院，俯视西南远山，若平沙万幕；浑河一线，曲折随之；穷目之渺渺茫茫，与天空一色而止。正殿后巨石屏立，传为妙峰之巅，所谓"金顶"也。西畔有松两株。后殿奉白衣送子观音。金顶当其前。

宫后东北偏，有关帝庙，人呼老爷庙。北，喜神殿，梨园弟子多进香于此。北，法雨寺，人呼菩萨殿，奉大士，文昌，太仓。有隶书"落迦别院"四字砖额，咸丰戊午重建，吴叶道芬题。以上三处皆西向，各设茶棚一。宫北有回香亭，南向，殿奉东岳帝。东厢速报司，神为岳忠武，塑秦桧夫妇跪像。西厢现报司。殿阶立"庚申四月张帅夫人重建"碑。此处有义兴万缘茶棚。

灵感宫正殿五元君，金装法像，各有神牌。正位，天仙圣母碧霞元君，东岳泰山也，即所谓泰山顶上娘娘。左，眼光圣母明目元君，天目山也。右，子孙圣母佑渡元君，天姥山也。同案，左，斑疹圣母慈幼元君；右，送生圣母保产元君，各专案。"

图 2. 清末碧霞元君庙宇图（根据奉宽记录绘制）

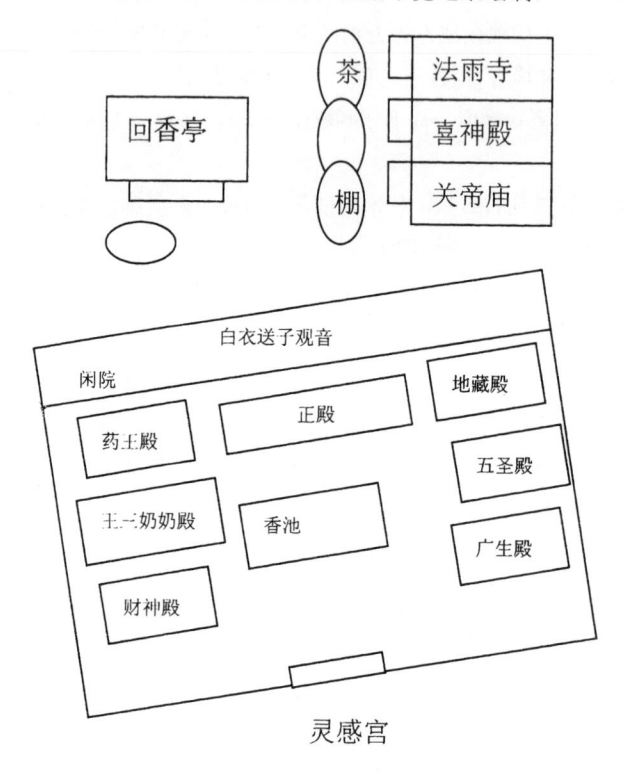

```
         茶  ┌─────┐
         ┌┐ │法雨寺│
┌──────┐ ││ ├─────┤
│回香亭│ └┘ │喜神殿│
└──────┘ ┌┐ ├─────┤
         ││ │关帝庙│
         └┘ └─────┘
         棚

┌─────────────────────────────────┐
│         白衣送子观音              │
│┌──┐                              │
││闲│      ┌────┐    ┌────┐       │
││院│      │正殿│    │地藏殿│     │
│└──┘                              │
│  ┌────┐              ┌────┐     │
│  │药王殿│            │五圣殿│    │
│  └────┘              └────┘     │
│  ┌──────┐  ┌────┐   ┌────┐      │
│  │王三奶奶殿│ │香池│  │广生殿│   │
│  └──────┘  └────┘   └────┘      │
│  ┌────┐                         │
│  │财神殿│                        │
│  └────┘                         │
│              ┌──┐               │
└──────────────┘  └───────────────┘
              灵感宫
```

从奉宽的记录中，我们看出，妙峰山碧霞元君祠慢慢脱离了求子模式的限制，主嗣已趋于多元化了。碧霞元君庙已改称灵感宫，宫内建筑比先时多出许多，原来喜神殿、观音殿、伏魔殿的位置上矗立着法雨寺、喜神殿和关帝庙。一部分建筑衰落了，如伏魔殿、观音殿，但是这并不代表它已经不重要，反而是在先时基础上推进演化。

先看灵感宫内，主嗣还是碧霞元君，主管生育，"正殿三楹，奉碧霞、眼光、子孙、斑疹、送生五元君，女官卫士十六。外檐悬慈禧皇太后御书'慈光普照'，'功俾富媪''泰云垂荫'三额。殿内供张，极堂皇伟力之观；有烧百斤橡烛者，有燃灯塔高及丈者，瓷香鼎为同治壬申年裕彰献。"

宫内右侧地藏殿、五圣殿、广生殿，左侧药王殿、王三奶奶殿、财神殿，后院有送子观音。其中属于佛教系统的神有地藏、观音，道教系统有

从妙峰山碧霞元君祠内部建置流变看北京民间信仰的特点（李英）

五圣[6]、广生、药王、财神，这些都是中国本土的神仙。值得注意的是出现了一个明显的具有地方色彩的俗神——王三奶奶。让我们把这些神仙先分一下类属。

求嗣：碧霞元君、观音

发财：财神

平安：地藏[7]

祛病：广生[8]、药王[9]、王三奶奶[10]

可以看出，人们到妙峰山的主旨不再限于求子育嗣，还有求财、保平安的想法了，碧霞元君庙的功能逐渐多元化。庙外的法雨寺，恐来自南方普陀[11]，专奉菩萨，可能是原来观音殿的演化。关帝庙的修建似乎也有原来伏魔殿降妖伏魔的功效；同时，也与清朝关帝信仰兴盛有关，在清代《乾隆京城全图索引》中就记载当时关帝庙一共116座，居京城众庙之首，这样的趋势对当时妙峰山建置也有一定的影响。

综合来看，这一时期人们对碧霞元君的信仰趋于多元化。主嗣对象由

---

[6] 所谓七圣、五圣的内涵无统一界定，神灵偶像多姿多彩。主祀神多为关帝、观音、龙王等，配祀神多为土地神、山神、青苗神、虫王、马王、冰雹神、财神、药王、火神、二郎神等。对此，对妙峰山五圣殿的资料中无明确记载。

[7] 即地藏菩萨。佛界认为，如果有人出门旅行，或过山林，或渡河海，或经险道，若能于出门前，称念地藏菩萨圣号万遍，则所过土地，鬼神卫护，行住坐卧，永葆安乐。

[8] 传说广生帝君犯了过错，被玉皇大帝贬到人间要受七灾八难。他来到人间，为了济世救人，就在广生殿的地方摆了个药摊。他的药很灵，有了病就用广生泉的水，吃他的药，真是药到病除。这样一传十，十传百，都来找他看病，于是这里就兴盛起来了。此地门庭若市，天天人来人往，来者都是药到病除。

[9] 民间信仰中药王可以为邳彤、孙思邈和佛教药师佛，此处没有材料证明其确切人物。

[10] 据传，王三奶奶是清朝末年天津郊区的一位农妇，她本身就是一位碧霞元君的一位虔诚信徒，她精通医术，她还懂得通灵之术，经常在妙峰山为穷人看病。有一年，王三奶奶到妙峰山进香，圆寂在山顶上。由于王三奶奶生前的积善行德，人们在其身上可以看到碧霞元君的影子，所以，王三奶奶在妙峰山圆寂之事在天津人那里引起强烈的反响，于是各种神话传说也就产生了。

[11] 法雨寺，又名海潮庵，在普陀山的白华顶在，光熙峰下，始建于明神宗万历八年（1580年），寺内有天王殿、玉佛殿、圆通殿、大雄殿、藏经楼等。规模宏伟，辉煌瑰丽，为普陀山第二大寺院。

求嗣生育扩大到求财、求平安、祛病等，反映出民众们对碧霞元君的信仰程度在清末正在加深，清末动荡的时事似乎并未对人们对碧霞元君的信仰产生减弱的效果。一方面，人们更愿意去修建殿宇扩大祭祀，寻求精神上的寄托，来抵御来自封建统治的种种压力。另一方面，人们仍然对封建王权带有迷信，皇室对于妙峰山的重视，在其王权旁落、内忧外患之时，对民众的信仰仍然具有导向作用。

4-3. 第三阶段——庙宇鼎盛时

清朝末路，而碧霞元君的信仰却并未因此衰弱，反而更加兴盛。这种兴盛并没有摆脱曾经王权护佑的荣耀，京城周边民众们成群结队，或为带福游春，更多的还是对碧霞元君的信仰，尤其是妙峰山上碧霞元君的信仰（"迷信"这个词，不是研究民间信仰时用的，因为你是站在客观的角度，而这个词是有倾向性的）。

关于这一时期碧霞元君庙宇建置的记录可以参看顾颉刚 1925 年所绘制的庙宇图（见下图）。

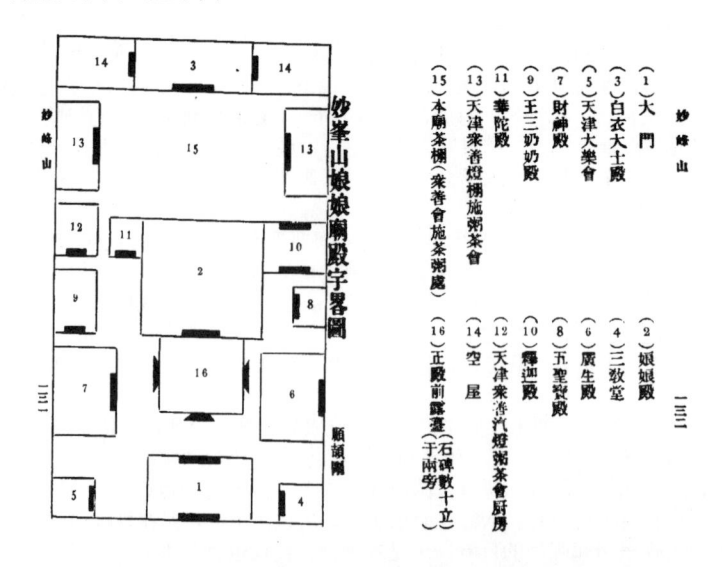

图 3. 顾颉刚绘《妙峰山娘娘庙殿宇阁图》

这份 1925 年的庙宇图向我们真实勾画了民国时期妙峰山碧霞元君庙

的情况。相比奉宽的记录，碧霞元君庙的布局结构又有了更复杂的变化。殿内碧霞元君祠主嗣未变，殿下右侧向北依次为三教堂、广生殿、五圣殿、释迦殿，左侧向北依次为天津大乐会、财神殿、王三奶奶殿、华陀殿，后院有白衣大士殿。先时地藏殿、药王殿的位置分别被释迦殿和华陀殿所代替。这与先前的建置所代表的民间信仰指向没有太大变化。而应该引起我们注意的是三教堂的出现，这个"小若毱子"的三教堂，"供的是以僧一道一官，算作儒释道三教的象征。天仙圣母真阔气，三教都寄在她的宇下了"[12]，清廷覆灭了，三教合流的情况却在民间上演了。

可以说，第三阶段是妙峰山碧霞元君信仰的鼎盛时期，从庙中的建置，我们可以看出它的兴盛，一个小小的碧霞庙，已经儒释道并存、僧道儒互补了。至此，民间碧霞元君信仰除祈祷子嗣和保护妇女、儿童外，几乎遍及民众生活所有领域的困难与祈望，甚至增加了教化的功效。

4-4. 第四阶段——当代庙宇

妙峰山碧霞元君庙宇由于1937年日本入侵，遭到破坏，碧霞元君信仰由此衰落。新中国成立后，由于各种运动和观念的冲击，庙宇一直没有得到恢复，至改革开放，处于停滞状态。1985年，在各方的建议下，政府开始重修妙峰山庙宇及其他基础建筑。

如今的庙宇建置为：

惠济祠门前有一白塔，为佛教建筑。西侧有石碑若干，为香客、香会捐建。

惠济祠山门题额据说是嘉庆皇帝御笔"敕建惠济祠"，

正殿灵感宫供奉此山主神"碧霞元君"，左为斑疹娘娘、子孙娘娘，右为眼光娘娘、送生娘娘。大殿门两侧对联为："云行雨施不崇朝而遍天下，理达物博祖阳气止发东方。"

东配殿为地藏殿，供奉地藏王菩萨，其门旁对联为："地属明区赖佛威灵留净土，藏兹宝库裕民疾苦上春台。"

---

[12] 顾颉刚 《妙峰山》载《民国时期社会调查丛编》，福建：福建教育出版社，2004年12月第一版，第九十七页。

东侧殿从南向北为月老殿、观音殿、喜神殿。月老殿供奉中国民间传说中主管人类婚配的神——月下老人。其门外对联为："愿天下有情人都成了眷属,是今生大快事莫错过姻缘。"观音殿里供奉着佛教的观世音菩萨,其门旁对联为："金顶观金身莲花座上薰风暖,妙峰瞻妙相杨柳枝头甘露香。"喜神殿供奉着民间传说中梨园届的祖师爷和保护神——唐明皇。其门旁对联:"寄语此中人但使有缘常见我,坐观天下事须知作戏要逢场。"

西配殿为药王殿,供奉民间传说中的医药之神——扁鹊。其旁对联:"药有神功何若养生去病,医无止境必须酌古参今。"

西侧殿从北向南分别为王三奶奶殿、财神殿和旅游用品商店。王三奶奶殿供奉据说在清末坐化成仙的王三奶奶。其门旁对联为："居人世广结善缘同归般若,列仙班普济苦难共证菩提。"财神殿供奉民间传说中的武财神——赵公明,其门旁对联："乾始美利不言其利乃宏阙利,人知尊神弗见其神故谓之神。"

灵感宫后为一小花园,围有长廊,抬眼北望,便看见玉皇顶遥相呼应,玉皇顶下半山腰处有回香阁,一座三合院,分别建供奉东岳大帝的东岳殿,供奉民族英雄岳飞的武圣殿,供奉主管世间文运的神灵文昌帝君的文昌殿。

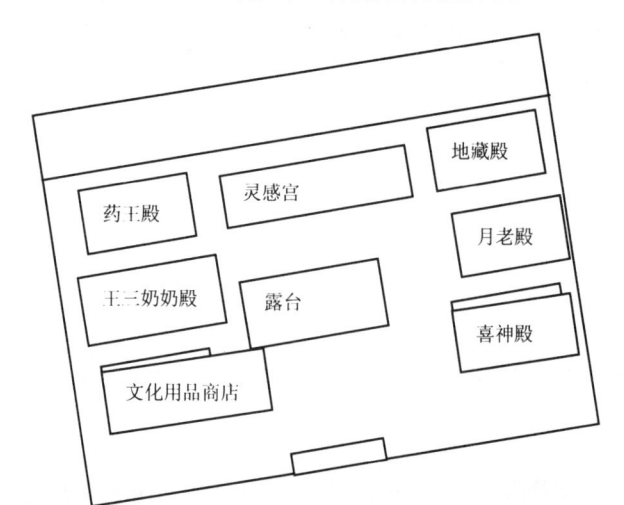

图 4. 2006 年妙峰山碧霞元君祠殿宇图

重修后的碧霞元君祠里供奉的神仙与民国时期相比,又有增加。殿下右侧的几个殿宇完全被新的神主所代替,其中喜神殿和观音殿原本并不在祠内,地藏殿是恢复的是清代的建筑形制,最明显的是增加了月老殿。左侧殿宇未变,但药王殿的供奉神主从华陀变成了扁鹊。

据妙峰山管理人员[13]介绍,喜神殿和观音殿将从惠济祠迁出,重新修建在原址上。并且适当增建一些在民间很有影响的庙宇如土地庙、真武庙、八仙堂、济公庙等。

这样,碧霞元君祠的祭祀包含了更广泛的意义,更加世俗化、民间化,人间的苦难和幸福都在祠中予以呈现,而且将来的建设所包含的内容会更加丰富。

5. 妙峰山民间信仰流变的分析与思考

民间的信仰活动主要是基于这样几个目的:发财、求嗣、消灾、祛病、求官等。各个时期,妙峰山碧霞元君祠内都上演着各种悲欢离合、喜怒哀乐之事,民众们求祷各路神仙消灾免祸、吉运昌隆。碧霞元君祠内的各主嗣,也因为人们的不同需要,或应运而生、或应时而灭,通过研究它们的兴与废,对于研究民间信仰的流变和社会观念的变动,有着重要意义。

从妙峰山碧霞元君庙的建置流变反观妙峰山碧霞元君信仰,我们可以看出碧霞元君民间信仰以下几方面的特点:

5-1. 信仰的扩大化

从妙峰山碧霞元君祠内的建置看民间信仰,最突出的特点就是在建筑物在不断增加。从只有 3 间殿宇到十几座殿宇,从一个道士到几十个工作人员,从锁在深山人未至到人员辐辏车马多,小小的碧霞元君庙占地近 250 平米,腹中却不断容纳着来自各种信仰的建筑形制,各路神仙。民众们,尤其是女性,最初对碧霞元君的崇敬来源于她神秘的生育信仰,求子、得子、保子,一切都是以子嗣为中心。也许妙峰山真正是一个风水宝地,人

---

[13] 田野调查材料。被调查人:王德凤;调查时间:2006 年 4 月 29 日 ;调查地点:妙峰山管理处办公室 ;调查人:李英 。

们对碧霞的祈盼总可得到回应，于是有了灵验的说法。妙峰山的信仰延续是以其灵验的求子信仰为基础的，求子、祛病、求财、求官爵、求婚姻、求平安、求幸福，人们广修殿宇，来满足各种各样的心愿。

5-2. 信仰的多元化

信仰的扩大化也伴随着信仰的多元化。碧霞元君祠从建立之初就决定了其民间俗庙的性质，虽是道教的道观，却有伏魔殿这样的佛教建筑形式。其后的发展中，也并没有遵循特定的规则，民众并没有将其作为正规寺庙去祭拜，对于他们来说，官方的正祀不能参与，只有也是这样民间的祭祀才符合身份，去寄托心愿，民众将它作为自己家的寺庙，按照自己的愿望为之加上一间又一间的殿宇，一个又一个的神像，然后自己去顶礼膜拜，娱人娱己。

5-3. 信仰的中心化

不管如何多元，碧霞元君信仰都始终处于信仰的中心，四百年来未曾改变。在碧霞元君祠的流变中，一个有意思的现象是观音殿或者白衣大士殿的修建一直连绵不绝，却并未取代碧霞元君这一道教女神的位置。俗语说"一山难容二虎"。观音大士作为佛教派系神仙，民众们也承认她对生育信仰的影响，却还是选择了道教碧霞元君作为主祠，观音殿在某些历史时刻甚至只能作为偏殿祭祀。在元君祠中，除了观音，还有财神、喜神、药王等专司人生某种事项的神仙，他们始终未能"扶正"，只作为偏殿延承，甚至今后还有真武庙、八仙堂、济公庙这样的殿宇继续。不管还将建设多少其他神殿庙宇，民众对于妙峰山的中心信仰依然是碧霞元君。

5-4. 信仰的理性化

理性和信仰之间似乎不能构成对应关系，信仰从来都是感性的。但是对于中国民众来说，这感性的信仰当中，却包含了许多理性的成分。清廷覆灭之后，五四运动激荡之中，封建思想遭到了极大颠覆，民间对神灵的祭拜更趋理性化。在当代，很多学者也都比较赞同妙峰山上祭祀的民众很多都带有借佛游春的色彩，纯粹的信仰是少量的因素。阳光明媚的三四月，草长莺飞,是人们外出春游的最佳时机,妙峰山地处京西群山环绕之中,又有千亩的玫瑰园,景色十分秀丽,"借佛游春,带福还家",正是最佳去处。

5-5. 信仰的实用性

碧霞元君信仰的实用性一方面表现为民间祭祀范围的广泛,"麻雀虽小,五脏俱全",生死、福禄、情感、子嗣等一应俱全,每个到这里祭祀的人都能找到自己需要祭祀的对象。另一方面,碧霞元君庙内的诸神体系,是一个融传统信仰及佛道等宗教于一炉的大杂烩系统佛、道诸神没有各自取得独立的地位,而是经过改造纳入了民间俗众祭祀的神系。对于一般信众来说,他们已不再注意自己信仰的是哪方神灵,而只关心是否灵验,是否能带来利益和平安。这种民间的泛神崇拜和民间祭祀的实用性紧密相连,民众敬神,是因为相信神能为他们禳灾祈福、保佑平安,功利目的非常明确。在以碧霞元君为首的神祇系统中,求子生育的主题十分突出,另外财神、药王也具有很强实用性,从下表中可见一斑。还有很多民众甚至也许不知道自己祭拜的神灵是主司何职,只要香火旺,就会祭祀,相信神的灵验。

附表:2006年4月5日上午十分钟内各殿祭拜人员统计

殿宇名称	祭拜人员数目						
	青年女子	中年女子	老年女子	青年男子	中年男子	老年男子	共计
地藏殿	2	1	1	2	0	1	7
月老殿	7	6	0	6	4	0	23
观音殿	7	6	2	4	4	1	24
喜神殿	0	0	0	0	2	0	2
药王殿	6	3	9	1	3	2	24
王三奶奶殿	4	5	3	3	2	0	17
财神殿	5	4	0	1	3	0	13

6. 结语

本文通过考察妙峰山建置的历史流变，我们可以对妙峰山地区的民众信仰特点做一点小小的反观和求证，得出了民间对妙峰山碧霞元君的信仰具有扩大化、多元化、中心化、理性化、实用性这样的特点。希望能对今后妙峰山民间信仰的研究提供些许的材料和新的研究视角。在通过建筑形态流变研究信仰流变方面，本文只是一个小小的尝试，其中一定存在许多不成熟的地方，比如对于各个历史流变期内的历史社会情况未进行深入探讨，对于民间信仰与官方信仰、正规寺庙信仰之间的关系还没有涉及，希望能够在今后的学习中补充和完善。

参考文献：

（清）富察敦崇《燕京岁时记》北京古籍出版社　1981年版
（清）潘荣陛《帝京岁时纪胜》北京古籍出版社　1981年版
（清）于敏中等编纂《日下旧闻考》北京古籍出版社　1983年版
奉宽《妙峰山琐记》国立中山大学民族学会　中华民国十八年二月
金勋《妙峰山志》手抄本　中国科学院图书馆藏
顾颉刚（2004.12）《妙峰山》载《民国时期社会调查丛编》
　　福建教育出版社
隋少甫、王作楫（2004）《京都香会话春秋》，北京燕山出版社
刘锡诚主编（1996）《妙峰山·世纪之交的民俗流变》中国城市出版社
吴效群（2006.5）《妙峰山 北京民间社会的历史变迁》人民出版社
徐彻（2006.1）《趣谈中国的神仙》百花文艺出版社
李景汉《妙峰山"朝顶进香"的调查》，《社会学杂志》第二卷，第五、六
　　号合刊，民国十四年八月发行
Susan Naquin,吴效群译（2003）《北京妙峰山进香之旅：宗教组织与圣地》
　　《民俗研究》，2003年第一期
吴效群（1998）《北京的香会组织与碧霞元君信仰》
　　国家图书馆博士论文库
王晓莉（2000）《碧霞元君信仰与妙峰山香客村落活动的研究——以北京地

区涧沟村的香客活动为个案》，国家图书馆博士论文库

李海荣（2005）《北京妙峰山香会组织变迁研究》国家图书馆硕博士论文库

李丽达（1998）《论满族育子习俗》，《黑龙江民族丛刊》，1998年第四期

赵世瑜（1990）《明清时期中国民间寺庙文化初识》《北京师范大学学报》
1990年第四期

习五一（2006）《近代北京寺庙的类型结构解析》《世界宗教研究》
2006年第一期

王晓莉、陈宏娜（2006）《碧霞元君由来及演变》《辽宁科技学院学报》
2006年第二期

王晓莉（2006）《明清时期北京碧霞元君信仰与庙会》《中央民族大学学报》（哲学社会科学版）2006年第五期

田承军（2004）《碧霞元君与碧霞元君庙》《史学月刊》2004年第四期

综合讨论

综合讨论

浅论诗词在《红楼梦》前八十回中的叙事作用

张晓青

【内容提要】
　　诗词在《红楼梦》中的运用，已引起了很多人的注意。本文以八十回脂评本作为分析文本，从小说叙事角度入手，探讨诗词在《红楼梦》中的叙事功能：改变叙述顺序、调整叙事节奏、诗词意象叙事、标明叙事的结构等。

【关键词】　预叙　叙事节奏　意象叙事

　　作为古代小说的巅峰之作，《红楼梦》保留了中国人古典的审美趣味，大观园里的雅致生活，公子小姐的诗文酬唱，将那个时代以能达到的最美好的面貌呈现给后人。而这种古典趣味的构成之一就是其中的诗词。诗词在《红楼梦》中的运用确实也引起了很多人的注意。无疑，这些诗词对揭示书中人物的潜在心理，对侧面表现作者对他们的态度，对渲染大观园女儿国的诗情画意都起着重要的作用，但诗词的功能并不仅限于此。联系文本可以发现，它们对小说的叙事也起着重要的作用。
　　《红楼梦》作为一个叙述文本，它包含的叙述内容是"故事"，而这个文本本身，即它对这个故事的陈述，就是"叙事"。[1] 具体来说，诗词在书

---

[1] 考虑到不同作者叙事手法的不同，本文仅分析《红楼梦》前八十回中诗词的叙事作用，以避免牵强。

中的叙事功能主要表现在叙事时间、意象叙事、叙事的结构等方面。

1.

根据叙事学原理可知，故事按照时间的线性顺序流动发展，但作者可以重新组合故事里的各个要素，使它们以新的顺序出现在叙事中；故事跨越的时间可能是几年甚至几十年，但叙述文本的篇幅却可能只有一两页……而诗词在《红楼梦》中引起叙事时间与故事时间不等的方式主要有两种：一是改变故事顺序，主要表现为预叙；二是改变叙事节奏。[2]

所谓预叙，是指"事先讲述或提及以后事件的一切叙述活动"[2]。预叙在章回体长篇小说中并不少见，不过像《红楼梦》那样以大规模的诗词作预叙、以不同的方式被安排在小说中各处的则不多见。

首先也是《红楼梦》最突出的诗词预叙方式为人物在梦中看到或听到暗示事态发展的诗词，主要存在于第五回《游幻境指迷十二钗　饮仙醪曲演红楼梦》和第十三回《秦可卿死封龙禁尉　王熙凤协理宁国府》，最为集中的仍旧是第五回。宝玉于梦中来到太虚幻境薄命司，翻看《金陵十二钗正册》等书，涉及到的对人物命运的预叙有十五处之多。文本采取的主要形式是一首诗配一幅插图，例如对于袭人命运的预叙：

宝玉看了，又见后面画着一簇鲜花，一床破席。也有几句言词，写道是：

枉自温柔和顺，空云似桂如兰。

堪叹优伶有福，谁知公子无缘。

这首诗中的后两句明显指出了袭人日后嫁与蒋玉菡而与宝玉无缘的归宿，将本该排在故事中较后位置的事件提前展现在读者面前，对以后的事情做出预告。该例是诗词预叙最一般的运用，实际上，基于汉语自身的特点，作者还采用了谐音和拆字等特殊形式。例如第五回中对香菱的预叙：

宝玉……又去开了"副册"橱门，拿起一本册来，揭开看时，只见画

---

[2] 《叙事话语　新叙事话语》，【法】热拉尔·热奈特 著，王文融 译，中国社会科学出版社，1990年11月第1版，第17页。

浅轮诗词在《红楼梦》前八十回中的叙事作用（张晓青）

着一株桂花，下面有一池沼，其中水涸泥干，莲枯藕败。后面书云：

> 根并荷花一茎香，平生遭际实堪伤。
> 自从两地生孤木，致使香魂返故乡。

以及对黛玉、宝钗的预叙：

> 宝玉……再去取"正册"看。只见头一页上便画着两株枯木，木上悬着一围玉带，又有一堆雪，雪下一股金簪。也有四句言词，道是：
> 可叹停机德，堪叹咏絮才，
> 玉带林中挂，金簪雪里埋。

前一例中，"自从两地生孤木"一句有脂砚斋的批语"拆字法"，一语点破对"桂"字的分解，"桂"指的是故事中后来薛蟠的妻子夏金桂，而香菱正是被夏金桂害死的，"致使香魂返故乡"。这里，作者运用了拆字法，跟读者做了个小游戏。而后一例中，"玉带林"谐音林黛玉，"雪"谐音薛，而"玉带林中挂，金簪雪里埋"句脂砚斋批到"寓意深远，皆非生其地之意"，正是在说林黛玉和薛宝钗最终都没有逃脱悲剧命运。

《红楼梦》诗词预叙的第二种方式是由神异之人作出对将来的预言。该书中的癞头和尚、跛足道人自由往来于大荒山、太虚幻境、红尘之间，知过去未来之事，凌驾于叙事之上，自然承担了这一任务。例如第一回《甄士隐梦幻识通灵　贾雨村风尘怀闺秀》中有这样一段：

> 那僧乃指着他大笑，口内念了四句言词道：
> 惯养娇生笑你痴，菱花空对雪澌澌。
> 好防佳节元宵后，便是烟消火灭时。

"那僧"是癞头和尚。"菱花空对雪澌澌"后有脂批"生不遇时，遇又非偶"，实则说英莲即日后的香菱，自小被拐卖，嫁与薛蟠，又所遇非人，惨遭折磨。"便是烟消火灭时"后脂砚斋直写"伏后文"，这后文就是甄家遭葫芦庙火焚成瓦砾，自此家道中落，一蹶不振。这里看似是和尚的疯话，其实却是对英莲和甄家未来命运的沉重预言。同样由癞头和尚吟诗预言的还有第二十五回《魇魔法叔嫂逢五鬼　红楼梦通灵遇双真》中癞头和尚对通灵宝玉今日经历的叹息[3]，限于篇幅不再赘言。

最后，可能也是《红楼梦》的创造——在游戏涉及的诗词中暗含后文各人的命运，如第二十二回《听曲文宝玉悟禅机　制灯谜贾政悲谶语》，第六十三回《寿怡红群芳开夜宴　死金丹独艳理亲丧》。试看前一例：

能使妖魔胆尽摧，身如束帛气如雷。
一声震得人方恐，回首相看已化灰。（元春）
天运人功理不穷，有功无运也难逢。
因何镇日纷纷乱，只为阴阳数不同。（迎春）
阶下儿童仰面时，清明妆点最堪宜。
游丝一断浑无力，莫向东风怨别离。（探春）
前身色相总无成，不听菱歌听佛经。
莫道此生沉黑海，性中自有大光明。（惜春）

括号中是灯谜的作者，将诗歌与她们连起来看，不难发现之间的关系。元春贵为王妃，"一声震得人方恐"，可惜很快就夭于宫中，"回首相看已化灰"。迎春后来的悲惨命运也是因她"阴阳数不同"，嫁给了孙绍祖。再看探春，远嫁虽使她侥幸逃脱了贾府树倒猢狲散的下场，可惜别离之苦思乡之感也伴随了她终生，只能"向东风怨别离"。而惜春出家的命运已在她的诗中表现得明明白白了。

按照严格的西方理论家的观点来看，也许《红楼梦》中诗词的这种用法因其过分隐晦，比如对于谐音和拆字法的运用，还不能算作预叙，即它们不能使读者感到一种事件的提前性。但是换个角度看，这恰恰是中国古代小说不同于西方之处。形式上，《红楼梦》中的诗词预叙类似于佛教中的偈子，以四句诗半遮半掩地预言着未来；而另一方面，读者在阅读中不断追寻着下文对预叙的验证，打破预叙的"犹抱琵琶半遮面"，当预言一个个都实现的时候，我们便本能地产生一种宗教的宿命感，发现一切在未发生前就已注定了。杨义先生在其《中国叙事学》中已指出相比于西方古典作品，中国小说中的预叙不是弱项而是强项，深受远古的占卜预言和佛教等

---

[3] 原文为"粉渍脂痕污宝光，绮栊昼夜困鸳鸯。沉酣一梦终须醒，冤孽偿清好散场。"预示了故事的悲剧结局。

宗教观念的影响。可以说，诗词在《红楼梦》中这种不完全等同于西方小说的预叙，恰恰是中国文化传统的产物。同时，《红楼梦》中的诗词预叙在承受传统时又有自己的创新。一是表现在其中诗词预叙的渗透性极强，作者不动声色地给可能相距很远的内容埋下伏笔，如上举第五回的大规模诗歌预叙"渗透到全书的行文脉络中去了，成了章章回回若隐若显的叙事密码，有的在几回、十几回，有的几十回、百余回之后就展示出来。实在是没有哪部小说的预叙具有如此深沉的、无所不在的渗透力。"[4] 一是反映在上述第三种诗词预叙方式中。作者常将这种诗词预叙置于极其欢乐喜庆的气氛中：或是团圆佳节，或是重要人物的生日，预叙被作者穿插在一片鲜花着锦烈火烹油的繁华里，带着游戏的轻松，却深含着悲剧命运的沉重，两相对比下增加了预叙的悲剧感。

以上论述的是诗词在《红楼梦》中充当预叙改变故事顺序的作用，除此以外，诗词还起着放慢叙事节奏的作用。当叙述者插入诗词进行评论或描写时，叙事就会停顿，再与前后的叙事相连，就出现了时快时慢、有张有弛的节奏效果，而诗词就达到了放慢叙事节奏的作用。

第三回《金陵城起复贾雨村　荣国府收养林黛玉》中有叙述者以《西江月》词批宝玉的一段：

后人有《西江月》二词，批宝玉极恰，其词曰：

无故寻愁觅恨，有时似傻如狂。纵然生得好皮囊，腹内原来草莽。潦倒不通世务，愚顽怕读文章。行为偏僻性乖张，那管世人诽谤！

富贵不知乐业，贫穷难耐凄凉。可怜辜负好韶光，于国于家无望。天下无能第一，古今不肖无双。寄言纨绔与膏粱：莫效此儿形状！

这首词之前是宝玉见王夫人回来，之后是贾母命宝玉与黛玉相见。而这一刻叙述忽然停止，人物的活动让位给叙述者的评论，但文本仍在继续。正是因为以诗词插入的这段评论使叙述中断，从而大大放慢了这段故事的叙事节奏。类似的例子还有第二十五回对僧、道的外貌描述，第二十六回对黛玉哭泣惊走宿鸟的评论。需要特别注意的是，书中诗词的大段铺陈并不一定都改变了叙事节奏。诗词要改变叙事节奏，根本的是要能使叙述停顿，

---

[4]《中国叙事学》，杨义 著，人民出版社，1997年12月第1版，第157页。

而如果诗词的吟咏和运用与人物的活动相联系,那么很可能就无法达到这一功效。如众女儿作诗互相欣赏,黛玉、湘云的凹晶馆联诗等,表现为"大家看……(某个人的)",或者"……因念道",诗词都与人物的活动重合,因此也不能起到放慢叙事节奏的作用。[5]

然而,《红楼梦》中整段诗词入文描述场景或评论人物的并不多,较常采用的往往是以"正是"、"真是"引出一对句,对上文进行总结,发表叙述者的感言。这样的例子有很多:

偶因一着错,便为人上人。(第二回)
金紫万千谁治国,裙钗一二可齐家。(第十三回)
淑女从来多抱怨,娇妻自古便含酸。(第二十一回)
妆晨绣夜心无矣,对月临风恨有之。(第二十三回)
花魂默默无情绪,鸟梦痴痴何处惊。(第二十六回)
花影不离身左右,鸟声只在耳东西。(第二十八回)
……

这样的对句往往处于一个故事情节的末了,叙述者借此发表评论总结上文,但同时也起到一定的舒缓过渡的作用,便于另转话题继续故事。如上面第一个例子,这句诗穿插在雨村娶娇杏、不久又扶为正室以及他被革职两个情节之间,是对第一个情节的总结,叙述者则轻松地转入下一情节。这种分清故事段落的过渡更明显的体现在接下来的四个例子中。这四句诗分别出现在括号中标明的那一回的回末,明确了诗句这一总结过渡、中止叙事的功能。其实,采用诗歌暂时中止叙事,宋元话本就已采用,以分清"回"或"段落",后来的章回体小说更采用回前诗或词及回末诗的方式,以暂时

---

[5] 有时必须具体问题具体分析,如第十七、十八回《大观园试才题对额　荣国府归省庆元宵》,写元妃才进大观园便看到大观园夜晚的美丽景象:
　　庭燎烧空,香屑布地,火树琪花,金窗玉槛。说不尽帘卷虾须,
　　毯铺鱼獭,鼎飘麝脑之香,屏列雉尾之扇。真是:金门玉户神
　　仙府,桂殿兰宫妃子家。
文本以"但见"开始这段描述,以"贾妃看罢"结束,看似人物发出的动作,但实际"金门玉户神仙府,桂殿兰宫妃子家"这样的句子却是叙述者的评论,元妃是不可能发出这样的感慨的。因此,这里的诗句也具有调节叙事节奏的功能。

浅轮诗词在《红楼梦》前八十回中的叙事作用（张晓青）

性的停顿将叙事一段段分开，调节叙事节奏，避免读者的阅读疲劳，或欲擒故纵，以叙事的故意停顿增加读者的好奇。《红楼梦》虽不若其他章回小说那样，有完备整一的回前回末诗的体制，但在本质上却是一致的。上举的那些对句都处于两个情节的缝隙之中，造成了叙事的停顿，继承了以诗歌对句放慢叙事节奏的功能。

相比于《西游记》、《金瓶梅》等白话章回小说，《红楼梦》中诗词放慢叙事节奏，较多地由一句诗歌而非整篇诗词来承担，我们看不到以前作品中那种叙述者以大段大段诗词铺陈主要人物的外貌和景物、或发表自己意见，从而客观上打断叙事的现象。究其原因，我想可能有两点。首先，该书虽总体上使用全知叙事，但作者又注意在对某一场面的观察中选取较固定的人物充当观察者，产生客观叙事的效果，比如为人称道的林黛玉进贾府。"对场面中的景物、人物以及人物活动的描写，不是从无所不在的作者角度，而是从场面中一个角色的观察角度来进行"[6]，这样即使诗词仍然承担描写功能，也是由人物眼中所见，与人物活动连为一体，无法打断叙事进程。其次，这与作者的创作风格有关。鲁迅先生说《红楼梦》"正因写实，转成新鲜"。这可能不仅适用于该书的题材，也适用于其文风。当之前的章回小说中"有诗为证"、"有词为证"不厌其烦地夸大描述对象、使读者产生审美疲劳时，《红楼梦》却以其平实的语言清新的文风为我们创造了诗意的大观园。对现实恰如其分不落窠臼地呈现必然使得作者较少使用大段诗词铺呈描写议论，因此也客观上造成了《红楼梦》中少大段诗词调节叙事节奏的结果。

2.

前面谈了这么多，都是从叙事时间角度考察诗词在《红楼梦》中的叙事作用，那是否这就是诗歌叙事的全部内容呢？答案是否定的。意象是中国古典诗词最有特色的组成，当我们探讨诗词的叙事功能时就不能也无法

---

[6] 《中国小说源流论》，石昌渝 著，三联书店，1994 年 2 月北京第 1 版，第 387 页。

绕开诗词中的意象。《红楼梦》中诗词给读者最直观的感受是其给作品带来了诗意和古典趣味，而这种诗意和趣味的传达在很大程度上依赖诗词中的意象，换句话说，诗词在《红楼梦》中带有意象叙事的作用。

《红楼梦》第五回一直都受到研究者的重视，因为它对整部作品进行了大预言，那我们不妨看看这一回中的诗词。宝玉梦入太虚幻境：

正胡思之间，忽听山后有人作歌曰：

春梦随云散，飞花逐水流。

寄言众儿女，何必觅闲愁。

这首诗伴随着警幻仙姑的出场，而宝玉此时还没有看到薄命司内的册子，也没有听演《红楼梦》曲，可以说，这是大预言中的第一首诗。那作者给予了该诗什么意象呢？恰好可以用一句词来形容：落花流水春去也。该诗第一句脂批有"开口拿"春"字，最紧要"的字眼，但这里"春"的意象并非生机盎然的，而是容易消逝无法挽留的，"花"也并非如火如荼开放着，而是水面之上的落花。这两个意象叠加在一起，使我们不尽感到深深的无可奈何，面对如此美丽的事物，我们只能眼睁睁地看其逐渐消亡，作品的悲剧性就在这篇大预言的第一首诗中借助意象凸现了出来。紧承它，接下来的诗词借助自己的意象一遍遍渲染加强这种笼罩着整部作品的悲剧感。像第二十七回《滴翠亭杨妃戏彩蝶　埋香冢飞燕泣残红》中的《葬花吟》，第三十四回《情中情因情感妹妹　错里错以错劝哥哥》中的《题帕三绝》，第四十五回《金兰契互剖金兰语　风雨夕闷制风雨词》中的《秋窗风雨夕》，第七十九回《薛文龙悔娶河东狮　贾迎春误嫁中山狼》中的《紫菱洲歌》，它们既是《红楼梦》诗词中的名篇佳作，也是作者自觉进行意象叙事的载体。限于篇幅，我仅将这四首诗词的意象整理如下：

《葬花吟》：残红落花

《题帕三绝》：面上珠

《秋窗风雨夕》：秋花、秋草、秋灯、秋夜、秋窗、秋风、秋雨

《紫菱洲歌》：秋风、芰荷、蓼花菱叶、重露繁霜

以上都是自然意象。"中国人遵循天人合一的思维模式，很早就养成对自然

景物的敏感，常常体验着自然物象的人间意义和诗学情趣。"[7] 因此，要考察诗词的意象叙事就要着眼于意象中的"意"。不难发现，以上的意象在"意"上具有内在的统一性，无论伤春还是悲秋，它们传达的都不是积极乐观的人生态度，而是对过往美好的哀悼，是对时光流逝、青春易老的感慨，也是对明媚终将为萧索所代替的愁叹。作者在众多自然意象中选择这样的一批意象，也就不动声色地传达了在命运面前无可奈何的悲剧人生意识。而这些诗歌四散在小说中，便使得故事的悲剧感和宿命感随着一次次的浅吟低唱一再得到加强，《红楼梦》作为中国古典小说中为数不多的成功的悲剧作品，与诗词的这种意象叙事功能是分不开的。

诗词的意象叙事一方面传达了作品的悲剧人生意识，在另一个层面上，亦展现着人物性格的各不相同，这突出地体现在第七十回《林黛玉重建桃花社　史湘云偶填柳絮词》中。该回有一次众女儿咏柳絮的诗会，不妨来看看湘云、黛玉、宝钗的词作：

湘云：岂是绣绒残吐。卷起半帘香雾。纤手自拈来，空使鹃啼燕妒。且住，且住，莫使春光别去。

黛玉：粉堕百花州，香残燕子楼。一团团逐对成毬。飘泊亦如人命薄，空缱绻，说风流。　草木也知愁，韶华竟白头！叹今生谁舍谁收？嫁与东风春不管，凭尔去，忍淹留。

宝钗：白玉堂前春解舞，东风卷得均匀。蜂团蝶阵乱纷纷。几曾随逝水，岂必委芳尘。　万缕千丝终不改，任他随聚随分。韶华休笑本无根，好风频借力，送我上青云！

这是一段常常为人引用的例子，借以说明宝、黛、云三人不同的性格。问题的关键在于，这三人性格上的不同是通过什么表现出来的呢？正是她们词中的意象。同样咏柳，湘云的词中出现的是"绣绒"、"香雾"、"鹃"、"燕"——都是小儿女所见所思，美好的春光越发衬托出湘云的娇憨开朗。黛玉的词就大不一样了，"粉堕"、"香残"是美的凋零，"燕子楼"用关盼盼典

---

[7] 《中国叙事学》，杨义 著，人民出版社，1997年12月第1版，第290页。

故，给词作带来寂寞悲凉感，"白头"是对青春易逝的慨叹。这些意象交织在一起，描绘出一幅悲悲切切的伤春图。黛玉在明媚春光中竟产生这样的联想，连众人都说："太作悲了，好是固然好的"，就反衬出黛玉的多愁善感、能为情而生为情而死的性格。而宝钗的词作又是别一番天地。开头就用"白玉堂"这样富丽堂皇的意象，中间夹以"蜂团蝶阵"的热闹，终以"青云"直上的潇洒，她自己也点明"我想柳絮原是一件轻薄无根无绊的东西，然依我的主意，偏要把他说好了，才不落套。"这些不落俗套的意象也展现了宝钗迥异于黛、云的性格：心胸开阔又积极入世的现实人生态度。综上，作者在书写这一段众女儿的咏柳词时，能自觉地根据不同人物选择不同的诗词意象，赋予意象反映人物不同性格侧面的叙事作用，扩充了《红楼梦》中诗词的叙事功能。

  在这部分结束时，我认为还有必要提一点：意象叙事作为《红楼梦》中诗词叙事作用的一个重要组成部分，非常值得我们注意。理论上说是因为西方叙事学理论中并没有这方面的内容，意象叙事是中国学者根据自己本民族语言文学的特色而作出的创新，故而更贴合中国作品的实际。而从创作实践中看，相比于之前的章回体小说，《红楼梦》的诗歌叙事大规模地将意象叙事纳入自己的范畴，既有对某个情节中人物性格的反映，亦有对整部小说审美氛围的营造，而不是仅停留在预叙和放慢叙事节奏等作用上，可以说是一个很大的进步。可惜限于我的能力，只能简单地谈谈诗词在《红楼梦》中的意象叙事功能。

3.

  最后，我想简单地谈一谈诗词在《红楼梦》叙事的结构方面所起到的作用。《红楼梦》前八十回中，园中的众女儿与宝玉共有四次大型的诗会，分别是：

- ◆ 第十七、十八回《大观园试才题对额　荣国府归省庆元宵》中，迎春、探春、惜春、李纨、宝钗、黛玉、宝玉应贾妃之命，给大观园几处重要建筑题匾题诗。
- ◆ 第三十七回《秋爽斋偶结海棠社　蘅芜苑夜拟菊花题》中，探春、宝

浅轮诗词在《红楼梦》前八十回中的叙事作用（张晓青）

钗、宝玉、黛玉、湘云咏海棠；第三十八回《林潇湘魁夺菊花诗　薛蘅芜讽和螃蟹咏》中，宝钗、宝玉、湘云、黛玉、探春咏菊；宝玉、黛玉、宝钗咏蟹。

◆ 第五十回《芦雪庵争联即景诗　暖香坞雅制春灯谜》中，李纨、香菱、探春、李绮、李纹、岫烟、湘云、宝琴、黛玉、宝玉、宝钗联诗；岫烟、李纹、宝琴、宝玉咏红梅。

◆ 第七十回《林黛玉重建桃花社　史湘云偶填柳絮词》中，湘云、探春、宝玉、黛玉、宝琴、宝钗填词咏柳。

这四次大型诗会两两相隔约二十回，与其他情节交织在一起，呈现着抛物线的发展趋势，并在实际上充当着大观园兴衰的四个小剪影。

　　大观园是女儿的世界，也是不染世俗的洁净诗意的世界，只有大观园里才有诗。所以第一次大型诗会就发生在贾妃省亲之际。此时，大观园刚刚建好，众女儿还没有搬入园中居住，但却已经为园内的主要建筑赋诗，开始了诗歌与大观园的结缘。不过应制而作诗歌尚算不上诗会，迎春、惜春也是不得不作，因此，不妨将这第一次看作以后诗会的胚子，这与大观园虽已建成其时还未入住暗合。之后，第三十七、三十八回众女儿与宝玉在大观园居住了一段时日之后，萌发了建立诗社的想法。他们根据自己的住所和喜好选择了在诗社中的工作和别号，并吸纳了来做客的湘云，正式举办诗会。这次的诗会标志着大观园诗意生活的开始，自此，一切都向着故事的高潮涌去，大观园生活展现出其绚丽多姿的不同侧面，而众女儿的纷纷到来又壮大了诗社。终于，第五十回的芦雪庵联诗达到了开社以来诗会的高潮，参加人数之多是空前的，作者给予诗词的篇幅之长也是前所未见的。而到这时，大观园内的快乐时光也可说达到了顶峰。再发展下去，在第七十回重建桃花社不久，即发生了抄检大观园的事件，宝钗搬出园外、迎春出嫁——曾经盛极一时的诗会盛事也风流云散了。

　　通过以上分析我们可以看出，诗会的活动与大观园的盛衰紧密相连，而大观园的兴衰则是《红楼梦》的情节中心。因此，诗歌便与《红楼梦》的叙事有了关联。在诗会中，人物的主要活动就是写诗写词，作者必然引用大量的诗词。其穿插诗歌的高密度使这四次诗会从书中突显出来。在作者的驾驭下，这四个诗歌板块暗中应合情节的走向，划分出小说结构，也充当着不同时期大观园生活的诗意呈现者。

  以上就是我阅读《红楼梦》前八十回的一些心得，因为时间的关系这篇论文还有很多不足，诗词对于该文本叙事的功用一定还有待进一步挖掘，我只是希望能借助这篇论文管窥一二，而不要总是把目光聚焦于诗词在表现人物性格、体现文化内涵方面的作用。

参考文献：

曹雪芹、高鹗著：《红楼梦》，人民文学出版社，2000年5月北京第1版。

[法] 热拉尔·热奈特 著，王文融 译：《叙事话语 新叙事话语》，中国社会科学出版社，1990年11月第1版。

杨义著：《中国叙事学》，人民出版社，1997年12月第1版。

  浦安迪 讲演：《中国叙事学》，北京大学出版社，1996年3月第1版。

"加以"的表达功能

宅间彻志

1. 引言

现代汉语里有些动词,如"进行、加以、给予"等,被称为"形式动词"。对于这些形式动词,至今为止有不少研究,但是这些研究,从句法结构的角度进行考察的为多。而对为什么要使用形式动词、形式动词的使用在表达功能上能产生什么样的效果等问题讨论得还不够。本文将对其中之一的"加以"从修辞特征和表达功能的角度进行分析和考察,力图解明"加以"的使用动机。另外,本文还从汉语历史变化的角度,对形式动词用法的增加进行解释。

2. 以往的研究及关于"加以"的问题

2-1. 词类

对于"加以"的研究在 1950 年代后期已经开始。当时汉语语法研究家关心的问题是"加以"的词类。例句(1)是初中的语文课本里的练习题。对这个句子里的"加以"的词类分类,展开了很多讨论。有人认为是动词,也有人认为是助动词,还有介词结构、专门修饰他动词的副词、助词等等。现在,《现代汉语词典》里的分类是动词。我在本文把"加以"看作形式动词。

(1) 对于别人的意见,我们必须虚心加以考虑。(初级中学课本《汉语》

2-2. 使用频率的增加

东明《"加以""予以"及其他》1959年7月10日《人民日报》有以下的阐述：

> "有一些没有生命的字眼，应当从我们文章里彻底消灭。特别触目的是'加以'这个字眼，有时候一篇文章里能找到十来个。给人的感觉，很像是通畅的喉咙里插了一根鱼骨头。"

从这里可以看出来，就在这时候"加以"的使用频率增加了很多，而且有人对这个变化非常不满意。（2）ab 是东明举的例句。他说：(2) a 的意思就是 (2) b，所以根本没必要用"加以"这个词。

(2) a 要把前进道路上的障碍<u>加以</u>消除。b 要消除前进道路上的障碍。

可是，有些句子里的"加以"是不能删掉的，如（3）：

(3) 为此目的，就要象马克思所说的详细地占有材料，<u>加以</u>科学的分析和综合的研究。

这是华景年（1959）举的例句。如果删去这里的"加以"，句子就不通了。

3. "加以"的句法结构

"加以"一般出现在双音节动名词（我不谈这些词的名称问题）前面，把动名词降为宾语，动名词后边不能再带宾语，如（4）：

(4) a…要靠自己的力量来<u>解决问题</u>。b*要靠自己的力量来<u>加以解决问题</u>。

由于这样的句法结构上的限制,动名词的受事放在"加以"的前边。用"对于"等介词的例句比较多,如(5)—(11):

(5) 对这些问题,必须引起高度重视,认真加以解决。
(6) 对于西部开发的历史经验和教训,我们必须认真加以总结。
(7) 我们在教学中把两者加以对比,大家更感到马克思主义的科学。
(8) 安理会将就这些证据加以讨论研究。
(9) 关于建立半岛永久和平机制,应在"四方会谈"中加以解决。
(10) 首先,在阐述20世纪中华民族奋起的历程中,不是限于一般的描述,而是抓住关乎历史发展转折的一些重要问题,或人们认识上存在的疑难问题来加以分析。
(11) 恐怖片必须加以遏制。

4. "加以"的宾语

"加以"的宾语一般是双音节的动名词。我利用关西大学的现代汉语语料库对HSK甲级和乙级的447个动名词进行了调查,检索到以下65个词当"加以"的宾语的用例。

表扬 反对 坚持 解决 介绍 利用 实现 使用 提高 团结 照顾 注意 安排
表现 发展 改变 回答 检查 教育 批评 认识 实践 说明 讨论 学习 研究
准备 组织 保留 补充 布置 分配 改正 纠正 考虑 调整 宣布 保证 报道
报告 调查 反映 分析 改革 改进 概括 规定 记录 解释 理解 判断 批判
实验 危害 限制 行动 修改 宣传 选择 证明 指导 总结 处理 创造 区别

　　在这些词中比较多的是包括变化或结果的动作,如"解决、实现、提高、团结、发展、改变、布置、改正、纠正、调整、改革、改进、修改"等。也有可以设想变化或结果的动作,如"安排、准备、检查、调查、分析、实验、研究"等。因此,作"加以"宾语的动名词当中,最典型的是包括变化,也有可能由于变化而带来结果的动作。

5. "加以"的表达功能

关于"加以"的表达功能修辞特征,在以前的研究里已经有几个观点,如"加重语意、处置、施加动作、突出动作的管理性、强调"等。其中最普遍的是"处置"。

5-1. 处置

龚千炎(1961)指出,"加以"含有处置的意味。从这以后人们经常把"加以"看作表示"处置"的形式动词。

5-1-1. "加以"与"把"的共现

表示处置的最代表的句型是"把"字句,所以"加以"经常用在"把"字句里。"把"字句在句法结构上要求比较多,如"把"字句的谓语动词应该是复杂形式,要带"了、着"等助词或者补语等成分才行。可是这样会妨碍某些表达意图。但是使用"加以"就即可以满足"把"字句的句法要求,又能保持发言意图。

周刚(1985)指出,"加以"在"把"字句里起成句作用。所以(12)里的"加以"不能删掉。

(12) 张思卿指出,要边实践边总结,把好的经验加以推广。

刁晏斌(2004)指出,"加以"在"把"字句里的还有一个作用是强调。有时"把"字句里的"加以",删掉也可以,如(13):

(13) 我们必须把提高全民族的科学素质作为一项重要的基础性社会工程,全面加以推进。

可见,"加以"在"把"字句里的作用是成句和强调。

5-1-2. "加以"与"把"的补充关系

例(14)a—(16)a 是"加以"的用例。如果把这些句子改成"把"字句,句子就不成立。这些句子不能改成"把"字句的原因是什么呢?

(14) a 与其这样,倒不如停下来深入思考,认真总结,加强学习,对工作<u>加以改进</u>。

b*与其这样,倒不如停下来深入思考,认真总结,加强学习,<u>把</u>工作<u>改进</u>。

(15) a 因此,不同层次的法律、规章或监督体制都可以对腐败<u>加以纠正</u>。

b*因此,不同层次的法律、规章或监督体制都可以<u>把</u>腐败<u>纠正</u>。

(16) a …她没有简单地对学生<u>加以斥责</u>,而是痛心地讲述自己的内心感受,…

b*…她没有简单地<u>把</u>学生<u>斥责</u>,而是痛心地讲述自己的内心感受,…

除了在 5-1-1 说的以外,"把"字句对谓语动词也有一些限制。"把"对特定的事物加以处置,使事物发生变化。所以"把"字句很适合用于个别的一个一个的动作。而"加以"可以使"把"字句表达一个不受时间限制的、泛指的动作。可是(14)a—(16)a 里的动词,"改进、纠正、斥责"都不算是个别的一个动作,而是非常抽象的动作。所以这些动词在"把"字句里是不能用的。

另外,"加以"句里常常出现"要、必须、想"等能愿动词,如(17):

(17) 这个问题,一定<u>要</u>下决心切实<u>加以</u>解决。

如果对未来的事情用"加以",可以表示"动作者的积极态度、发动"。我认为在"加以"句里常常出现能愿动词,跟"加以"的这个表达功能有关系。关于这一点,我在下面的 5-3 再进行详细的分析。而如果对未来的事情用"把"字句,这个句子一般是命令句。所以"把"和"加以"虽有"表示处置"的共同点,可是也有时候,人们按照需要的表达效果,适当地选择、使用这两个形式。

5-2. 动作的焦点化

例句（18）是周刚（1985）举的例子。（18）a 里的"情况、我们、必须、坚决、改变"，说话者可以根据表达的需要选择一个词来重读，可是用"加以"的（18）b 就不一样了，重音一定落在"改变"上。

(18) a 这些情况我们必须坚决改变。b 这些情况我们必须坚决<u>加以</u>改变。

一般来说句子里宾语比谓语动词重读，是因为宾语的信息价值最高。（18）a 里"改变"是谓语动词，（18）b 里因为加上了"加以"，"改变"就变成宾语了。所以，可以说用"加以"以后，"改变"这个动作被焦点化了。

例句（19）是《现代汉语词典》里的"裁处"的释义。这里"加以"的宾语是"处置"，"处置"的受事者没有出现。刁晏斌（2004）指出，从形式上说，动名词的受事可以不出现。我认为不管形式上还是意义上，"加以"句里的动名词的受事者都不是必须有的成分。"处置"的受事者不是没有出现，而是根本没必要出现。由于使用"加以"，"处置"这个动作变成非常抽象的动作（支配性减弱），即使没有受事者，也可以在抽象化的状态成立。

(19)"裁处"…"考虑决定并加以处置。"《现代汉语词典》第五版

例句（20）里"加以"的宾语是"引导教育"。如果没有"引导"，也可以不用"加以"，如："教育学生"。可是如果加上"引导"，使用"加以"才能成立句子。这意味着什么呢?对"教育"这个动作加上"引导"，就是对"教育"这个动作的内部加以更具体的描写。所以，如果要对"教育"这个动作加以更详细的描写，使用"加以"把"教育"事件化才行。反过来说，由于使用"加以"，动名词表示的动作被焦点化以后，可以对这个动作加以更详细的描写。

(20) 未成年学生的人生观、价值观尚未形成，需要家庭、学校、社会各

方面共同负责，时时对学生加以引导教育，以提高他们的道德素质和心理承受力。

5-3. 附加动作者的积极态度、发动

（14）a—（16）a 是在 5-1-2 举的例句。这些句子如果不用"加以"也没有问题，如（14）c—（16）c。所以（14）a—（16）a 的"加以"不是因为句法结构上的要求而用的。那么，（14）a—（16）a 和（14）c—（16）c 意义上有什么区别呢？

"对工作加以改进"和"改进工作"比较起来，用"加以"的能感觉到积极态度。而不用"加以"的觉得一般。所以我认为"加以"有"附加动作者的积极态度、发动"的意思。

（14）a 与其这样，倒不如停下来深入思考，认真总结，加强学习，对工作加以改进。

（14）c 与其这样，倒不如停下来深入思考，认真总结，加强学习，改进工作。

（15）a 因此，不同层次的法律、规章或监督体制都可以对腐败加以纠正。

（15）c 因此，不同层次的法律、规章或监督体制都可以纠正腐败。

（16）a …她没有简单地对学生加以斥责，而是痛心地讲述自己的内心感受，…

（16）c …她没有简单地斥责学生，而是痛心地讲述自己的内心感受，…

在 5-1-1 已经提过，用"加以"的句子里经常出现"要、必须、应该"等能愿动词，如（21）。我认为这是因为能愿动词表示的意志跟"加以"具有的"附加动作者的积极态度"很容易在一起。另外，本文使用的例句大都是《人民日报》的。我认为《人民日报》里有很多"加以"的用例，是因为"加以"的这个表达功能很适合《人民日报》具有的一种号召性。

（21）我国习惯使用男女平等的概念，特别是政府已把男女平等作为基本国策，我们应该加以认真学习和贯彻。

5-4. 发生变化、引起变化

形式动词一般都带双音节动名词的宾语。可是"加以"也可以带由双音节词加"化"所构成的三音节词，如"人格化、具体化、组织化"等。这些词表示的是事物性质状态的变化，也就是说，变成"化"前边的词所表示的状态的意思。刘经建（1994）指出，这些三音节词不能带宾语，却能用在"把"字句里，如（22）：

(22) "八大词类，六大成分"的提法<u>把</u>复杂的问题<u>简单化</u>了,容易给人造成错误的印象。

例（23）a—（25）a 都是这些三音节词充当"加以"的宾语的例子。

(23) a 应当对哪些属于重婚<u>加以具体化</u>，扩大认定重婚罪的范围。
(24) a 要注意创造和积累到群众中听取意见的新做法、新经验，并<u>加以制度化</u>…,
(25) a 不久前颁布的《党政领导干部选拔任用工作条例》，对这"四权"又<u>加以具体化和制度化</u>。

这些句子里"加以"+"○○化"表示的是"使对象变成○○化的状态"的意思。我认为"加以"对"○○化"给予一种像及物动词的性质，并对"○○化"附加"发生变化、引起变化"的意义。使用频率非常高的形式动词"进行"不能带这样的三音节词的宾语，如（23）b—（25）b:

(23) b*应当对哪些属于重婚<u>进行具体化</u>，扩大认定重婚罪的范围。
(24) b*要注意创造和积累到群众中听取意见的新做法、新经验,并<u>进行制度化</u>…;
(25) b*不久前颁布的《党政领导干部选拔任用工作条例》，对这"四权"又<u>进行具体化和制度化</u>。

所以，这是"加以"特有的功能。

5-5. 相关关系

以上，对于"加以"的表达功能，从"处置"、"动作的焦点化"、"附加动作者的积极态度、发动"、"发生变化、引起变化"这四个观点，进行了一些分析。其中，"动作的焦点化"是所有的形式动词具有的功能。所以"加以"特有的功能是"处置"、"附加动作者的积极态度、发动"、"发生变化、引起变化"这三个。我认为，这三个中最基本的是"处置"和"发生变化、引起变化"。由于这一语意形象的扩展，"加以"获得了表示"（为了处置或引起变化）积极做事"的意思。这样分析才能明确地把握"加以"的表达功能和可以作"加以"的宾语的动名词之间的相关关系。正因为"加以"的宾语具有"包括结果或变化的动作"的特征，"加以"可以表示"处置"、"引起变化"或"（为了处置或引起变化）积极做事"的意思。即使是个没有包括结果或变化的动名词，如果是不跟"积极态度"的意思发生矛盾的词，也有可能可以作"加以"的宾语。

6. "加以"与"给予"的比较

"给予"也是个形式动词，"加以"和"给予"虽然在句法结构上有明显的差异，但是也有人把这两个词看作同类的形式动词。通过比较这两个词的宾语的差异，对于"加以"的表达功能进行进一步的分析。在第三节举的65个作"加以"的宾语的动名词可以分为A B两类。A类的36个动名词也可以作"给予"的宾语，B类的29个动名词不能作"给予"的宾语。

（A类）

保留 补充 纠正 考虑 保证 报道 反映 分析 概括 规定 记录 解释 理解
批判 限制 行动 宣传 选择 证明 指导 总结 处理 表扬 解决 介绍 使用
提高 照顾 注意 安排 回答 检查 教育 批评 认识 说明

（B类）

布置 分配 改正 调整 宣布 报告 调查 改革 改进 判断 实验 危害 修改

创造 区别 反对 坚持 利用 实现 团结 表现 发展 改变 实践 讨论 学习 研究 准备 组织

　　A类的动名词表示的动作,可以解释为:施事给受事某种事物(结果),也可以解释为:施事作某种动作而使对象发生变化。"表扬"可以作"加以"的宾语,也可以作"给予"的宾语,如(26)和(27):

(26) 他们对招待费控制较好的 16 个单位<u>加以表扬</u>,…

(27) 对办理进度快、质量高、落实好的单位<u>给予表扬</u>…

　　B类的动名词表示的动作,只能解释为:施事使对象发生变化。例(28)的"修改"是个典型的例子,"修改"只能作"加以"的宾语。

(28) …并对现行有关法律中不适应的内容<u>加以修改</u>,…

　　所以,B类的动名词才是"加以"的最典型的宾语,可见"加以"的最基本的功能是"发生变化、引起变化"。

参考文献

东明(1959)《"加以""予以"及其他》,《人民日报》7 月 10 日
王阳畛(1959)《谈"加以"的语法特点》《中国语文》1959 年
　　11 月号　536 页
华景年(1959)《"加以""予以"等是没有生命的字眼?》
　　《中国语文》1959 年 11 月号　537 页
华景年(1960)《对〈谈"加以"的语法特点〉一文的意见》
　　《中国语文》1960 年、12 月号、446 页
龚千炎(1961)《论"加以"》《中国语文》1961 年 2 月号
　　19-22 页

尹世超（1980）《谈"进行"类动词谓语句》《哈尔滨师专学报》1980年第1期 第82-83页

周刚（1985）《"加以"补义》《汉语学习》1985年第3期 16-20页

陈宁萍（1987）《现代汉语名词类的扩大－现代汉语动词和名词分界线的考察》《中国语文》1987年第5期 379-389页

周刚（1987）《形式动词的分类》《汉语学习》1987年第1期 11-15页

周小兵（1987）《"进行""加以"句型比较》《汉语学习》1987年第6期、1-5页

刘经建（1994）《三音节"化"缀动词浅析》《宁夏大学学报》1994年第2期、13-16页

刁晏斌（2004）《现代汉语虚义动词研究》大连:辽宁师范大学出版社

会议发言

会议发言

对外汉语教学中的惯用语问题

马艳霞

【内容提要】

惯用语是现代汉语词汇系统中重要的一个部分，它与成语、歇后语、谚语、格言并列，同属于熟语。惯用语在日常交际中常常用到，汉语水平考试（HSK）的听力部分和阅读理解部分也频频出现，因此在对外汉语教学中应给予足够的重视。本文将从惯用语自身的特点、语义的理解以及语用条件等方面出发，结合留学生使用惯用语时产生的偏误，来探讨对外汉语教学中惯用语教学在语义、语法、语用三个层面应注意的问题，并着重阐述语用层面上的问题。

【关键词】惯用语　对外汉语教学　三个层面

1. 总论：现代汉语惯用语研究概述

现代汉语惯用语是熟语研究中的重要组成部分，是一种独立的固定短语。但是相对于其他熟语而言，学术界在惯用语的讨论中问题最多，分歧也最大。即便是一些最基础的问题，学术界也没有一个明确的公认的说法。"给'惯用语'下个定义，学术界讨论了好一段时间，至今仍众说纷纭，莫衷一是。大家的共识只有一个，这种讨论还得继续下去。"[1]

作为熟语中的一部分，惯用语大多来源于人民群众的日常生活，一经

---

[1] 《现代汉语惯用语规范词典》（序言）　李行健

产生便活跃在人们的口语中。以往的汉语研究多集中在书面语,而忽视了对口语的研究,因此,惯用语这种口语词汇现象长期以来都未得到真正的重视。建国前,还没有人对惯用语进行过专门的研究,甚至连"惯用语"这个术语都还没有。惯用语的名称最早出现在吕叔湘和朱德熙两位先生合著的《语法修辞讲话》一书里。他们把普通话里"好不热闹""他的北京话比我好"这样的不合逻辑又不好分析的说法,叫做"习惯语"。可见他们所说的惯用语还不是指词汇单位。

书中说:"有些话虽然用严格的逻辑眼光来分析有点说不过去,但是大家都这样说,都懂得它的意思,听的人和说的人中间毫无隔阂,毫无误会。站在语法的立场上,就不能不承认它是正确的。"就是指这部分"习惯语"。

直到 20 世纪 60 年代初出版的胡裕树《现代汉语教材》,才把惯用语当作一种词汇单位。自此,它与成语、歇后语、谚语、格言等并列,归入熟语,其在整个词汇系统中的地位得到了确立。但是,开始时主要是用"惯用语"来指称"炒冷饭""唱双簧""碰钉子""戴高帽"等,大家认为惯用语以"三字格"为基本形式,并且以动宾关系为基本语法结构。到了 80 年代和 90 年代,随着研究的深入,人们逐渐认识到惯用语的数量很多,结构多种多样,不限于三个音节,也不限于动宾结构。"牛头不对马嘴""挂羊头卖狗肉""白刀子进去,红刀子出来""公说公有理,婆说婆有理"等也都被看作是惯用语。它们同"炒冷饭""唱双簧""碰钉子""戴高帽"等一样都具有"双层意义",即语义上具有字面意义和真实意义两层。

20 世纪 80 年代以来,对惯用语的研究出现了不少质量较高的成果,研究惯用语的论文和论著逐渐多了起来。其中马国凡和高歌东合著的《惯用语》和高歌东的《惯用语再谈》是两部重要的学术著作,同时也出现了一些重要的论文。如马国凡的《惯用语的性质》,吕冀平、戴昭明、张家骅的《惯用语的划界和释义问题》,李行健《惯用语的研究和规范问题》,刘正光、周红民《惯用语理解的认知研究》,刘正光《惯用语在第二语言习得中的作用与意义研究》,周荐的《惯用语新论》等,积极地推进了惯用语研究的深入和发展。

2. 惯用语的本体研究

2-1. 惯用语的界定

在惯用语的界定方面，它有别于同属熟语的成语、谚语、歇后语。惯用语与成语最明显的区别是：成语以四音节为主，惯用语以三音节为主，而且惯用语的定型性不如成语强，有些惯用语中间可以插入一些成分，比如："笑掉牙"可以说成"笑掉大牙"，"露一手"也可以说成"露一小手"，但是成语不可以这样；其次，惯用语也不同于谚语，谚语着重说明一个道理，一种经验，惯用语只比喻一件事情，使这件事更形象化；再有，惯用语也区别于歇后语，歇后语在结构上最突出的特征是由两部分组成，而惯用语只有一部分。

另外，除了与成语、谚语、歇后语的区别外，惯用语最主要的区别特征是有无语义的双层性，即除字面的语义外，有无比喻引申的深层次语义。如"捅马蜂窝"，字面上为捅了马蜂的蜂巢，而深层的含义却是"招惹了麻烦"，意义具有双层性，因此它是惯用语。按照这样的标准，"陪不是"、"对不起"、"风和日丽"、"秋高气爽"等，因为没有深层次的比喻引申意义，它们就应属于"固定词组"或一般的"固定语"。"吃闭门羹"、"敲竹杠"、"马大哈"、"打预防针"等，它们除字面意义外，还有深层次的比喻引申义，因此它们也是惯用语。

2-2. 惯用语的特点

2-2-1. 语义具有双层性

惯用语在语义上具有双层性，除字面的意义外，还必须具有深层次的比喻引申意义。如"打折扣"，字面义指商品打折减价出售，又比喻没有完全按照事先的规定或要求保质保量地完成任务。"捅马蜂窝"，字面义是指捅了马蜂的巢穴，而深层意义又是指招惹了麻烦。

2-2-2. 构成成员相对稳定,结构形式相对固定

惯用语中，三字格的固定性最大，三字格以上的有随音节增多而固定性相对弱化的趋势。结构上的离合性是惯用语的一大特点。如"碰钉子"，可以说成"碰了一个钉子"、"碰软钉子"、"碰硬钉子"、"碰了一个不大不

小的钉子";"吃闭门羹",可以说成"吃一回闭门羹"、"吃了闭门羹"、"吃过他的闭门羹等等。这种离合式的用法,同语言中的离合词一样,这些插入的成分,可以更细微地描绘出具体的情境,而使语言新鲜不一般化。因此,应把这种形式看作惯用语应用中的一个重要特点。

2-2-3. 具有强烈的通俗性和鲜明的口语色彩

由于惯用语是熟语的一种,它的口语化是不言而喻的。特别是与成语中某些同义表达形式比较,这种口语化就更加突出了。成语语的"偃旗息鼓",惯用语可以说成"打退堂鼓";成语中的"徒有虚名",惯用语可以说成"花架子";另外还有"置若罔闻"同"耳边风","阿谀奉承"同"拍马屁"或"溜须拍马","李代桃僵"同"替罪羊/背黑锅",这些都显现出成语和惯用语表达同义或近义时的书面化和口语化的个性。

2-2-4. 具有强烈地感情色彩

惯用语在语用中的另一个特点是,大多惯用语都具有或强或弱、或隐或现的感情色彩,最能反映人民群众讽刺、幽默的语言趣味和爱憎分明的情感。惯用语中,褒义的少,谐谑、讽刺、贬义色彩的占多数,"这是因为惯用语源于现实的'口头文学',而现实的'口头文学'往往大多是揭露、批判社会丑恶的、消极的东西"[2]。因此,惯用语大多被人们用来表达否定的意义。例如"保护伞、枕头风、走后门、吃回扣"等惯用语揭露了官场中的腐败现象;"吹牛皮、唱高调、放空炮"等惯用语贬斥了华而不实的言行;"笑面虎、老狐狸、耍花招、耍手腕等惯用语刻画了阴险狡诈者的嘴脸;"吹冷风、泼冷水、放冷空气"等惯用语否定了那些散布冷言冷语、打击别人热情的做法;"二百五"等惯用语则讽刺了生活中傻里傻气的一类人。这些惯用语既有明显的贬义,又俏皮、含蓄、富有情趣。有少数惯用语是表示中性的,如:"开夜车、打游击、左右手、末班车"它们不含明显的褒贬色彩。表示褒义的惯用语极为少见,如"半边天"是由解放后流行的谚

---

[2] 谷俊 "惯用语和成语的色彩义比较"《西南民族大学学报》(人文社科版)2004年7月第7期

语"妇女能顶半边天"省略而来,反映了新中国提倡男女平等的社会风尚,显示出鲜明的赞许的感情色彩,另外还有"传家宝、老黄牛"也是褒义的。从总体上说,惯用语的感情色彩和修辞意味大致偏向于一种非积极,非庄重的基调。

3. 对外汉语教学中的惯用语问题

3-1. 惯用语教学的重要性

词汇教学是对外汉语教学中重要的一项,留学生要想通过词汇这一关并非易事。在词汇教学中教师只能一个一个地教,学生也只能一个一个地学,这是一个逐渐积累地过程。并且词汇是语言最活跃地部分,而惯用语又是汉语词汇系统中不可忽视地部分,惯用语在第二语言习得中的作用也越来越受到应用语言学家们的关注与研究。对外汉语教材尤其是中级以上教材中常会出现一些惯用语,在北京大学出版社出版的《中级汉语口语》(2)中,平均每课都会出现一个惯用语,如:"太阳从西边出来""恭敬不如从命""铁饭碗""炒鱿鱼""吃错药""挑(看)花眼""说曹操,曹操到"等。教材中把这些惯用语都放在了"注释"部分给出了简短的解释。另外,汉语水平考试(HSK)各种题型中都不同程度地出现惯用语,特别是在 HSK(初中等)的阅读理解部分,在"词汇"一项中,惯用语就是重要地测试内容,其惯用的形式就是要求考生找到在题中出现的惯用语准确地解释。教学当然不是单纯为了考试,更重要的是留学生在实际中他们在和中国人谈话或看电影电视时,经常会遇到有些词语的每个字都认识,可放在一起却不知所云,更不知道在什么情况下使用,这就是惯用语问题。惯用语很可能就会成为他们熟练掌握、地道运用汉语的瓶颈,这也体现了惯用语在第二语言习得中的重要作用,我们的对外汉语教学更应给予充分的重视。

3-2. 语义层面上的惯用语教学

由于惯用语语义的双层性特点,其意义不能从字面上来理解。留学生遇到惯用语的时候,总会用自己已掌握的词汇去理解惯用语,这就造成了他们觉得自己明明认得这些字可还是不明白真正的含义。因此,惯用语教学中首先要解决的问题就是惯用语的语义问题,即如何认知及掌握惯用语的深层含义。

如何使学生认知和掌握惯用语的深层语义呢？首先,学生对陌生的惯用语的认知效果肯定不会太好,于是设法要让学生接触、感知、熟悉,特别是使用频率高、最常用的惯用语。有的心理语言学者在研究惯用语理解机制时时发现,惯用语比喻意义的理解影响因素主要是熟悉性、透明度、预测性和语义分解性[3],这其中首先就是熟悉与否。这里说的熟悉,既包含了惯用语字面意思,也包含了惯用语比喻意义。所以这启示我们在教学中,让学生接触、熟悉惯用语的重要性。又由于惯用语的结构部分绝大多数是不可替换的,如"掏腰包","掏"不可换成"拿,交","腰包"也不可换成"钱包,口袋"等,所以在教学中要注意对学生进行整体意思的把握。另外还有一点值得注意的就是,惯用语的教学并不一定非要等到中高级阶段才开始,因为从构成惯用语的词汇来看,并不一定都是生僻的,如"走后门、大锅饭、拍马屁、说曹操曹操到、丢面子"等,这些惯用语里的字都不是什么生词,在初级的时候也可以把其中的比喻意义准确地教给学生,使他们对惯用语有一个初步地了解,这样在以后地教学中便可以潜移默化地把一些较复杂的惯用语教授给学生。

3-3. 语法层面上的惯用语教学

惯用语在对外汉语教学中第二个重要层面是语法层面,这也体现了第二语言教学的特点。对于中国人来说,只要明白了惯用语的比喻意义,那么如何使用就几乎不成问题了。但在对留学生的教学中却成了很大的问题,如果不会使用惯用语就达不到第二语言的教学目的,学习者也就不能掌握地道的汉语。

汉语惯用语的语法结构很多,但最重要的是偏正式和动宾式。偏正式如"半边天、白开水、半瓶(子)醋、闭门羹、马大哈、土包子、大锅饭、

---

[3] 佘贤君、吴建民 "惯用语比喻意义理解的影响因素" 《宁波大学学报》(教育科学版) 2000年第1期

一把手、关系户"等，动宾式如"开夜车、掏腰包、出洋相、泼冷水、留（丢）面子、穿小鞋、走后门、炒鱿鱼、走弯路、碰钉子"等。从语法上说，偏正结构的惯用语一般可以按一个词（主要是名词）来处理，所以在句子中可以充当名词所能充当的成分，如可以说：小李是个马大哈/土包子。这种用法对外国留学生来说还不算太复杂，但是需要注意的是，偏正结构的惯用语往往有与其固定搭配的成分，如与"闭门羹"、"大锅饭"搭配的动词是"吃"，一般不能换成"喝"或"做"什么的；"耳边风"只与"吹"相配。如果不了解这些惯用语的固定搭配而随意更换成其他的同义词或近义词，就会产生语法方面的错误。

　　与偏正结构相比较，动宾式的惯用语在语法上是留学生最难掌握与运用的。汉语惯用语虽为固定词组，但却具有一定的灵活性，表现在惯用语在结构上具有离合性，即可以进行内嵌或扩展，语序也可以移动，这种灵活性主要就体现在动宾式惯用语上。如"开夜车"，可以说"开了几天夜车"，还可以说"考试前夜车别开得太多"。有的动宾式其中的动词可以改变，如"拉后腿"的"拉"可以说"扯、拖"。汉语离合词是留学生在使用中最容易发生偏误的，如"见面"，学生很自然就会说成"见面老师"。这种偏误在惯用语的使用中同样也会出现，也可以说是惯用语的离合性更容易让学生出错了。如"丢面子"在构成句子时就容易说出"我丢面子老师"这样的句子，与上面"见面老师"这样的偏误便是"异曲同工"了。所以在对外汉语教学中，除了要重视惯用语语义的理解，还要注意惯用语的语法运用，这样才能让学生知其义后能运用。

　　针对学生在语法上的偏误，教师在教授惯用语时就不能注重对其语义的解释，要在讲每个惯用语时都教给学生这个惯用语的语法知识，让他们明白其语法特点后多进行有针对性的练习，加强"熟悉度"，熟练之后也就可以"生巧"了。实际上，在学生理解了惯用语语义的基础上，语法结构相对比较容易掌握，而更难掌握的还是语用上的得体。

3-4. 语用层面上的惯用语教学

　　最后一个层面是语用层面，这也是很重要的一个方面。学习与运用第二语言，如何使语用得体，这也是一个很重要的问题。具有中、高级汉语水平的留学生，掌握了汉语基础知识以后，就会向更高领域探寻，他们可能要学习一些惯用语、俗语、成语等，以示他们的汉语水平达到了相当高的程度，或是他们与中国人更接近了，所以他们会有意识地使用惯用语等熟语。但使用中常常会出现这样、那样的错误，究其原因主要有以下两大方面：一是客观原因，如前所述，惯用语语义及语法方面的特殊性会对学生使用惯用语造成困难，并且很多有特别语用含义的惯用语，还需要结合一定的语境才能完全理解。它们极富表现力，并附着着浓厚的中国文化色彩，跨文化交际中的文化因素会引起理解、表达的困难。

从惯用语的来源可以看出，有出自古代典籍的，如"闭门羹、破天荒、黄粱梦"等；也有来自各地方言、各行业语的，如"炒鱿鱼、开夜车、打预防针、打折扣"等；其他还有来自文艺作品，甚至有来其他民族或国家的，如"替罪羊"等。所有这些都说明惯用语是了解中国社会与文化的重要语言知识，学习时只有广泛联系文化、思维、心理等方面的内容，才能全面、准确地领会其含义。这些正是语用层面上的问题。比如："裹脚布"是指旧时妇女缠足用的长条布，比喻又长又差的文章或者演说，来自不同文化背景的学生，在不了解中国历史文化的情况下就很难理解其含义。二是主观原因，首先是我们的教师上课时常常选用最通俗、明了的词语来表达思想，忽略了惯用语所蕴含的丰富的文化、历史信息，或是担心学生听不懂而避开使用惯用语。比如老师在上课前点名时，点到了A同学，他还没来，老师便说："他今天怎么迟到了？"话音刚落，A同学来了，这时老师就可以很自然地用到"说曹操，曹操到"这个惯用语。如果学生已经学过，那么就可以加深他们的印象，很直观地使学生了解这个惯用语使用的语境。如果学生还没学过，就可以借这个语境对这个惯用语进行讲解，效果会更好。

惯用语具有强烈的口语色彩，它的口语特征正好与熟语中的成语相反，所以在对外汉语教学中还要注意它的语体特征。对于外国留学生来说，要想学会地道的汉语就应该掌握与运用惯用语，它能使交际产生生动活泼的效应。如学生说："昨天我去向他请求帮助，可是他却拒绝了我。"如果换成了"我去找他帮忙，可是却碰了个钉子。"两者相比较，我们就可以看出使用惯用语的效果，使自己谈论的事情变得轻松了很多，而不是单纯的抱怨了，其效果是不言而喻的。但同样要注意并不是一味地使用惯用语效果就好，表达就地道。由于惯用语的口语个性，如果不区分语用环境，而随意使用惯用语也会发生语用失误。如果交际环境是正式、庄重的，尤其在外交场合，它需要使用严格的书面语来突显严肃气氛，此时如果不加区别地采用惯用语，那么表达效果非但起不了生动活泼的作用，反而会让听者产生滑稽、轻薄之感，让人啼笑皆非。比如，在一个外交场合，对方夸奖你汉语说的好，你可以回答说："谢谢！"或者"您过奖了！"但是如果你说："你别给我戴高帽了。"那么这就会造成交际失败，你的言语不符合这个场合。相反，如果是熟识的朋友之间，那么这样说便可以活跃气氛。

最后一点，有的含贬义的惯用语，用在别人身上和用在自己身上有不同的礼貌等级。例如："半瓶醋"，说别人是"半瓶醋"是在贬低别人，而说自己是"半瓶醋"则是表谦虚。这就涉及到了语用环境的问题，这一点也是语用层面的一个重要问题。

4. 针对惯用语问题的教学策略

4-1. 引导学生对惯用语产生兴趣

对于留学生来说，，惯用语表意的双层性决定了它比较难，它的真实含义与它的字面意义不同，使学生理解记忆起来会比较吃力。怎样使留学生对惯用语感兴趣，这是至关重要的一步。我认为可以在日常的教学中有意识的引入惯用语，特别是在口语教学中。有意引入一些惯用语，可以用来活跃课堂气氛，充实教学内容。比如：在讲课时如果遇到讲"近来我经济状况不太好"这样的意思时，就可以引入"手头紧""揭不开锅""喝西北风"等惯用语，还可以把他们编成句子，如"我最近手头有点儿紧，马上就要揭不开锅了，如果再不发工资的话，我就要喝西北风了。"在讲这样的句子时，配上生动的语调，让学生充分体会到惯用语的生动简洁及趣味。再如：讲到"为难""刁难"等词时，可以适当的引入"出难题"。这样不但让学生觉得有趣、新鲜，而且还能扩大他们的词汇量，使他们对惯用语产生初步的兴趣，有利于今后的学习。

4-2. 鼓励学生使用学过的惯用语

在学生掌握了一些惯用语之后，老师要鼓励他们在日常口语中使用。在课堂上，老师可以让学生根据学过的惯用语来说一段话，然后指出他的用法是否得体。另外，为了鼓励学生说惯用语，老师可以把相关的普通口语句式和惯用语相比较，让学生体会哪一个更生动、形象。除了在课堂上，老师还应该鼓励学生跟中国人谈话的时候，用上合适的惯用语。有的学生在和中国人聊天的时候恰当地使用了惯用语，被中国人称为"中国通"，他们就感到很有成就感，因此也更增加了学习地欲望。

4-3. 设置语境，进行交际训练

在进行惯用语的教学时，不能只依靠单纯的讲解和机械练习，还要设置语境，在课堂上做一些模拟情景的练习。讲解词汇的目的并不单单是让学生理解词语的意义，最终目的是让学生在理解了词语意义的基础上学会恰当得体地使用，能够达到交际自如的程度。讲解惯用语也是如此，我们不能只是干巴巴地讲解它的含义，这样造成的结果可能就是学生对其含义可以倒背如流，但是在什么语用环境中使用就成了问题。因此，在讲解时就要在学生理解语义的基础上，设置语境进行交际训练。例如在讲"放在眼里"时，老师一定要强调它通常是以否定形式出现的，表示对人或物轻蔑、看不起的时候才用。又如在讲"半瓶醋"时，就要特别强调一下这个惯用语用在别人身上和用在自己身上的不同，用在别人身上是贬义，而用在自己身上则是表示谦虚。并以此设置一些语境，让学生进行交际练习，从而产生较深的印象。

4-4. 将惯用语的教学同文化适当结合

由于语言和文化的关系，讲解语言的同时，不应忘记对文化知识的导入，同样，了解了中国悠久的文化历史知识对惯用语的理解及把握都是很重要的。

5. 结语

最后还要强调一点的是，过犹不及，我们提倡对外汉语教学中引入惯用语教学，但并不是要求学生在日常生活中频繁地使用惯用语，更不希望他们去刻意地说惯用语。掌握一定的惯用语，并能够恰如其分地运用,这才是最重要的。

参考文献

刘叔新（2005）《汉语描写词汇学》（重排本）商务印书馆
王进（2006）《汉语惯用语隐语的发生机制》修辞学习 2006 年第 3 期
陈明芳（2006）《惯用语认知机制及其词汇语义特征》外语教学
　　2006 年第 27 卷第 1 期
谷俊（2004）"惯用语和成语的色彩义比较"《西南民族大学学报》
　　（人文社科版）2004 年 7 月第 7 期
齐春红（2002）"词汇教学的特点及其认知理据"《云南师范大学学报》
　　2002 年第 6 期
孙光贵（2002）"惯用语的定义与熟语的分野"《长沙电力学院学报》
　　（社会科学版）2002 年 8 月第 2 期
佘贤君、吴建民（2001）"惯用语比喻意义理解的影响因素"
　　《宁波大学学报》（教育科学版）2000 年第 1 期
王泽鹏（1998）"近 20 年汉语惯用语研究"《学术研究》1998 年第 11 期

会议发言

会议发言

日语「复合动词」小论
——以「つける」、「つけ～」和「～つける」为对象

张睿

1. 日语复合动词的分类(以构成要素为基准)[1]

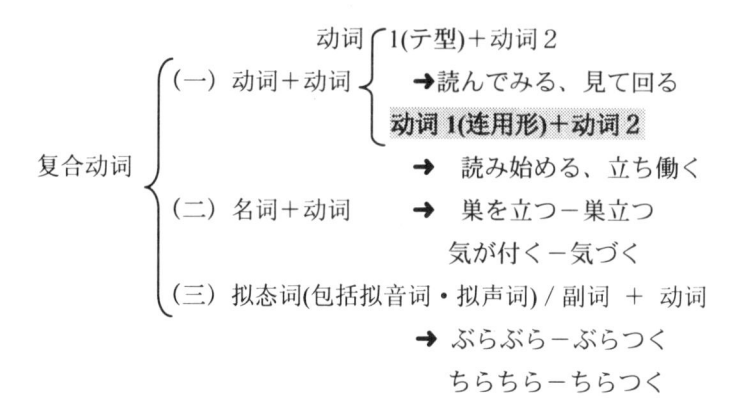

```
                      ┌ 动词1(テ型)＋动词2
          ┌ (一) 动词＋动词 ┤   → 読んでみる、見て回る
          │              │ 动词1(连用形)＋动词2
复合动词 ┤              └   → 読み始める、立ち働く
          │ (二) 名词＋动词  →  巣を立つ－巣立つ
          │                   気が付く－気づく
          └ (三) 拟态词(包括拟音词・拟声词)／副词 ＋ 动词
                            →  ぶらぶら－ぶらつく
                               ちらちら－ちらつく
```

本稿的研究范畴主要是以 [动词1（连用型）＋动词2] (以下"动词1"用 V1、"动词2"用 V2 来表示)[2] 形式的复合动词为主。

---

[1] 参照新美等(1987) P.4－P.5
[2] "V1"在复合动词中被称为"前项动词"、"V2"在复合动词中被称为"后项动词"。

2. 研究目的

复合动词在日语的动词词汇中占有相当大的比例。在日本，有关复合动词的先行研究很多。但是纵观先行研究，我们可以看到，对［V1（连用型）+V2］形式的复合动词的研究，绝大多数是以「V2」为研究对象的。但是我们不能否认，复合动词的成立及其词义，不单单取决于V2，V1以及构成此复合动词的原本的单纯动词(以下在本稿中称其为"本动词"，用V来表示)也是重要的"参与者"和"决策者"。所以本稿想以本动词「つける」为研究对象，试分析探讨它在作「前项动词」即「つけ～」和作「后项动词」即「～つける」时,词义以及用法上的变化。

3. 本动词「つける」的意义

在探讨分析复合动词「つけ～」与「～つける」的词义以及用法上的变化之前，我们有必要先来看一下本动词「つける」的词义。在参考了五种词典[3]以及《日本语基本动词用法辞典》[4]《广辞苑》[5]《中日辞典》[6]《日中辞典》[7]后，我认为「つける」的词义可以归纳为以下十条：

(一)【接触・接合・付着させる】让～接触・结合・附着

例: 1.顔を窓ガラスにつけてのぞきこむ[大辞林](把脸贴在窗玻璃上向内窥视)

2.折れた骨をもと通りにつける[大辞林](把断了的骨头按原样接在一起)

3.傷口に薬をつける[大辞林](给伤口涂药)

4.シャツにボタンをつける[基本动词辞典](把钮扣缝在衬衣上)

5.色をつける[日中](着色、上色)

(二).【(新たに)添える・加える・備える】(新)添加・附加；增加；具有

---

[3] 参考文献中的「国语」「大辞林」「日本语」「国语例解」「新明解」
[4] 参照参考文献
[5] 参照参考文献
[6] 参照参考文献
[7] 参照参考文献

・具备

例: 6.手紙をつけて物をとどける[日中](附上信把东西送去)
　　7.景品をつける[日中](附加赠品)
　　8.条件をつける[日中](附加条件；另提条件)

　　这里所说的"添加・附加・增加・具有・具备"的内容，除了例句6、7、8中的"信、赠品、条件"等具体事物以外，还包括诸如"力量、知识、智慧、习惯、性质"等抽象事物。例如:

　　9.体にだんだんと抵抗力をつける[日中](让身体逐渐增长体力)
　　10.実力をつける[大辞林](增加实力)
　　11.早寝早起きの習慣をつける[大辞林](养成早睡早起的习惯)
　　12. 技術を身につける[日中](掌握技术)

(三). 【あとを残す】留下痕迹、印记.

例: 9.足跡をつける[国语例解](留下脚印)
　　10. 該当する項目に○をつける[大辞林](在符合条件的选项上画○)

(四). 【書き記す・記入する】写上・记上・注上

例: 11.日記をつける[国语例解](记／写日记)
　　12.出納を帳簿につける[日中](把收支记在帐上)
　　13.次の漢字に仮名をつけなさい[日中](给下列汉字注上假名)

(五). 【人や物のそばを離れないようにさせる】使随从、使跟随；派；跟在～后面、尾随、盯梢

例: 14.子供に家庭教師をつける[日中](给孩子请家庭教师)
　　15.被告に弁護士をつける[日中](给被告聘个律师)
　　16.犯人をつける[国语例解](跟踪罪犯)
　　17.あいつをつけて行け[日中]盯上那个家伙

(六). 【名前や値段を決める】起名、定价

(七). 【ある状態・場所に落ち着かせる】使安定、稳定；落脚、开到～、停在～

例: 18.始末をつける[国语]处理；收拾；善后
　　19.決着をつける[日中](解决；摊牌)
　　20.自動車を門につける[日中](把汽车开到门口)

223

21.船を岸壁につける[日中](使船靠岸)

(八).【新たに設ける、設置する】新设置、设立、安装

例:22.自宅に電話をつける[大辞林](给家里安电话)

23.道をつける[大辞林](新修道路)

(九).【ある現象を起こす、ある働きを生じさせる】引发某种现象、启动～

例:24.明かりをつける[国语](点灯)

25.ラジオ／テレビをつける[国语](开收音机／电视)

26.火をつける[大辞林](点火)

(十).【ある感覚・意識を働かせる】让某种感觉・意识起作用。

常以「～に気をつける」(小心、当心、留神、警惕)和「～に目をつける」(着眼；注目)的形式出现。

4. 复合动词「つけ～」和「～つける」的分类及分析

4-1. 词条的选取方法以及词义的确定

本稿中所采用的复合动词的词条是从五种词典[8]中选取出来的。其中，「つける」作为前项动词，即「つけ＋动词」形式的词条共有11个；作为后项动词，即「动词＋つける」形式的词条共有82个。

在选取过程中，对于古语和只在一种词典中出现过的词条不予考虑。例如：「つけ添える」「鋳つける」「落としつける」「飼いつける」「絡げつける」「摺りつける」「使い／遣いつける」「釣りつける」「放(ひ)りつける」「読みつける」等[9]。此外，对于「言いつける」的尊敬语「仰(おお)せつける」及谦让语「申しつける」两词，认为其只是在形式上发生了变化，词义与「言いつける」相同，因此也不另行考虑。

在确定复合动词的词义时，由于很多复合动词是一词多义的，所以，本稿在多义的复合动词后，用数字①②③等来区分其每个意义，但对于只在一

---

[8] 参考文献中的「国语」「大辞林」「日本语」「国语例解」「新明解」。

[9] 上述词条只在《国语大辞典》中出现过，在「大辞林」「日本语」「国语例解」「新明解」中没有。

种词典中出现过的词义也不予考虑。

4-2. 分类方法

本稿以复合动词中「つけ～」和「～つける」的词义(多义时按照其每个意义)为基准，采用下图的分类方法对「つけ＋V2」形式的词条 11 个和「V1＋つける」形式的词条 82 个进行了分类。为了区别起见，用「A1'、A2'、A3'、B1'、B2'、B3'」来表示「～つける」的分类。

使用的是"本动词"的词义－A
- V1 和 V2 也使用的是其本动词的词义－A1
- V1 和 V2 的词义是作为复合动词特有的词义－A2
- V1 和 V2 是造语成分－A3

是作为复合动词特用的词义－B
- 表示"经常～、惯于～"－B1
- 表示"动作・程度的强调"－B2
- 其他－B3

4-3. 分类结果

4-3-1.「つけ＋V2」形式的复合动词

A1	つけ合せる①②、つけ替える、つけ加える、つけ足す、つけ出す②③、つけ狙う、つけ回る
A2	つけ回す
A3	つけ込む②、つけ出す①
B1	
B2	
B3	つけ上がる、つけ入(い)る、つけ込む①

4-3-2.「V1＋つける」形式的复合动词

A1'	射つける②、打ちつける①、生み／産みつける、彫(え)りつける、押しつける①、書きつける①、飾りつける、絡みつける、刻みつける①、切り／斬りつける②、括りつける、縛りつける①、吸いつける①②、据えつける、擦(す)りつける①②、備えつける、染めつける、焚きつける①、作りつける、綴じつける、擦(なす)りつける①、撫でつける①、縫いつける、塗りつける①、張り／貼りつける①、吹きつける①、振りつける②、彫りつける、巻きつける、結びつける①、焼きつける①②③、結いつける①、
A2'	立て／建てつける、
A3'	取りつける①、
B1'	言いつける③、買いつける①、書きつける②、聞きつける②、吸いつける③、食べつける、取りつける③、飲みつける②、乗りつける①、見つける①、持ちつける、遣りつける①、結いつける②、呼びつける②、
B2'	痛めつける、煎りつける、打ちつける②、売りつける、送りつける、押えつける①、押しつける②、脅し／威しつける、買いつける②、決め／極めつける①②、叱りつける、締めつける①、攻めつける、責めつける、叩きつける①②、突きつける①②、照りつける、殴りつける①、投げつける、煮つける、睨みつける、睨(ね)めつける、飲みつける①、撥ねつける、張り／貼りつける④、踏みつける①、遣りつける②③、割りつける①、
B3'	当てつける①②、言いつける①②、射つける①③、植えつける①②、受けつける①②③、押えつける②、落ちつける①②、嗅ぎつける①②、駆けつける、聞きつける①、刻みつける②、切り／斬りつける①、強いつける、縛りつける②、締めつける②、焚きつける②、説きつける、取りつける②③、殴りつける②、擦(なす)りつける②、撫でつける②③、塗りつける②、寝かし

226

つける、乗りつける②④、馳せつける、張り／貼りつける③、引きつける①②③、吹きつける②④⑤、踏みつける②、振りつける①、蒔きつける、見せつける①②、見つける②、結びつける②、盛りつける、焼きつける⑤、寄せつける、呼びつける①、割りつける②、

4-4. 总结

Ⅰ. A1 与 A1'中的 V2 和 V1 以及「つける」的词义，都与其本动词的词义一致。而且，A1 中的 V2(合せる②、加える、足す)在表示"添加・附加・增加"的意义时与本动词「つける」(二)的意义完全相同。因此可以说，以这种方式结合而成的复合动词其词义最易理解。

Ⅱ. A2 与 A2'中的 V2 和 V1 在与「つける」构成复合动词时，V2 的「回す」和 V1 的「立てる／建てる」的词义都发生了变化。只从「回す」「立てる／建てる」和「つける」这三个动词本身的词义来推测其复合动词的词义是比较难的。

Ⅲ. A3 与 A3'中的 V2(込む、出す)和 V1(取る[10])所表示的意义是复合动词特有的，其作为单纯动词使用时并无此意。因此也有人把它们看作是复合动词的词缀[11]。

Ⅳ. 「つけ＋V2」形式的复合动词没有符合 B1 及 B2 条件的。所以可以说，「つける」在作前项动词时，没有"经常～、惯于～"的意义和

---

[10] 姫野昌子(1999)指出,「くっつける」「ひっつける」「さしつける」「とりつける」「こじつける」等复合动词的前项动词是前缀。(P.113)
[11] 斎藤倫明(1989) 从 V1、V2 是否保持其实际意义的角度，把 V1+V2→V 形的合成语分成下列四种类型。
ⓐV1-V2(实际上的复合语) 即 V1、V2 双方都保持着实际的意义……切り倒す、書き写す
ⓑV1-v2(后缀化) 即只有 V1 保持着实际的意义……飲み込む、話し合う、読み返す
ⓒv1-V2(前缀化) 即只有 V2 保持着实际的意义……取り扱う、差し引く、立ち去る
ⓓv1v2(单纯词化) 即 V1，V2 在词义上不可分解……落ち着く、張り切る
 斎藤认为，虽然这种分类方法不是万能的，但却是非常有效的。(P.64)

"强调动作・程度"的用法。但是当它作后项动词时，为何会有这种新的意义和用法出现呢?这种新的意义和用法又与其本动词有何关联呢?作为今后探讨研究的一个课题，我觉得弄清这个问题对找寻复合动词的结合规律具有重大的意义。

除了「V1＋つける」形式的复合动词可以表示的"经常～、惯于～"以外，「动词(连用形)＋なれる」也可以表示"经常～、惯于～"之意。但是二者的不同之处在于，「前者は、『たび重なる経験によって、動作が身につく』こと、後者は、『たびたび経験することによって、肉体的・精神的に対象に慣れる』ことを表す。」[12](前者是通过反复积累的经验，而掌握［某一］动作的，后者是通过数次的经历，在肉体・精神上适应[某一]对象)(笔者译)。通过比较我们可以得知，在表示"经常～、惯于～"之意时，「つける」与表示动作的动词结合得非常紧密。这一点通过 B1' 也可以得到验证。

V. B2'中的「～つける」表示"动作・程度的强调"，其意义与用法是作为本动词所没有的。如果对 B2' 进行细分的话，我认为主要可以分为以下几类:

B2'－1	強く・激しく～ (强烈地、强劲地、厉害地)	打ちつける②、押えつける①、締めつける①、叩きつける①、突きつける②、照りつける、脅し／威しつける、殴りつける①、投げつける、睨みつける、睨(ね)めつける、張り／貼りつける④、踏みつける①、遣りつける②③、
B2'－2	厳しく・ひどく～ (严厉地、残酷无情地)	痛めつける、叱りつける、決め／極めつける①、攻めつける、責めつける、

---

[12] 参照参考文献新美等(1999) P.149

B2'－3	勢いよく(有气势地)～	叩きつける②、突きつける①、割りつける①、
B2'－4	一方的に(単方面地)～	送りつける、押しつける②、売りつける、決め／極めつける②、
B2'－5	十分に(充分地)～	煎りつける、煮つける、
B2'－6	大量に(大量地)～	買いつける②、飲みつける①
B2'－7	きっぱり(断然、干脆)～	撥ねつける、

Ⅵ. 　　与复杂的B3'相比，B3中的「つけ～」的意思整齐而且明了，都是「乘机」的意思。但如果对B3'进行细分的话，我认为大体可以分为以下六类：

B3'－1	動作の方向を表す (表示动作的方向)	言いつける①②、射つける①、植えつける①、嗅ぎつける①②、切り／斬りつける①、焚きつける②、説きつける、撫でつける②③、引きつける①②③、吹きつける②④⑤、蒔きつける、見せつける①、盛りつける、寄せつける、呼びつける①
B3'－2	場所への到着 (表示到达某场所)	駆けつける、乗りつける②④、馳せつける、
B3'－3	転嫁を表す (表示转嫁)	擦(なす)りつける②、塗りつける②、
B3'－4	比喩的に (表示比喻)	射つける③、植えつける②、刻みつける②、焼きつける⑤、

B3'—5	一語化されたもの (被视为一个词)	当てつける[13]①②、受けつける①②③、落ちつける[14]①②、取りつける②③、
B3'—6	その他 (其他)	押えつける②、聞きつける①、強いつける、縛りつける②、締めつける②、殴りつける②、寝かしつける、張り／貼りつける③、踏みつける②、振りつける、見せつける②、見つける②、結びつける②、割りつける②、

5. 结语

以上主要以本动词「つける」的词义为基准，对「つけ＋V2」和「V1＋つける」形式的复合动词进行了分类和简单的分析。可以看出，「つける」作为前项动词时，虽然其词义也发生了变化，但是比较单调，如 B3 所示，都表示的是"乘机～"之意；而作为后项动词时，其词义的变化多种多样。今后，除了对可作前项动词又可作后项动词的「つける」做进一步的探讨分析外，还想对有类似用法的其他复合动词作一个系统的研究，并希望能与汉语进行对照研究、同时也希望能与日语教学结合起来。

---

[13] 姫野(1999)指出，「あてつける」は一語化しており、分析できない。」(P. 115)
[14] 姫野(1999)指出，(落ちつけるは)「自動詞『落ちつけ』と同様、一語化していて、分析できない。」

参考文献：

斎藤倫明（1989）「ケース8　語構成Ⅰケーススタディ日本語の語彙』
　　　おうふう

新美和昭・山浦洋一・宇津野登久子・荒竹勉（1987）
　　　『外国人のための日本語例文・問題シリーズ4　複合動詞』荒竹出版

姫野昌子（1999）『複合動詞の構造と意味用法』ひつじ書房

小学館（1987）『日中辞典』

小学館（1988）『国語大辞典』（新装版）

三省堂（1988）『大辞林』

講談社（1989）『日本語大辞典』

大修館（1989）『日本語基本動詞用法辞典』

小学館（1993）『現代国語例解辞典』（第二版）

岩波書店（1998）『広辞苑』（第五版）

三省堂（1999）『新明解国語辞典』（第五版）

小学館（2003）『中日辞典』（第二版）

会议发言

会议发言

汉语粘宾动词及其教学

刘倩

1. 引言

1-1. 粘着动词与粘宾动词的提出

汉语语法研究进行到上世纪80年代,动词研究的重点由外部研究转移到内部研究上来,动词的再分类引起了学者们的重视,同时,动词研究不再局限于词类本身,它探讨诸如句子结构、句子类型、句子歧义等方面的问题,为汉语语法学的深入发展奠定了基础。在此背景下,尹世超先生在90年代初提出"粘着动词"的概念,并分别阐述了粘补、粘状、粘宾动词的特性。粘宾动词的提出,进一步完善了动词按带宾语之能力划分出的次类体系,为动词研究和句法研究开辟了新天地。

1-2. 粘宾动词的界定

粘宾动词是粘着动词的一类,指的是在句法上要求必须有宾语成分共现而不能单独使用的动词。尹先生认为,回答问题时,粘宾动词也不能单独出现,"一个动词尽管不大自由,但可以单独构成答句,它就不是粘着动词。"他给出了下面的例句,作为"抱(怀有希望义)"这一动词为粘宾动词的证明:
对这件事你还抱不抱希望?
抱希望。(√)/ 抱。(×)

因为答句中"抱"不能单独成句,据此尹先生断定"抱"为粘宾动词。我们认为这一标准仍可参考,但在判断时不能以此为唯一根据。语言在发展中越来越体现出经济性,尤其是问答体言语,多见于口语或类口语中,受诸多语用因素制约,省略情况比较多见,因此有可能制约我们对粘宾动词的认定。

1-3. 粘宾动词与及物动词、形式动词

及物动词是能带宾语(真宾语)的动词,在对宾语的要求上,及物动词不是强制性的,宾语可以出现也可以省略。因此,强制宾语共现的粘宾动词应当是及物动词下的一个小类。

形式动词的最重要的特征就是它带宾语的情况。吕叔湘先生指出,"(加以)必带双音节动词宾语"。朱德熙先生指出,"虚化动词所带的宾语只能是表示动作的双音节词"。上述"加以"类动词和"虚化动词"就是现在所谓形式动词,它必须带动词宾语,因此又是粘宾动词下的一个类。

2. 粘宾动词的特征

2-1.语义特征

(1)多数粘宾动词在语义上具有抽象性。这使得在意义方面,粘宾动词不自足,需要其它句子或短语成分补充以完足语义。尹世超指出粘着动词多表示联系、异同、配合、存在或影响等抽象的关系,表示实在动作行为的较少,并认为意义抽象是使得其表意难以完足的原因之一。在对外汉语教学中,意义的虚化是教师讲解与学生理解的难点所在,应从形式等方面着眼进行补充。

意义不完足是粘宾动词意义上的最重要特征。然而,我们能够为一些粘宾动词找到同义或近义的非粘着动词,如:

①充:别在俺们家里充好人了!【当代\文学\大陆作家\孙犁《风云初记》】

　冒充:你一开始就知道我是冒充的吗? 【当代\文学\台湾作家\琼瑶《梦的衣裳》】

②包:这样的人血馒头,什么痨病都包好!【现代\文学\鲁迅《药》】

　保证:很多年以前,她就向我保证过。【当代\翻译作品\文学\福尔摩斯探案集】

在《现代汉语词典》中,对"充"的解释为"冒充","冒充"则解释为"假的充当真的"。由此看来,两个动词在语义上完全等同。然而,它们在用法上的区别一目了然,我们是否可以仔细辨别,寻找两个词在意义上的区别呢?实际上,两个动词的意义并不相同。从语义完足程度的不同上我们可以推断,"冒充"解释为"假的充当真的"比较恰当,而"充"则更适宜解释为"冒充(某种身份或状态)",这样就体现了语义上的不完整,需要一个"表示身份或状态"的宾语来完足。"包"和"保证"也是如此。无论是从本体研究还是从教学角度,粘宾动词意义的不完足性都应为词典编纂者所重视,尤其是在对外汉语教学中,这更有助于学生在明了词义之外掌握词语的用法,减少偏误的发生。

(2)某些双音节粘宾动词的语义更像是谓词与介词的直接组合相加,体现出类短语性。相当一部分粘着动词都有其特定结构类型和构词成分,如含有"于""乎""以""与""为""似""如""及"等介词的,是近代汉语中某些动介、形介结构凝固的结果,如:

X 于:乐于、勇于、敢于、甘于、善于、利于、苦于、忠于、鉴于、易于、等于、勤于、始于、介于、在于等。

X 乎:合乎、出乎、介乎、超乎、关乎等。

X 以:加以、给以、致以、得以、赖以、足以、用以等。

……

这部分粘宾动词在形成初期,语义上可能还比较松散,后逐渐凝固成词,介词的意义进一步虚化,与前一语素逐渐融合,最终失去了短语身份,但从一些词上我们仍能看见两语素意义加合的痕迹。另外,一些粘宾动词是由连动、状中、动补等结构转化而来,也保留着一部分词组的特征,如变成、夺取、招致、沾染、直奔、力图、力求、仰仗、透出等。

前一类双音节粘宾动词的组成规律在对外汉语教学中可为教师所用,为学生定期总结,培养学生语感,以避免偏误的产生;同时,应把这类动词与动介词组区别开来,使学生在认知上对它们形成整词意识。

2-2. 语法特征

粘宾动词是一种低能动词。我们认为这主要体现在以下三个方面:

(1) 尹世超先生指出，除了强制宾语共现之外，与一般动词相比，粘宾动词典型的语法特点在于功能贫乏单一，活动能力弱。它不具备其它动词具有的重叠、离合、充当主宾语、受某些特定副词修饰、带补语等特性，同时不能像一般动词那样进入"V 的"或"V 的 N"格式实现体词化。以上各方面，学者们已有详尽论述，本文不再赘述。

(2) 粘宾动词在使用上还具有不对称性。首先，通过对个别粘宾动词用法的考察，我们发现它们用于肯定与否定情况的频度很不平衡，例如：

"标志着"一词在语料库检索结果中共出现 3689 次，其中否定用法仅 10 次（约占 2.7%）。

"作为"一词在语料库检索结果中共出现 81494 次，其中否定用法约 102 次（约占 1.2%）。

"属"（属于某一属相）一词在语料库检索结果中共出现 206 次，其中没有否定用法。

于是，我们对粘宾动词进行了更为全面的考察，发现粘宾动词在整体上呈现出肯否定使用极不平衡的面貌。尹世超先生在其《试论粘着动词》一文中曾按语义将粘着动词进行分类并列出各类中的常用动词，我们选取其中若干典型并常见的粘宾动词进行考察，得出结果如下：

	意义类	选取语料总数	肯定用法	否定用法
显得	联系	200	197	3（1.5%）
好比	异同	200	200	0
包含	存在	200	193	7（3.5%）
加以	影响	200	196	4（2%）
交（到时节）	中介	37	37	0
敢于	心理	200	200	0
成为	变化	200	199	1（0.5%）
往（向某处去）	活动	50	50	0
放眼	动作	200	200	0

（注：凡属于以下情况的，不统计作对动词的否定。反问用法：如"何不加以~"、"岂不成为~"；假设条件句：如"若不加以~"；双重否定：如"无不成为~"、"不得不放眼~"；对举用法："叫他往东，他就不敢往西"。）这个表格不能绝对代表粘宾动词的整体面貌。但通过对这些常见粘宾动词肯定、用法的考察，我们可以推测，粘宾动词低能的一个表现就在于其肯否定情况的不平衡。在对外汉语教学中，应避免让这类动词的非典型用法在学生习得过程中形成先入为主的影响，有意识地对例句、练习、教材等作出修正。

（3）粘宾动词对其宾语在词性、语义等方面表现出一定的选择性。首先，几乎所有粘宾动词对宾语的性质都有要求。并非任何词类都可以与特定的粘宾动词共现，形式动词就是最能说明问题的一类，它要求宾语必须是动词。还有一些粘宾动词，要求宾语为谓词性，以"显得"为例，我们发现，在检索到的100条语料中，其所带宾语全部为形容词或动词性。进一步考察，可以看到其中宾语为形容词性的为97例，宾语为动词性的仅为3例，由此可以认定"显得"一词主要带形容词性宾语，少带动词宾语，这也说明了粘宾动词对宾语选择的范围是比较狭窄的。又如，一些粘宾动词对宾语的选择倾向于主谓结构 NP+VP，或由主谓结构 NP+VP 转化而来的 "NP 的 VP"：

	选取语料总数	主谓结构或转化形式作宾语	其它宾语
意味着	100	95	5
标志	100	97	3

更有些粘宾动词，要求宾语一定是形容词，如表示"因变化而显现"的"发"（站得两腿发麻）等。另有某些粘宾动词在对宾语的选择上倾向于体词，如作为、当作、号称、数（计算或比较起来最突出）等。又如，表示"低于、少于"义的"下"（不下三天、不下两百人），一般要求宾语为数量或数量名短语，等等。由以上各例我们可以看到粘宾动词在词性方面对其宾语的选择性特征。

其次，某些粘宾动词对宾语的语义也有比较严格的限制，这就使得一些粘宾动词往往与符合特定意义和条件的宾语搭配，甚至是只与几个特定的词搭配，如：表示"属于某一生肖"的"属"，只与疑问代词"什么"、"啥"和表示生肖的名词搭配，"姓"的情况也与其类似。又如，表示"指明出处或需参看之处"的"见"则只与著作名或表示出版物版面、页次的宾语连用，等等。动词"抱"（心中怀有义）所带宾语，往往集中于"幻想"、"信心"、"希望"、"志向"、"心理"、"心情"这些表示心里活动的抽象名词；

"合乎"的宾语集中于"要求"、"规律""逻辑"等；而"切合"对于宾语的选择则更为单一，基本上集中于"实际"和"需要"两词。类似上述情况，一方面表现出粘宾动词的低能，另一方面也为对外汉语教学等提供了启示：无论是教师讲解还是教材编写，都应该在阐明意义的同时体现出这些词的用法特别是典型、高频用法或搭配，避免偏误发生，减轻学生负担。

另外，粘宾动词往往对宾语在音节、数量等方面有所限制。形式动词要求所带动词为双音节，除此之外，不少其它粘宾动词也对宾语有音节上的要求。还有个别粘宾动词，对宾语数量体现出选择性，如"诸如"一词，宾语往往有两个以上。

3. 粘宾动词的在教学中的处理

和离合词一样，粘宾动词除了阐明意义，更要强调用法。粘宾动词的教学，应尽量避免独词出现，而是将宾语与动词一同带出，使学生对动宾的搭配形成整体认识。尤其是如上述的一些常见搭配和比较固定的用法，也应在教材的基础上进行补充，学生只有掌握了动词对宾语的要求，才算是掌握了一个粘宾动词。

此外，比较法是第二语言习得中经常使用的方法，首先，对于某些粘宾动词的教学，教师可以采取比较法引导学生体会较为抽象的词义。处理意义最为抽象的形式动词，就不妨进行有无形式动词的比较，让学生体会形式动词具有的抽象意义和语体色彩，如：

世贸组织成员就中国参加该组织的议定书草案和附件进行了深入讨论。请每个小组讨论一下，然后选个同学发言。

其次，意义相近的粘宾动词与非粘宾动词或词组的比较，也是粘宾动词教学的方法之一。例如"想办法"和"设法"，意义近似，也并不难掌握，然而学生常常出现偏误，是因为没有认识到"设法"为粘宾动词，一定要求宾语出现，而"想办法"不是如此。用以下句子正误的比较，可以使学生对它们各自的用法有明确的认识：

他一定会设法解决的。（√）

他一定会想办法解决的。（√）

别担心，我们会再想办法。（√）

别担心，我们会再设法。（×）

另外，尽管粘宾动词在汉语学习过程中是零散出现的，但学生水平到一定程度后，可以在教师引导下分阶段对课本中的粘宾动词作总结，培养学生发现问题的意识，提高汉语语感。

参考文献

尹世超（1991）《试论粘着动词》《中国语文》1991年第6期

朱德熙（1985）《现代书面汉语里的虚化动词和名动词》《北京大学学报》1985年第5期

范晓《动词研究中的几个问题》《句型与动词》

吴为章《动词研究述要》《语法研究入门》

会议发言

论坛会场

听说课教材与传统听力、口语课教材的比较分析

王丹

【内容提要】

在目前的对外汉语教学中,听说课与传统听力、口语课型并存,听说课并不是传统听力口语课的简单相加,和它们相比,它既有优势也有劣势。本文拟以三本教材的对比来考察这两类课型的长短。

【关键词】 听说　教材　对比

1. 引言

里弗斯(W.Rivers)的研究表明,人类的信息获取和思想交流,主要是通过听说进行的(约占 75%)。而学习语言的目的主要就是获取信息、交流思想,听力、口语技能在二语学习的地位至关重要。在对外汉语教学的发展过程中,听说技能从一开始的附着与汉语课,发展到分技能授课,不能不说有了突破性的进展。现在听说课型又将听和说重新统一起来,力求听说互相促进,可以说又是一个发展。

本文试选择听说课教材《汉语听说教程》为例,与传统听力课、口语课配套教材《发展汉语》的《高级听力》、《高级口语》作一个对比,分析教材所体现的听说课型的优势与不足,希望能通过分析为探索听说课教学和教材编写的新模式。

2. 关于听说课课型

2-1. 听说课与听力课、口语课的关系

听说课基于听力课和口语课的结合,强调在听和说的过程中掌握功能意念项目,实现交际能力的培养和综合能力的提高。但它并不是听力和口语的简单相加,它和听力课、口语课有区别也有联系。

听说课的主要课文与听力课一样都是以录音材料的形式出现的,培养学生听的技能。但听说课还肩负说这个技能的训练任务,所以要求学生在听完后还要掌握课文中的生词、尤其是表达式,这个掌握是要达到会使用的地步,从而实现口语能力的提高。所以听说课还有表达式的练习任务以及口语表达环节。一方面,鼓励说可以活跃听力课的课堂气氛,另一方面,教师的任务更重,对学生的要求更高。不仅要让学生听懂,还要学生会用。

与口语课对比。听说课多了听力教学的任务,教师必须严格控制课堂环节,保证在完成听力任务的同时还要给学生口语练习的时间。此外口语课的课文一般以书面文章形式出现,视觉材料比听觉更易感知、把握,口语对新语言在语音方面的要求一般是发音准确即可。而听说课必须注意把语言点的声音和意义结合起来,否则学生听不懂。要做的这一点,学生不仅要发音准确,而且听辨能力、对生词语音的熟悉度也要高。

2-2. 听和说的关系

听河说的关系事实上就是输入和输出的关系。

听是为了输入新的语言文化知识、训练微技能。而说则为了输出、同时也检测听的效果。英国教育学家 L.G.亚历山大的外语教学原则是:"不听莫说,不说莫读,不读莫写"。说的虽然有些偏激,但强调的是先输入后输出的原则,所以听必然领先于说,听是说的前提。

从理论上讲,输入应该大于输出,在可接受的范围内,输入的越多,学生能输出的就越多。听的活动多,有利于培养学生的语感,而且词汇和语言点的重现率也高,便于学生吸收。但到中高级阶段,学生说话的欲望比较强烈,很希望锻炼自己的口语能力,总是要求多说,基本上要求听、说基本持平。那教师就要仔细处理两者的关系,保证在语言点被充分吸收的同时多过学生说话的机会。

3. 听说课课型与相关教材的优势

3-1. 听和说的配套性

赵金铭（1998）指出对外汉语教材编写中存在的 10 个问题，其中第九个为"各单项语言技能训练教材未形成配套"。传统的听力课和口语课的配套教材，虽然面向同样水平的学生，但其内容其实仍然各自编写。因此往往造成难度上的不一致和内容上的无关联。听无法促进说，而说的也和听无关。

以《发展汉语—高级口语（下）》和《发展汉语—高级听力（下）》第一个单元的目录对比为例。

发展汉语—高级口语（下）	发展汉语—高级听力（下）
第一单元 讨论	第十九课 大胆老金
第一课 你会成为工作狂吗	课文一 大胆老金（上）
第二课 北京户口：想说爱你不容易	课文二 大胆老金（下）
	课文三 方正和圆滑
第三课 "女强人"累不累	课文四 炒作广告

其中听力教材因为承接上册的关系，第一课是"第十九课"。所以和口语教材的第一单元很明显没有任何配套性。以后的其他单元也是如此，在此不再赘述。这套教材的听和说至少在内容方面是完全脱节的。事实上这也是所有听说分家的教材所普遍存在的弊病。

而听说课一般就不存在这样的问题，听说课的听说训练紧密结合，在获得输入后以模仿、复述等方式输出相关内容，或者进行讨论、辩论进一步延伸所听的信息，以听促进说，以说验证、巩固听，具有天然的配套优势。例如在《汉语听说教程》（上）中，第一课的听力练习一是"张王李赵"，大家进行自我介绍，那么其后的口语练习便有根据录音内容介绍这四个人的情况，和模仿课文进行自我介绍。在听力练习 2 "打招呼"中介绍了中国人打招呼的习惯和文化，那么口语表达练习就有介绍中国人打招呼的方式和比较自己国家打招呼的方式和中国人的异同。口语表达通常是在听力材料的基础上，以或总结或深化或延伸或相关等等方式展开。这样学生不会因为无话可说而限制自己的汉语表达，并且可以训练他们的总结概括能力。

3-2. 材料选择决定的听与说的关系

听力教材的语料通常为训练听力技能，不注重能否引发话题。而口语教材的语料类型通常注重话题引入或旨在提供表达框架，除了教师的课堂语言外也无法兼顾听力技能阐发。由于课程设置限制，一个年级的学生通常只能在听力课和口语课间选择其一。在初级阶段这并未成为问题，学生水平所限，需要大量输入语言材料，输入要大于输出。而到中高级阶段，学生的说话的欲望变强，就不可能只选择听力课。但如果只选择口语课，也会使学生失去系统操练听力的机会。除非学生有在真实语言环境实践的机会，如在中国与中国人进行交流外，在本国学习汉语的学生如果只训练口语，那么他们的听力水平恐怕很难保持。

听说教材的话题选择必须既训练听力技能又有可讨论性或实践性。在高级阶段尤其注重提供表达框架，输入后有据可循的加以输出。语料具有知识性和交际性双重特点，更易教师操作并激发学生的学习兴趣。以《听说教程》第二课为例，三个听力练习分别为"迎来送往"（导游接送旅行团的对话）、"买鞋"、"朋友"（中国人的朋友观），其中前两个话题在训练听力技能的同时也照顾了知识输入，具有实践性和可模仿性。第三个话题则是文化介绍，帮助学生克服与中国人交际时可能遇到的跨文化交际障碍。同时也具有可对比性和可讨论性。

4. 习得的情感因素

李红印（2000）等曾对 30 个学生做过调查，8 个人觉得连续上两节听力课"很累"，15 个人觉得"有点累，但还可以"。他认为"100 分钟的听力课课时设置很容易引起疲劳，其结果是教学效率不高，教学投入与产出不成比例。"而口语讨论若持续时间过长也会使学生产生的收获感减少，而且一次持续两个课时（两小时）的单一技能训练极易使人疲惫，所以听说结合转换技能训练重点是避免负面情感因素的有效途径之一。

5. 现有听说课教材的不足：技能训练的充分性不足

《汉语听说教程》（上）教材的缺陷主要表现在口语技能训练的不充分，由于课堂时间所限或听力材料的内容所限，口语表达的练习方式比较单一且不充分。如下表所示《发展汉语》口语教材有的交际型练习如讨论、辩论、调查、任务等在《听说教程》（上）中基本没有出现。这些交际性练习既可以训练学生的抽象思维能力，又可以提高语言实践能力，并且能激励学生走向真实交际产生学习兴趣。这方面的缺失不能不说是该《听说教程》的一大遗憾。

	《汉语听说教程》	《发展汉语—口语》
语音练习	1 朗读句子 2 朗读短文	1 朗读句子
词语练习		
句子练习	3 根据功能完成对话 4 用指定的词语或表达式完成对话 5 用括号里的词语或表达式改写句子	2 用指定词或表达式改写句子 3 用指定词或表达式模仿造句
会话练习	6 分组完成对话（给定词语） 7 给定情景完成对话	4 采访（给定词语） 5 自由采访
成段表达练习	8 看图说话 9 自由表达	6 讨论（给定功能） 7 自由讨论
其它		8 演讲 9 辩论

| | | 10 配音表演 |
| | | 11 综述 |

6. 普遍存在的问题

6-1. 语料的真实性

集中体现于录音的真实性都有欠缺。安德伍德认为真实的录音材料有9个特点，"（一）节奏自然，（二）语调自然，（三）发音自然，（四）说话者之间常有重叠现象，（五）说话有变化，（六）话是说出来的，（七）有背景的噪音，（八）有一些不完整的句子，（九）自然的停顿和开头。"[1]这里值得一提的是第七个"有背景的噪音"。一般认为听力语料的背景音会降低语料的清晰度，增加听力的难度，所以多数教材的听力材料中没有背景音。陈军（2002）做过一个调查，在9部听力教材中，只有两部有背景音，其中还有一部噪音太大。录音没有背景音不真实，但录的过分的话又影响听力内容，必须录得恰如其分。

听力的背景音不能简单地理解为噪音，它常常也能帮助听者理解语料。在《汉语听说教程》中就出现了很多因为缺失背景音而产生的理解困难。如学生甲说："今天是我的生日。（掌声）谢谢。"掌声在录音里没有录制，学生就很难理解为什么生日要说谢谢，甚至会盲目模仿。而事实上，真实交际中也很少在别人说今天是自己生日的时候鼓掌。类似的例子还在篇章中出现，这是目前听力教材普遍存在的问题。

6-2. 口语和书面语的关系问题

这一问题在口语教材和听说教材中都存在。口语教材一般认为应以口语为多，但进入高级阶段，也应承担一定的书面语任务。事实上部分书面语在正式场合也会听到或说出。但口语课及听说课所承担的书面语应该有选择性，可以承担交际功能的作主要讲解，其他作次要讲解。前者如"关注"、"途径"等在新闻中亦常出现，而后者如"觉察"、"迁徙"等则不是

---

[1] 杨惠元，《听力说话教学法》，北京语言大学出版社，P47。

重点词语。

由于高级口语既有口语又有书面语的特点，教材中常会出现一些语体使用不当的问题。如《汉语听说教程》的第三课第一个听力对话中就出现了这样的句子：

"我想 询问 一下详细的情况。"

这样的口语和书面语混用，会导致学生的语言偏离真实交际，说一些只有在教材上才会出现的话，对交际有害无益。

7. 结语

总的来看，听说课具有更多优于单一的听力课、口语课的特点，而且因为学时所限，很多时候学生常常只有一门听力课或只有一门口语课，限制了另一门技能的发展，而听说课则不存在这样的问题。将听说这两个关系密切的技能结合起来训练比单一的训练效率更高，也更易做到内容的配套。可以说从传统的听力与口语分家，到听说结合，是一个于学于教都更符合语言规律的进步。

参考文献：

杨惠元（2005）《汉语听力说话教学法》[M]北京 北京语言大学出版社
赵金铭（1998）《论对外汉语教材评估》[J]《语言教学与研究》，1998，（3）。
李红印（2000）《汉语听力教学新论》[J]《南京大学学报》，2000，（5）。
陈军（2002）《论听力材料的录音问题》[J]《暨南大学华文学院学报》2002，（4）

教学法讨论会 1

教学法讨论会 2

日中非同形语的习得研究
——以语素的意义分析和词汇推测为中心

阿部慎太郎

1. 前言

现在日本大学、高中的汉语教学上,最大的问题都是"上课时数不足"。因此,教员必须时常顾虑此问题。尤其是在汉语初级课程,一学年内必须从发音教到基础文法及生词。在有限的时间内要教什么,要怎么教,这问题对汉语教员来说是一个很重要的课题。舆水(2005)对今日的词汇习得课题曾指出;"日本人汉语学习者要加强词汇能力,就要多利用汉字的知识,并充分掌握汉语的结构,也就是以"语素"(morpheme)为核心做连锁式的大量词汇理解。"(舆水 2005:129)。

近几年,以英语教学为中心,"第二语言习得(SLA)"的研究迅速发展。其中"词汇习得"方面的研究也逐渐确立。从目前为止的"词汇习得"研究中,可以得知词汇量对阅读理解能力有很大的影响。在"词汇量"的研究里有"语义推测"[1]策略。L1者所拥有的词汇量多半是由推测而习得的。近年利用此L1的词汇学习方式发展到L2的研究已逐渐增多。以往被认为不适合的教学法也被导入为新的教学法。此种研究在汉语教学研究中并不多,因此值得更深入探讨。今后在汉语的词汇教学中"如何在短时间内有效率地增加词汇量"将是一个重大的课题。词汇教学除了以往的直接性教

---

[1] 森(2004)的文章中,以"语义推测"(「語意推測」)表达"词汇之意义推测"之义,本研究所用之"语义推测"亦此义。

学的"意图学习"之外,还必须考虑增加词汇量的教学法。据 Nation（2005）的报告,以英语为母语的人的词汇总量做调查,有教养的母语说话者的平均词汇量水平就有以"基本形方式"为 17000 个词语的"受容词汇"。这就等于每天掌握约 2 到 3 个词语。然而这里说的 2 到 3 个词语不是"学习"而是必须"掌握"。这实际上是不可能的,我们在学母语时并不需要这种方法掌握词汇。在"意图学习"上有"语言的意图地学习占总学习计划的 25% 不到。"（Nation 2005:270）。由此可见,母语说话者所掌握的词汇大多是以"偶发学习"掌握的。

未知语的语义推测

遇到未知语时,多一个"线索"就越容易推测语义。这些"线索"依语言不同而不同。以下是"语义推测"时所考虑到的线索。

1) 从上下文理解语义
2) 前缀、后缀等
3) 搭配（collocation）
4) 从词语的构成语素
5) 汉字的意义

今后的日本汉语词汇教学必须要探讨如何指导学习者增加其词汇量,而且"语义推测"在汉语词汇教学上是很重要的。首先,从先行研究来看,在推测（双音节词[2]）未知语的意思时,日本人汉语学习者能做为有效的"端绪"之一就是"从语素义推测"。一般的学习者在遇到未知语时,大概都是"跳读"或"查辞典"。即使是日语汉字中没有的双音节词（日中非同形词）,把其双音节词看成语素的话,大致上都能判断出其语素义（日中同形的语素）。

2. 研究

本研究在初级阶段学习的词汇中,选出"睡觉"与"考试"从语素义做分析及探讨。先假设日本人学习者在推测语义中容易犯的错误及有可能犯

---

[2] 本研究所指的"双音节词"为只要是由两个字构成的词汇都包括在内。

的错误。做分析时,要注意如下几点。

- 日中汉字意义的异同
- 语素的使用频率
- 对日本人来说,容不容易从语素推测语义。

笔者认为这两个词汇"睡觉"与"考试"都是对日本人汉语学习者来说要注意学习的词汇。这两个词汇都在初级阶段学习的。

2-1. "睡觉"

"睡"是日中同形同义,因此很容易推测。含语素"睡"的双音节词在HSK 只有"睡觉"。但还有"午睡、沉睡、鼾睡、酣睡、瞌睡、入睡、熟睡"等,这些全部都包含"睡觉"的意思。如学习者知道包含语素"睡"的双音节词有"睡觉"的意思,遇到未知语时就应该能推测大概的语义。要注意的语素就是"觉(jiao4)"。汉语"觉(jiao4)"只有"睡觉"的意思。但日语「覚(觉)」有"醒"或"记"的意思,却没有"睡觉"的意思。另外"觉(jue2)"有"记"、"醒"的意思。例如"觉得"、"感觉"等。如此,"觉(jiao4)"在日语与汉语的意思完全相反。在汉语教学,一般不学习"觉(jiao4)"的意思。我认为初级阶段的学习者中了解此"觉"的意思的人不多。因为"睡觉"的词,以日语的意思来看时,应该会有如下的疑问;从"睡觉"与"醒"如何成为"睡觉"的意思呢?但是,很少从学习者听到这些疑问。学习"睡觉"时,或许只学到这个双音节词的意思,而没有注意到语素义。不知道"觉(jiao4)"的意思的日本人学习者遇到未知语的"午觉"时,他很有可能推测错误。因为如上述,日语的「覚("觉")」中没有"睡觉"的意思。他如果对"午觉"以日语的知识"醒"或"记"来推测的话,有可能作出"下午"+"醒"等于"睡懒觉"或类似错误的推测。如果了解"觉"的意思,遇到"午觉"时就可能推测出某种程度的意思。

2-2. "考试"

汉语"考试"的"考"与"试"都是"试验、考试"的意思。但,日语的「考」是"想"或"考虑"之意,没有"考试"的意思。笔者认为大多数的日本人学习者会与学习"睡觉"一样,将"考试"视为整个双音节词而学习其语义。特别是，知道"考"的意思的人不多。然而这带有试验意思的"考"在汉语中有很多词汇；

"考博"、"考场"、"考点"、"考分"、"考官"、"考纪"、"考绩"、

"考聘"、"考区"、"考任"、"考生"、"考题"、"补考"、"投考"、

"应考"、"主考"、"监考"等

这可以说，"考"是高"补偿率"的语素。因此，学习"考试"时，"考"也要一齐指导，在课本遇到含"考"的新词汇时，有可能推测出某种程度的语义。另外，语素"试"与日语「試験」一样。对日本人来说，此语素应该是很容易推测。在汉语中"试"也是高"补偿率"的语素。含"试"的词汇例："比试"、"笔试"、"口试"、"测试"、"试场"、"试题"、"复试"、"初试"等。

上述双音节词的语素，以日语汉字的知识，比较容易推测出语义。因此，值得在初级阶段指导语素义。但日语的"試（试）"也有"尝试"的意思。如果学习者以"尝试"的意思去推测的话，也有可能做出错误的推测。这一点是指导时要特别注意的。

结果，指导语素义时，要注意如下几点。

1　"日中同形同义语素"或者"日中同形异义语素"
2　其语素的"补偿率"
3　对日本人来说，容不容易从语素推测语义。

由此可见，指导全部的语素义是非效率的。因此，今后对日本人学习者先要考虑哪个语素需要指导。而且，要发展出各种类型的双音节词的教学方法，及在课本上的表现方法。

3. 试验

3-1. 目的

日本人学习者遇到未知语时，会如何从语素义推测词汇的意思呢？以往在词汇（双音节词）考试或词汇指导上，对于学习者是否掌握词汇，只靠"语义"的答案作为判断根据。但日本人学习者推测汉语的未知语时，先看词汇，如不知道语义，就从语素义去推测语义的人很多。因此，我们在探讨词汇习得

方法上,必须要发展学习者的这些推测过程。并且必须探讨,在推测双音节词的意思时,日本人学习者"哪个语素容易推测错误"及"已学过的词汇中掌握的语素有多少"等问题。本文是为了证实上述 2 而举行的试验。以下利用记述式的问卷(附录 1)探讨日本人学习者"语义推测方法"的倾向。

3-2. 被试验者

被试验者为达到以下条件的 14 人。

　a 母语是日语的人

　b 学汉语的大学生

　c 日本汉语检定考试 4 级或 3 级程度者

　d 学习过问卷"问 2"上出现的词汇者(《汉语水平词汇等级大纲》甲级词的词汇)

　e 尚未学到"问 1"的词汇者

本研究以大学生为试验对象,是因本研究与日语的知识有很大关系,而且被试验者的条件是"具备一般日语汉字知识的人"。这里所指的"有一般知识的人"就是指具备日语《常用汉字表》程度的词汇知识的人。因此,以大学生为受试对象进行试验。

3-3. 问卷的回答方法及指示

问卷的正面是"问卷调查"及"问 1(有 5 题)",反面是"问 2(有 8 题)"构成的(问 1、2 都是记述式)。被试验者是初级程度水平的汉语学习者,因此以汉语表示的部分只有问 1、2,此外都以日语表示。问卷上,进行"词汇推测考试"(问 1、2)。试验前,先对被试验者说明如何利用"在什么情况(situation)下"及"例句"做问 1、2 的解答。记上附加"情况"及"例句"的理由是,依竹内、池田(2000)的研究,想用问卷进行研究的话,为了引出被试验者的正确答案,必须要在问卷上要求被试验者写上推测过程。这是为了避免只写答案或交白卷。

问 1 共 5 题,为了试图了解词汇推测过程,所以要被试验者写上"推测过程"与"解答"。在"推测"栏上,被试验者写上推测过程,然后将所推测出的答案写在答案栏上。问 1 的词汇如下;"笔试""相通""午觉""秒表"

"考场"。此 5 个双音节词就是,含上述研究上探讨的双音节词("考试""相信""睡觉""手表")的语素的词汇。而问 1 的词汇都是在中级程度以上才出现的词汇。以被试验者的汉语水平来推测,他们应该还没学到这些词汇。问 1 的回答方法是写推测过程,这对被试验者有点困难。因此,我在试验前做以下的说明、指示及确认。

- 问 1 的词汇是否是未知语。
- 对问卷正面上写的"情况"及"例句"做补充说明。
- 绝对不让被试验者交白卷(写错也没有关系)。
- 利用汉语、日语知识推测语义。
- 推测语义时,从语素义推测语义。
- 答案中的日语词汇用「　」,汉语词汇写""(为了区别日语与汉语)。
- 尽量将想法用文字表示,口语文或按条目写也无妨。
- 回答问 1 后,回答问 2。而且问 1 回答完以前绝不能看反面的问 2。

3-4. 推测模式的分类及其分析

从语素义去推测双音节词义时,被试验者的推测模式可分为下列 5 个类型。将被试验者的解答分类在这些类型里,以下探讨日本人学习者独特的推测方法及其倾向。

表 2 中的"正确者"就是被试验者中,答对问 1 词汇基础知识的问 2 词汇的人。

A 是最能导出正确语义的类型。B 是,虽然两个语素义都知道,但是无法导出正确语义的类型。此类型可以说推测的特征。为什么这类型会有如此的错误该好好探讨。C 是虽然一个语素义推测错误,但是能推测出语义的类型。此类的解答因素有各种各样,因此为了判断需要检视推测过程。D 是因一个语素义推测错误,结果推测也失败的类型。E 是两个语素义都推测错误,当然语义推测也失败了。这是必然的结果。

表1. 从语素义去推测双音节词义时的推测模式

类型	语素义（前）	语素义（后）	语义	
A	○	○	○	两个语素义都能正确的推测,且语义推测也正确。
B	○	○	×	两个语素义都能正确的推测,但语义推测错误。
C	○（×）	×（○）	○	语素义推测一对一错。语义推测正确。
D	○（×）	×（○）	×	语素义推测一对一错。语义推测错误。
E	×	×	×	语素义推测及语义推测全部不正确。

3-5. 结果与讨论

试验结果如下。

表2. 各词汇的推测类型（N=14）

问1（未知语）	问2（基础词汇）	正确者	A	B	C	D	E
"午觉"	"睡觉"	9	2	0	0	7	0
"笔试"	"考试"	12	6	3	0	3	0
"考场"	"考试"	12	6	0	3	2	1

3-5-1. "午觉"的推测

表2显示,"午觉"的试验结果分成A与D两类型。知道汉语"觉(jiao4)"就是"睡觉"的意思,或者能从"觉（jiao4）"的字想起"睡觉"的话,正确推测出"午觉"的语义的可能性很大。如果认为汉语的"觉（jiao4）"是日语「覚める（"醒"）」或「覚える（"记住"）」的话,就可能导致错误的推测。所有被试验者把"午觉"的"午"推测为"上午"、"下午"、"午饭"。

另外推测语义时,所有被试验者都想成"下午"。这是耐人寻味的。只有这个字的话也有可能推测为"上午",如("上午"+"睡觉")的话,就无法推测出"午觉"的意思。关于这点需要再探讨。

  在此要注意的语素是"觉(jiao4)"。被试验者,虽然知道"睡觉"(问2)的意思,但是在推测"午觉"(问1)时,想起"睡觉"的只有2名。其他的7名都以为"午觉"的"觉"是「覚める("醒")」或「覚える("记")」。另外4名的推测是「午後("下午")」+「覚める("醒")」为「寝坊("睡懒觉")」,与「二度寝("再睡觉")」。而认为"觉(jiao4)"是「覚める("醒")」的被试验者,就推测为「午後に暗記する("下午背诵")」。语素义与语义都答对的A的2名,认为他们知道"觉(jiao4)"是"睡觉"的"觉(jiao4)",所以就推测出下午的睡觉"午睡"的意思。试验后,问他们知道"觉(jiao4)"的语素义吗?他们并不知道。他们只知道"睡觉"这个双音节词的意思而已。因此这次的推测是有可能由"(下)午(睡)觉"简略而推测出正确语义。在学"睡觉"这双音节词时,以词汇去记,而且"睡"在日语里就是「睡眠("睡眠")」 的意思,所以被试验者看到"睡"就忽略了"觉(jiao4)"。试验后,问所有被试验者;有没有想过"睡觉"的"睡"与"觉(jiao4)",就日语汉字来看,分别是「睡眠("睡觉")」与「覚める("醒")」的意思。那为何变成"睡觉"的意思呢?被试验者回答说,现在才知道"觉(jiao4)"是日中同形异义的语素之存在。而"觉(jiao4)"的意思所有被试验者都不知道。知道"觉"的意思,就比较不会推测错误。另外,让人感兴趣的是14名中有5名答错(问2的)"睡觉"的意思。其中4名都写成「起きる("醒")」。这可以说,他们应该是"睡觉"的"觉"以为日语汉字"醒"的意思,所以发生这样的错误。日本人里,看到"觉"这个字就想象成日语「起きる、覚める("醒")」的人很多。"睡觉"是并列构成,在日语上只要看到"睡"就知道意思,所以"觉(jiao4)"这个字就有被忽略的倾向。"觉(jiao4)"在日中是相反词,而且本身也有词汇,所以在学习"睡觉"时需要给学习者正确的指导。

3-5-2. "笔试"与"考场"的推测

  "考试"的对答率很高,14名中12名答对。

"笔试"的结果如下。A类型6名，他们都由"笔试"的"试"联想到「試験（"考试"）」。由"笔试"的"笔"联想到的词汇则各有人不同；「鉛筆（"铅笔"）」或「ペン（"钢笔"）」，但他们都正确推测出"笔试"的语义。B类型的3名与A类型一样，正确推测出两个语素之语素义，但他们都推测"笔试"是「試験（"考试"）」。D类型有3名。其中2名，由于从"笔"联想到日语的「毛筆（"毛笔"）」，因此从「毛筆（"毛笔"）」与「試験（"考试"）」错误推测，而回答「書道の試験（"书法的试验"）」。剩下的1名，由"试"联想到日语训读的「試す（"尝试"）」，结果，"笔试"的语义也推测错误回答「試し書き（"试写"）」。但是，由"试"而联想到「試す（"尝试"）」的人，只有这1位，12名中的11名联想到「試験（"考试"）」。由此可见，对日本人学习者而言，汉语的"试"与日语的「試験（"考试"）」是很容易联想的。

　　"考场"的结果如下。虽然知道（问2的）"考试"的意思，但是从"考场"的"考"联想到日语「考える（"想"）」的人，也有5名。汉语"考"是"考试"的意思。但是，被实验者14名中，所有人都不知道这个语素义。他们中的几个人，从"考场"的"考"会联想到汉语的"考试"，但是却不懂"考"的语素义。这与"睡觉"同样，学习者只知道"考试"这个双音节词的语义而已。学习者学习"考试"时，以词汇（双音节词）去记，而且"试"在日语里就是「試験（"考试"）」的意思，所以日本人看到"试"就忽略了"考"。另外，这一题没有B类型的人。可以说，学习者知道"考"与"场"两个语素义，很容易推测出"考场"的语义。另外，特别要注意的是C类型。C类型的解答是，虽然把"考"的语素义错误推测为「考える（"想"）」，却正确回答出"考场"的语义。从他们的推测过程探讨，发现一个倾向。他们推测"考场"的意思时，透过"两次推测"而进行词汇的推测。他们先从「考える（"想"）」与「場所（"地方"）」联想起"考场"的语义，然后推测出「試験会場（"考场"）」的语义。因此，难以认定他们正确掌握语义。再说，D类型的1名与上述C类型一样联想到「考える（"想"）」与「場所（"地方"）」，但是，他却错误推测成「塾（"补习班"）」。因此，我们要注意，虽然A、C两个类型的答案却正确，但二者对词汇的理解完全不同。而且，如果考试语义时判断A类型的人是对（掌握），B

是不对（没掌握）的。可是，A与B的理解差不多。另一方面，虽然B类型的回答错误，他们对语义的了解程度却与A类型一样。

4. 结语

本研究探讨了日本人汉语学习者从语素义推测语义时的推测过程。研究结果，能掌握在初级课程学过的词汇"语义"，但不懂语素义的学习者很多。试验结果可以说是预料中事。另一方面，也了解到日本人容易忽略或错认的语素，及日本人特有的推测过程。而且,在记述"语义推测"的过程时，平时没注意到的错误也注意到了。所以，很多时候造成"偶然的答对"。再加上，一般词汇考试里虽然错误，但是，在错误中也知道了有各种各样的类型。由本试验得知；"日本人汉语初级课程的学习者在推测未知语（双音节词）时,不利用语素义（的线索）。"。

从推测过程中得知,学习者不懂"语义推测策略"，因此在推想一个字的语义时无法利用日中的汉字。试验后，被试验者要求解答，因此问卷回收后，笔者对他们说明了答案及语义推测策略。我问被试验者"平时阅读文章时遇到未知语时,怎么处理?"。他们都回答"略过"或"马上查词典"。学习者若不留意语素义，遇到双音节未知语事很可能不解其义,影响其学习效果。因此在汉语教学里，"语义推测策略"是需要指导的。

本研究的结果，可以运用在汉语教学上。比如，必须提供教员"词汇补偿率高低表"，"日中间语素义的异同"，"各词汇的语义推测方法"，等"指导手册"做以教学补助。尤其在汉语的词汇教学上，今后必须要教学习者"语义推测策略"，以及编课本时，在生词上提示重要的语素及含有其语素的相关词汇。

参考文献

唐磊主编（1996）《现代日中常用汉字对比词典》北京出版社

中国社会科学院语言研究所词典编辑室编（2005）《现代汉语词典 第5版》
　　商务印书馆

輿水優（2005）『中国語の教え方・学び方－中国語科教育法概説－』日本
　　大学文理学部叢書

竹内理・池田真生子（2000）「質問紙法と外国語学習方略:研究手法の観
　　点から」『ことばの科学研究』第1号,67-81.

藤原宏（1981）『注解常用漢字表：新しい国語表記』ぎょうせい

I.S.P.ネーション著，吉田晴世/三根浩訳（2005）『英語教師のためのボキ
　　ャブラリーラーニング』松柏社

森美子（2004）「【講演録】語意推測方略の個人差」日本言語文化学研究
　　会増刊特別号編集委員会編集『第二言語習得・教育の研究最前線－
　　2004年版－』日本言語文化学研究会,12-37.

参考URL

（財）国際文化フォーラム．高等学校における中国語教育の現状：1994
　　年度調査の概要．第1回調査『いま高校の中国語教育を問い直す』
　　from http://www.tjf.or.jp/jp/content/chinese.html

附录1.

【 问卷 】

学系_____　　_____年级

□本大学里的汉语学习　　有_____年_____个月

□在大学以外的地方有学习（在学习）的人，请填写在下栏。（复数回答可）

・高等学校_____年

・语言学校_____年　　以前上过・现在正在学习（请打○）

・留学　　　_____年　　留学先_____

・其他（_____）_____年间

□有取得的汉语的检定考试（或有预备报考者），请填写。（复数回答可）

・汉语检定考试：____级取得（___年___月）・____级预定报考受验（____年___月）

・TECC：____级取得（___年___月）・____级预定报考受验（__年__月）

・HSK：____级取得（___年___月）・____级预定报考受验（__年__月）

・其他：____级取得（___年___月）・____级预定报考受验（__年__月）

`--

【 词汇推测考试 】

□请你听出题人的说明进行作答。

【请您设想下面情况后进行作答。】

在学校的考试得出下面回答汉语词汇的意思。

那时，得出这样的指示。

> ①答对・・・各5分
> ②答错，但写其推测过程给2分。
> ③白卷或不推测，只写解答・・・0分

例："大衣"

推测　　"大"是「大きい（"大"）」，"衣"　学过汉语"衣服"是「服（"衣服"）」，日语也是「衣服（"衣服"）」，所以「大きな服（"很大的衣服"）」。

解答　　大きな服、ビッグサイズの服（"大号的衣服"）

问 1.请回答以下的汉语词汇的意思。

1."笔试"
推测 _____
_____

解答 _____

2."相通"
推测 _____
_____

解答 _____

3."午觉"
推测 _____
_____

解答 _____

4."秒表"
推测 _____
_____

解答 _____

5. "考场"
推测 _____
_____

解答 _____

問2.　请回答以下的汉语词汇的意思。

1　"睡觉"＿＿＿＿＿＿　　　5　"邮局"＿＿＿＿＿＿
2　"足球"＿＿＿＿＿＿　　　6　"相信"＿＿＿＿＿＿
3　"考试"＿＿＿＿＿＿　　　7　"手表"＿＿＿＿＿＿
4　"钢笔"＿＿＿＿＿＿　　　8　"房子"＿＿＿＿＿＿

谢谢您的合作!

执笔者一览（发言序）

黄　烨	北京外国语大学中文学院　对外汉语教学方向
宝玉芳惠	（日本）关西大学　外国语教育学研究系　外语教育专业
李晓鹏	北京外国语大学中文学院　对外汉语教学方向
冰野善宽	（日本）关西大学　文学研究系　中国文学专业
陈　赟	（日本）关西大学　文学研究系　国文学专业
干野真一	神户市外国语大学　外国语学研究科　文化交流专业
山田明广	（日本）关西大学　文学研究系　中国文学专业
林雅清	（日本）关西大学　文学研究系　中国文学专业
岩田弥生	（日本）关西大学　外国语教育学研究系　外语教育专业
高　莹	北京外国语大学中文学院　对外汉语教学方向
刘　畅	北京外国语大学中文学院　对外汉语教学方向
崔焕伟	北京外国语大学中文学院　海外汉学方向
李　英	北京外国语大学中文学院　中国文化方向
张晓青	北京外国语大学中文学院　中外文学关系方向
宅间徹志	（日本）关西大学　外国语教育学研究系　外语教育专业
马艳霞	北京外国语大学中文学院　对外汉语教学方向
张　睿	（日本）关西大学　外国语教育学研究系　外语教育专业
刘　倩	北京外国语大学中文学院　汉语本体研究方向
王　丹	北京外国语大学中文学院　对外汉语教学方向
阿部慎太郎	（日本）关西大学　外国语教育学研究系　外语教育专业

编辑后记

　　这个《论丛》是中日研究生国际论坛2007的记录：20篇论文。日本同学的论文最后我做了一些最低限度的文字调整；编辑工作则主要由冰野善宽君完成。希望2007年的论坛成为一个良好的开端，也希望《论丛》能成为一个系列。最后还要感谢白帝社（日本东京）为本书的公开发行出版提供了一个可贵的机会。

关西大学　沈国威　2007.6

中日研究生国际论坛 2007
汉语汉文化论丛

2007年6月30日 初版発行

編 者 中日研究生国际论坛
　　　 汉语汉文化论丛编辑委员会
発行者 佐藤康夫
発行所 白 帝 社
　　　〒171-0014 東京都豊島区池袋2-65-1
　　　　TEL 03-3986-3271
　　　　FAX 03-3986-3272（営）／03-3986-8892（編）
　　　　http://www.hakuteisha.co.jp/

印刷・製本　大倉印刷(株)

Printed in Japan　　　　　　　ISBN978-4-89174-902-6

＊造本には十分注意しておりますが落丁乱丁の際はおとりかえいたします。